German AS

Zeitgeist 1

Christiane Hermann
Morag McCrorie
Dagmar Sauer

OXFORD
UNIVERSITY PRESS

Welcome to Zeitgeist

The following symbols will help you to get the most out of this book:

🔊 listen to the cassette with this activity

S🔊 this recording is also on the *Zeitgeist Solo* cassette

👥 work with a partner

👥 work in a group

Grammatik an explanation and practice of an important aspect of German grammar

⇨ **OOO** refer to this page in the grammar section at the back of the book

⇨ **WOO** there are additional grammar practice activities on this page in the *Zeitgeist Grammar Workbook*

Extra! additional activities, often on Copymaster, to extend what you have learned

Hilfe useful expressions

Tipp practical ideas to help you learn more effectively

Gut gesagt! pronunciation practice

We hope you enjoy learning with Zeitgeist.

Viel Spaß!

Inhalt

Infoseite

1 Was lernt man in der Oberstufe? Sehen Sie sich Seite 2 und 3 an – welche Themen und Grammatik kennen Sie schon? Was ist neu? Machen Sie eine Liste.

2 Machen Sie dann auch die Aufgaben auf Arbeitsblatt 1 und 2.

Orientierung

By the end of this unit you will be able to:

- ◆ Talk more about German-speaking countries
- ◆ Describe different German towns and regions
- ◆ Talk about some famous German-speakers
- ◆ Talk more about German history
- ◆ Conduct an interview in German

- ◆ Understand and use gender and plurals
- ◆ Use the present tense
- ◆ Understand and use the correct word order
- ◆ Form questions
- ◆ Use a bilingual dictionary
- ◆ Learn and record vocabulary the best way
- ◆ Organize your work

Was weißt du über die deutschsprachigen Länder?

1 Wie viele Menschen in Europa sprechen Deutsch?
  a 40 Millionen
  b 70 Millionen
  c 90 Millionen
2 Welche Länder grenzen an Deutschland?
3 Was ist die Hauptstadt von der Schweiz?
4 Wie heißt der deutsche Bundeskanzler?
5 Nennen Sie zwei deutsche Flüsse.
6 Nennen Sie drei Städte in Österreich.
7 Nennen Sie sechs berühmte Personen aus deutschsprachigen Ländern.
8 Welche anderen Sprachen spricht man in der Schweiz?
9 Wann ist die Berliner Mauer gefallen?
10 Welche Spezialitäten aus Deutschland, Österreich und der Schweiz kennen Sie?
11 Welche Produkte oder Firmen aus Deutschland kennen Sie?
12 Was für Touristenattraktionen sind in Deutschland, Österreich und der Schweiz zu finden?

MAN KANN MIT POLITIK KEINE KULTUR MACHEN ABER VIELLEICHT MIT KULTUR POLITIK

THEODOR HEUSS

Hier spricht man Deutsch

Was wissen Sie über die deutschsprachigen Länder?

1a [🔊] Hören Sie zu und füllen Sie die Tabelle mit Informationen über Deutschland aus.

Deutschland	
Hauptstadt	*Berlin*
Bevölkerung	
Fläche	
Flüsse	*der Rhein,*
Währung	
Industrie/Produkte	
Firmen	
Tourismus	

1b [🔊] Hören Sie den zweiten Teil des Berichts und schreiben Sie dieselben Informationen über Österreich und die Schweiz auf.

Grammatik   ⇨ 161 ⇨ W48

The present tense

The present tense is used to say what you are doing right now or what you do on a regular basis.

- ◆ To form the present tense of weak (regular) verbs:

  mach~~en~~

ich mach**e**	wir mach**en**
du mach**st**	ihr mach**t**
er/sie/es mach**t**	sie/Sie mach**en**

- ◆ Strong verbs have the same endings as weak verbs, but often change their vowel in some way in the *du* and *er/sie/es* forms.

  sehen – er sieht

  tragen – du trägst

  For a list of strong verbs, see p. 171.

- ◆ The only verb which is irregular in all its forms is *sein* – see p. 161 for a reminder.

A Read the information you filled in in Übung 1a and fill in the gaps with the correct form of the present tense of the verb in brackets.

  a Berlin _____ (*sein*) die Hauptstadt von Deutschland.

  b Deutschland _____ (*produzieren*) Autos und Elektrogeräte.

  c 14 Millionen Touristen _____ (*besuchen*) Deutschland jedes Jahr.

  d Firmen wie BMW und Siemens _____ (*kommen*) aus Deutschland.

  e Die alte deutsche Währung _____ (*heißen*) die D-Mark.

B Write six similar sentences about Austria and Switzerland.

2a 🔊 Welche Unterschiede gibt es zwischen den deutschsprachigen Ländern? Hören Sie zu und lesen Sie das Interview mit Alf.

> anstatt – *instead of*
> unterschiedlich – *different*
> verantwortlich für – *responsible for*
> ähnlich – *similar*
> flach – *flat*
> der Feiertag (e) – *public holiday*

Interviewer: *Also Alf, du kommst aus Österreich, wohnst aber seit drei Jahren in Norddeutschland, stimmt das?*

Alf: Ja, das ist richtig.

Int.: *Gibt es viele Unterschiede?*

Alf: Ja, jede Menge. Zuerst die Sprache. Wir sprechen zwar alle Deutsch, aber in Österreich ist der Akzent total anders. Wir haben auch einen eigenen Dialekt. Auch in Deutschland gibt es verschiedene Dialekte. Hier im Norden sprechen viele Plattdeutsch.

Int.: *Was ist denn Plattdeutsch? Kannst du mir ein Beispiel geben?*

Alf: Ja, zum Beispiel sagt man „ick" anstatt „ich". In Österreich dagegen sagt man „i"" und in anderen Regionen sagt man „isch". Es gibt aber viele unterschiedliche Akzente und Dialekte in Deutschland – bayerisch, sächsisch. Und in der Schweiz spricht man Schweizerdeutsch – das ist sehr schwierig zu verstehen.

Int.: *Bayern und Sachsen sind Bundesländer, nicht wahr? In welchem Bundesland wohnst du jetzt?*

Alf: Ich wohne in Niedersachsen.

Int.: *Was ist denn ein Bundesland?*

Alf: Ein Bundesland ist eine politische Region. Es gibt 16 Bundesländer in Deutschland. Jedes Bundesland hat einen Landtag, das ist ein Landesparlament. Jedes Bundesland ist für bestimmte Dinge verantwortlich, zum Beispiel das Schulwesen.

Int.: *Hat Österreich auch Bundesländer?*

Alf: Ja, und in der Schweiz gibt es Kantone. Ich glaube, das ist was Ähnliches.

Int.: *Gibt es weitere Unterschiede?*

Alf: Ja, die Landschaft natürlich. Da hat Süddeutschland gewisse Ähnlichkeiten mit Österreich und der Schweiz – Wälder, Berge, Seen und so weiter. Hier im Norden ist alles ziemlich flach. Und jedes Land hat auch seine eigenen Traditionen, Feiertage und Spezialitäten.

2b 🔊 Richtig oder falsch?
  a Alf kommt aus Norddeutschland.
  b In Deutschland gibt es keine Dialekte.
  c Deutschland und Österreich sind in Bundesländer aufgeteilt.
  d Jedes Bundesland hat ein Parlament.
  e Die Schweiz ist in Kantone aufgeteilt.

3 🔊 Hören Sie noch mal zu und füllen Sie die Tabelle mit Informationen über die drei Länder aus.

	Deutschland	Österreich	die Schweiz
Sprache			
politische Organisation			
Landschaft			

4a Wählen Sie ein deutschsprachiges Land und sammeln Sie im Internet weitere Informationen über Sprache, Politik, Industrie, Tourismus usw.

4b Halten Sie dann einen kleinen Vortrag in Ihrer Klasse. Benutzen Sie die Hilfe-Ausdrücke.

Hilfe

Ich habe das Land ... gewählt.
Zuerst möchte ich über ... sprechen.
Ich habe erfahren, dass ...
Ich finde es besonders interessant, dass ...
Touristen können ... besuchen.
Die Hauptindustrien sind ...

Extra! 🔊 Hören Sie die Nationalhymnen der drei Länder und machen Sie die Übungen auf Arbeitsblatt 3.

Im Norden ... im Süden

Welche Städte und Regionen in Deutschland kennen Sie?

1 ![icon] Diskutieren Sie mit einem Partner/einer Partnerin oder in Ihrer Klasse.

- ◆ Wo wohnen Sie?
- ◆ Wohnen Sie gern dort?
- ◆ Was gibt es zu tun?
- ◆ Was ist besser – das Leben auf dem Lande oder in der Stadt? Warum?
- ◆ Wo würden Sie am liebsten wohnen? Warum?

2a Welche Länder oder Städte in Deutschland kennen Sie schon? Was verbinden Sie mit Hamburg und Bayern? Finden Sie sie auf der Landkarte. Dann lesen Sie die zwei Texte.

Thomas

Ich wohne in Füssen, einer Kleinstadt von etwa 14 000 Einwohnern in Bayern in Süddeutschland. Die Hauptstadt von Bayern ist München. Füssen liegt fast an der Grenze zu Österreich und die Landschaft ist wunderschön – Berge, Seen und so weiter. Die Stadt selbst lebt hauptsächlich von dem Tourismus. Füssen ist ein Kurort. Meine Mutter arbeitet in einem Krankenhaus hier und mein Vater arbeitet als Makler. Er vermietet Ferienwohnungen an Besucher. Im Sommer müssen sie beide sehr viel Zeit in ihre Arbeit stecken, da dann die meisten Besucher kommen. Vor allem kommen Touristen, um das Schloss Neuschwanstein zu sehen. Das ist das Traumschloss von König Ludwig dem Zweiten, dem letzten bayerischen König, und ist die größte Touristenattraktion Deutschlands. Im Sommer jobbe ich in einem Restaurant in der Nähe des Schlosses. Ich muss traditionelle bayerische Kleidung, eine Lederhose, tragen. Im Winter ist es viel ruhiger und auch ein bisschen langweilig, obwohl man in der Nähe Ski fahren kann. Ich wohne gern hier – ich liebe die Berge und es ist sauber, nicht wie in einer Großstadt.

Manuela

Ich wohne in Hamburg, der zweitgrößten Stadt in Deutschland. Sie ist aber nicht nur eine Stadt – Hamburg ist zugleich ein Bundesland und hat einen Senat. Hamburg hat fast zwei Millionen Einwohner und liegt im Norden an der Elbe. Hamburg ist eine Hafenstadt. Sie hat einen der größten Häfen Europas und Handel, Schifffahrt und Unternehmen sind sehr wichtig für die Stadt. Trotz der Industrie ist Hamburg eine sehr schöne Stadt. Sie besitzt Parks, Alleen und Wasserwege sowie viele Naturschutzflächen. Hier gibt es auch eine lebendige Kunstszene und Nachtleben – Kneipen und Tanzlokale sind rund um die Uhr geöffnet. Das berühmteste Nachtlokal ist vielleicht der Kaiserkeller. Hier sind die Beatles aufgetreten, als sie Anfang der 60er Jahre in Hamburg wohnten. Im Zentrum der Stadt ist die Alster. Die Alster ist eigentlich ein Fluss, sieht hier aber wie ein großer See aus. Dort kann man segeln oder am Ufer entlang spazieren gehen. Ja, ich wohne gern hier – Hamburg hat wirklich alles, was man braucht!

---

der Hafen (¨) – *port*
der Handel – *trade*
das Unternehmen (-) – *firm, company*
trotz (+ *gen.*) – *in spite of*
das Ufer (-) – *river-bank*
der Kurort (-) – *spa*
der Makler (-) – *estate agent*

2b Welche Satzhälften passen zusammen?

a Hamburg hat sehr viele
b Der Hafen ist einer der größten
c Das Nachtleben in Hamburg
d Hamburg ist nicht nur eine Stadt,
e Füssen liegt im Bundesland
f Die österreichische Grenze
g König Ludwig II hat Schlösser in der Nähe
h Tourismus ist sehr wichtig
i Eine Lederhose ist ein

1 sondern auch ein Bundesland.
2 Bayern.
3 gebaut.
4 Grünflächen.
5 für Füssen.
6 in Europa.
7 ist in der Nähe.
8 ist sehr lebendig.
9 traditionelles bayerisches Kleidungsstück.

3a Was sind Ihrer Meinung nach die Vor- und Nachteile von Hamburg und Füssen? Schreiben Sie eine Liste. Benutzen Sie die Texte sowie Ihre eigenen Ideen.
Beispiel: Füssen
Vorteil – schöne Landschaft
Nachteil – wenig Nachtleben

3b 🧑‍🤝‍🧑 Wo möchten Sie lieber wohnen – Hamburg oder Füssen? Warum? Diskutieren Sie mit einem Partner/einer Partnerin.

Extra! 🧑‍🤝‍🧑 Machen Sie das Rollenspiel auf Arbeitsblatt 4 mit einem Partner oder einer Partnerin und finden Sie mehr über andere deutsche Städte heraus.

Extra! Entwerfen Sie eine Broschüre über eine der beiden Städte auf Arbeitsblatt 4. Benutzen Sie die Ideen auf dem Arbeitsblatt.

Grammatik 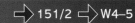 ⇨151/2 ⇨W4–5

Gender and plurals

There are some patterns in the gender and plural of German nouns. See pp. 151 and 152.

Ⓐ Here are some words from the text on p. 8. Without looking at the text, work out whether each word is masculine, feminine or neuter:

Einwohner – Naturschutzfläche – Makler – Keller – Attraktion – Landschaft – Wohnung – Grenze – Restaurant

Ⓑ Now work out the plurals of these words.

Ⓒ Check your answers in a dictionary.

Tipp

Using a bilingual dictionary

A large bilingual dictionary is invaluable for your AS studies.

◆ Look at *auftreten* in the dictionary. Reject the possibilities that make no sense in the context. The italicised words in brackets (*Künstler, Sänger*) help point to the correct meaning. In *Die Beatles sind in Hamburg aufgetreten* the correct translation is 'appear'.

the verb and noun are entered separately

each labelled section points to a different key meaning

auf|treten ❶ *unr. itr.V.; mit sein* Ⓐ tread; **er kann mit dem verletzten Bein nicht ~:** he can't walk on or put his weight on his injured leg; Ⓑ (*sich benehmen*) behave; **forsch/schüchtern ~:** have a forceful/shy manner; **mit Entschlossenheit ~:** act with firmness; Ⓒ (*fungieren*) appear; **als Zeuge/Kläger ~:** appear as a witness/a plaintiff; **als Vermittler/Sachverständiger ~:** act as mediator/be called in as an expert; **gegen jmdn./etw. ~:** speak out against sb./sth.; Ⓓ(*als Künstler, Sänger usw.*) appear; **sie ist seit Jahren nicht mehr aufgetreten** she hasn't given any public performances for years; **zum ersten Mal ~:** make one's first appearance; Ⓔ(*die Bühne betreten*) enter; Ⓕ(*auftauchen*) (problem, question, difficulty) crop up, arise; (*vorkommen*) occur; (pest symptom, danger) appear. ❷ *unr. tr.V.* kick open (door, gate)
Auftreten *das; ~ s* Ⓐ(*Benehmen*) manner; Ⓑ(*das Fungieren*) appearance; Ⓒ(*das Vorkommen*) occurrence; (*von Schädlingen, Gefahren*) appearance; **seit dem ~ von Aids** since the appearance of AIDS

shows the gender   shows the genitive   tips in brackets give guidance

◆ When working from English to German, think about the meaning and context of the word and choose the translation which best fits.

See also Arbeitsblatt 5.

Warum sind sie berühmt?

Welche berühmten Personen aus Deutschland, Österreich oder der Schweiz kennen Sie?

Martin Luther

Sigmund Freud

Carl Benz

Ludwig van Beethoven

Karl Marx

Johann von Goethe

Albert Einstein

Wolfgang Amadeus Mozart

Marlene Dietrich

Wilhelm Konrad Röntgen

Steffi Graf

1 Was passt zusammen? Wofür sind diese Personen bekannt?

a Er begründete die protestantische Kirche.

b Philosoph und Co-Autor des kommunistischen Manifests.

c Ein deutscher Physiker – er entwickelte die allgemeine Relativitätstheorie.

d Der bedeutendste Dichter und Schriftsteller Deutschlands.

e Erfinder und Ingenieur. 1885 baute er das erste Auto mit drei Rädern.

f Ein bedeutender Pianist und Komponist aus Österreich.

g Eine bekannte deutsche Schauspielerin, die auch in Amerika erfolgreich wurde.

h Komponist, der im späteren Leben taub wurde.

i Die erfolgreichste deutsche Tennisspielerin.

j Psychoanalytiker.

k Physiker. 1895 entdeckte er die unsichtbaren elektromagnetischen Strahlen, mit denen man Knochen fotografieren kann.

2a Lesen Sie den Text.

---
der Adel – *nobility*
ziehen (gezogen) – *to move (house)*
der Ruhm – *fame*
vollenden – *to complete*
die Nierenentzündung – *inflammation of the kidneys*
die Grabstätte (n) – *burial place*
gelten als – *to be considered*
bedeutend – *significant*

Wolfgang Amadeus Mozart

Wolfgang Amadeus Mozart wurde am 27. Januar 1756 in Salzburg geboren. Schon als Kind war sein musikalisches Talent offensichtlich. Mit sechs Jahren konnte er schon Klavier, Orgel und Violine spielen und begann Klavierstücke zu komponieren. Gemeinsam mit seinem Vater Leopold gab er Konzerte für den europäischen Adel. Vor seinem vierzehnten Geburtstag hatte er bereits mehrere Sonaten, eine Symphonie und zwei Opern komponiert. 1780 zog er nach Wien und heiratete dort im folgenden Jahr Constanze Weber. Trotz seines Ruhmes lebte die Familie oft in finanzieller Unsicherheit. Während dieser Zeit schrieb Mozart die Opern „Figaros Hochzeit", „Don Giovanni" und „Die Zauberflöte". 1791 begann er sein letztes Werk – ein Requiem. Bevor er es jedoch vollenden konnte, starb er, wahrscheinlich an einer Nierenentzündung. Nur ein paar Freunde kamen zur Beerdigung und seine Grabstätte ist unbekannt. Mozarts Ruhm ist mit der Zeit gewachsen. Heute gilt er als Genie der westlichen Zivilisation und einer der bedeutendsten Komponisten aller Zeiten.

2b Richtig oder falsch?

   a Mozart konnte zwei Instrumente spielen.

   b Mit 20 komponierte Mozart seine erste Oper.

   c Mozart war 26 Jahre alt, als er Constanze heiratete.

   d Die Familie Mozart war sehr arm.

   e Kurz vor seinem Tod begann Mozart ein Requiem zu schreiben.

   f Besucher können heutzutage Mozarts Grabstätte in Wien sehen.

3 Sehen Sie sich die Daten im Text an und schreiben Sie zu jedem Datum einen Satz:

1756 *Mozarts wird geboren*

1762 *Mozart beginnt zu komponieren*

1769 …

1781 …

1791 …

4  Jetzt lernen Sie über noch zwei berühmte Deutschsprachige. Hören Sie zu und füllen Sie die Lücken aus.

   a Marlene Dietrich ist in _____ geboren.

   b Marlene Dietrich war _____ .

   c 1929 spielte sie die _____ im Film „Der blaue Engel".

   d Nach diesem Film arbeitete sie vor allem in _____ .

   e Dietrich war gegen den _____ in Deutschland.

   f Sie hat oft _____ für amerikanische _____ gegeben.

   g Sie drehte ihren letzten _____ im Jahre 1978.

   h Albert Einstein ist _____ in Ulm geboren.

   i Schon in seiner Kindheit war er ein begabter _____ .

   j Bis 1905 hat er an der _____ in Zürich studiert.

   k 1905 hat er seine _____ veröffentlicht.

   l Ab 1933 wohnte er in _____ .

   m Albert Einstein war sein ganzes Leben lang _____ .

Amerika   Berlin   Universität   Hauptrolle   Konzerte
1879   Nationalismus   Schauspielerin
den Vereinigten Staaten   Relativitätstheorie
Truppen   Film   Mathematiker   Pazifist

---

5 Machen Sie ein Rollenspiel mit einem Partner oder einer Partnerin. A spielt die Rolle von einem bekannten Deutschen. B interviewt A. Die Grammatik hilft Ihnen.

Grammatik   ⇨ 169 ⇨ W67

Asking questions

◆ To ask a question in German, invert verb and subject:

Haben Sie Kinder? *Do you have children?*

◆ Place any question word at the beginning of the sentence and invert the verb and subject as normal:

Wo wohnen Sie? *Where do you live?*

◆ Here are some useful question words:

was? – *what?*

wo? – *where?*

warum? – *why?*

wie viele – *how many?*

woher? – *where from?*

wann? – *when?*

wer? – *who?*

wie – *how?*

wohin? – *where to?*

was für? – *what sort of?*

welcher/welche/welches – *which?*

wofür/womit/worin? – *for what/with what/in what?*

seit wann? – *since when*

A Join the sentence halves to form some questions you could ask in Übung 5.

a Wann		**1** Bücher haben Sie geschrieben?
b Wo		**2** sind Sie geboren?
c Was		**3** heißen ihre Filme?
d Sind Sie		**4** Kinder?
e Wie viele		**5** wohnen Sie?
f Haben Sie		**6** sind Sie nach Amerika gezogen?
g Wie		**7** wohnen Sie in London?
h Warum		**8** sind Sie von Beruf?
i Seit wann		**9** kommen Sie?
j Woher		**10** verheiratet?

B Now write a further five questions which you could ask the famous person of your choice.

6 Fassen Sie das Interview schriftlich zusammen.

Die Geschichte

Was wissen Sie über die deutsche Geschichte?

1871

1517

1740
Friedrich der Große wird König von Preußen. Preußen wird eine Großmacht.

1815
Ende des Kaiserreichs. Jetzt gibt es 38 kleine deutsche Staaten, jeder mit seinem eigenen Herrscher.

1273
Die Familie der Habsburger kommt an die Macht in Österreich. Die Familie regiert bis 1806.

1618
Der dreißigjährige Krieg

1760–1820

Ab 1840
Deutschland wird ein Industriestaat.

1914

1 Sehen Sie sich die Bilder an und lesen Sie die Sätze unten. Ordnen Sie die Sätze den Bildern zu.

a Martin Luther beginnt die Reformation.
b Hitler kommt an die Macht.
c Der preußische Premierminister Bismarck vereinigt Deutschland. Beginn des Deutschen Kaiserreichs.
d Die Berliner Mauer fällt.
e Wirtschaftsdepression in Deutschland
f Beginn des Ersten Weltkriegs
g Jetzt gibt es zwei Deutsche Staaten – die BRD und die DDR.
h Die Russen bauen die Berliner Mauer.
i Höhepunkt der deutschen Kultur – Goethe und Schiller schreiben, Mozart, Bach, Haydn und Beethoven komponieren.
j Der Zweite Weltkrieg endet.

2 Hören Sie die acht Aussagen. Welches Ereignis wird beschrieben?

3a Lesen Sie den Text.

im Vergleich zu – *in comparison to*
die Vergangenheit – *the past*
leider – *unfortunately*
erwähnen – *to mention*
Freundschaften schließen – *to make friends*
die EWG – *EEC*
die Zukunft – *the future*

Deutschland im zwanzigsten Jahrhundert

Int: Frau Schöble, Sie sind Geschichtslehrerin. Wie sehen Sie die deutsche Geschichte im letzten Jahrhundert?

Frau S.: Eigentlich beginnt die moderne Geschichte im Jahre 1871. Vor 1871 gab es keinen einheitlichen deutschen Staat. Deutschland ist also ein ziemlich neues Land im Vergleich zu Frankreich oder England.

Int: Deutschland hat aber in diesem Jahrhundert eine dunkle Geschichte gehabt.

Frau S.: Natürlich. Die Hitlerzeit ist ein sehr dunkles Kapitel in unserer Vergangenheit. Leider denken immer noch viele an Hitler, wenn man das Wort Deutschland erwähnt.

Int: Aber Deutschland heutzutage ist ganz anders.

Frau S.: Ja, das moderne Deutschland ist eine Demokratie, die mit anderen Ländern zusammenarbeiten will. Nach dem Krieg haben die Deutschen schnell versucht, Freundschaften mit anderen Ländern zu schließen. Deutschland hat zum Beispiel mit Frankreich, Italien und den Beneluxländern zusammen die EWG gegründet.

Int: Und jetzt ist Deutschland selbst wieder ein vereinigtes Land.

Frau S.: Ja, ich bin froh, dass die Teilung von Ost- und Westdeutschland vorbei ist. Deutschland ist schon seit über zehn Jahren vereinigt. Jetzt ist die Regierung auch wieder in Berlin.

Int: Und wie sehen Sie die Zukunft?

Frau S.: Ich glaube, dass Deutschland eine wichtige Rolle im modernen Europa spielen kann.

Int: Frau Schöble, danke für das Gespräch.

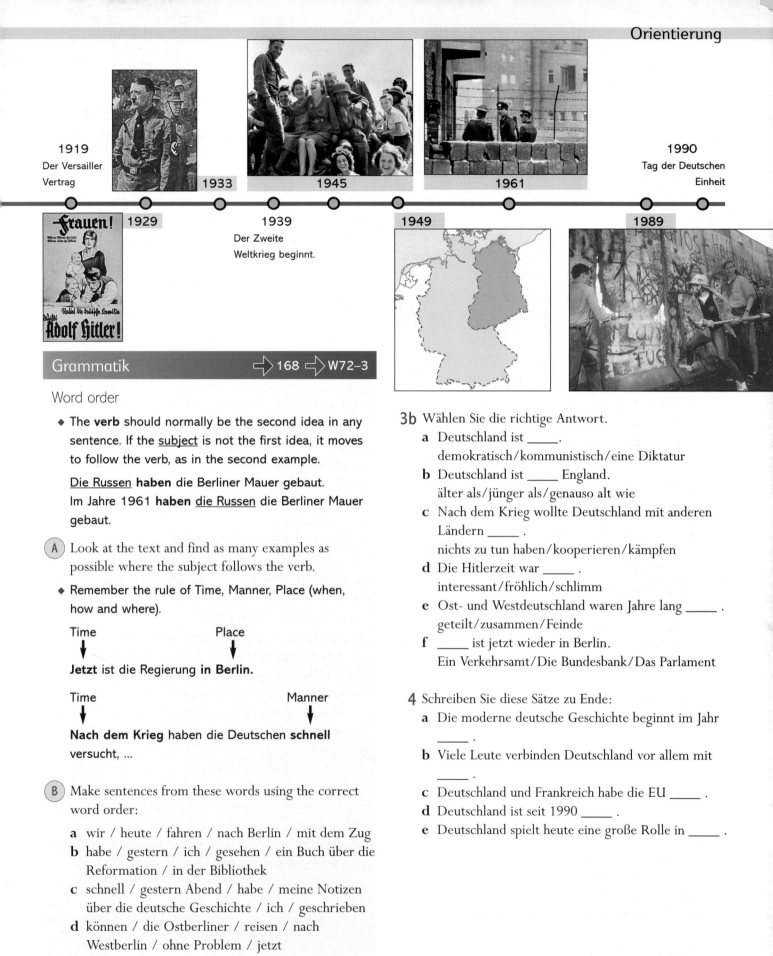

1919
Der Versailler
Vertrag

1933

1945

1961

1990
Tag der Deutschen
Einheit

1929

1939
Der Zweite
Weltkrieg beginnt.

1949

1989

Grammatik ⇨ 168 ⇨ W72–3

Word order

◆ The **verb** should normally be the second idea in any sentence. If the <u>subject</u> is not the first idea, it moves to follow the verb, as in the second example.

<u>Die Russen</u> **haben** die Berliner Mauer gebaut.
Im Jahre 1961 **haben** <u>die Russen</u> die Berliner Mauer gebaut.

(A) Look at the text and find as many examples as possible where the subject follows the verb.

◆ Remember the rule of Time, Manner, Place (when, how and where).

Time   Place
↓   ↓

Jetzt ist die Regierung **in Berlin.**

Time   Manner
↓   ↓

Nach dem Krieg haben die Deutschen **schnell** versucht, ...

(B) Make sentences from these words using the correct word order:

a wir / heute / fahren / nach Berlin / mit dem Zug
b habe / gestern / ich / gesehen / ein Buch über die Reformation / in der Bibliothek
c schnell / gestern Abend / habe / meine Notizen über die deutsche Geschichte / ich / geschrieben
d können / die Ostberliner / reisen / nach Westberlin / ohne Problem / jetzt

3b Wählen Sie die richtige Antwort.
a Deutschland ist _____.
demokratisch/kommunistisch/eine Diktatur
b Deutschland ist _____ England.
älter als/jünger als/genauso alt wie
c Nach dem Krieg wollte Deutschland mit anderen Ländern _____ .
nichts zu tun haben/kooperieren/kämpfen
d Die Hitlerzeit war _____ .
interessant/fröhlich/schlimm
e Ost- und Westdeutschland waren Jahre lang _____ .
geteilt/zusammen/Feinde
f _____ ist jetzt wieder in Berlin.
Ein Verkehrsamt/Die Bundesbank/Das Parlament

4 Schreiben Sie diese Sätze zu Ende:
a Die moderne deutsche Geschichte beginnt im Jahr _____ .
b Viele Leute verbinden Deutschland vor allem mit _____ .
c Deutschland und Frankreich habe die EU _____ .
d Deutschland ist seit 1990 _____ .
e Deutschland spielt heute eine große Rolle in _____ .

Zur Auswahl

Tipp

Learning and recording vocabulary

You are only at the beginning of your course and you have already met quite a lot of new vocabulary! During the next year you will need to learn vocabulary on a regular basis if you are to succeed in your studies. Here are some tips on doing it successfully:

♦ Record all vocabulary accurately. Write down the genders and plurals of all nouns and learn them as you go along.

♦ Store all vocabulary in one place. Transfer all the vocabulary you have met in a week to cards in an index box. You may like to record it under topics.

♦ Learn vocabulary every day even if only for fifteen minutes. Little and often is the key to successful learning.

♦ Use the look, cover, write, check method.

♦ Learn vocabulary both from German to English and English to German.

♦ Get someone to test you. If they ask you the words on your index card out of sequence it makes an amazing difference.

♦ Try to learn chunks of language and phrases in context – see how many of the idioms in Übung 1 you can learn.

1 Try these methods to record the new vocabulary you have met in this unit. Order your vocabulary under the following topic areas and language functions:

♦ vocabulary for talking about people/geography/history

♦ useful vocabulary for giving opinions

♦ useful vocabulary for giving a speech or presentation

You will add to these cards as you go through the course!

2 See how many words you can still remember and which ones you need to learn again.

3 Use the methods outlined above to learn this vocabulary.

Tipp

Organizing your work

♦ Divide your folder into sections for different topics and skills.

♦ Check through corrected work carefully.

♦ Keep a checklist of targets set by your teacher on work which has been corrected. If you make them targets for action they should not appear on your checklist again.
Example: week 2 – improve the accuracy of word order.

1 Welche Redewendungen auf Deutsch und Englisch passen zusammen?

a Ende gut, alles gut
b das ist die Höhe
c den Nagel auf den Kopf treffen
d zwei linke Hände haben
e auf die Füße fallen
f eine Nacht über etwas schlafen
g das Herz auf dem rechten Fleck haben
h Wer zuletzt lacht, lacht am besten.
i alles auf eine Karte setzen
j viel um die Ohren haben

1 to hit the nail on the head
2 to be all thumbs
3 he who laughs last laughs longest
4 all's well that ends well
5 to be up to one's eyes in it
6 to put all one's eggs in one basket
7 to fall on one's feet
8 to sleep on something
9 that's the limit
10 to have one's heart in the right place

2 Erfinden Sie einen Dialog mit einer berühmten Person, in dem Sie so viele Redewendungen wie möglich benutzen.

3 Entwerfen Sie einen Quiz über die deutschsprachigen Länder für Ihre Mitschüler.

1 Die Familie

By the end of this unit you will be able to:

- ◆ Describe your family
- ◆ Discuss family problems
- ◆ Talk about the timing of parenthood
- ◆ Discuss the pros and cons of marriage

- ◆ Understand the use of cases
- ◆ Use the correct adjective endings
- ◆ Use possessives
- ◆ Read for gist
- ◆ Express opinions
- ◆ Write a description
- ◆ Pronounce *-ig*, *-ich* and *-isch* accurately

Ich verstehe mich sehr gut mit meinen Geschwistern.

Wenn meine Schwiegermutter zu Besuch kommt, gehe ich auf Geschäftsreise.

Ich freue mich immer schon wochenlang vorher auf Familienfeste wie Weihnachten oder eine große Geburtstagsfeier.

Ich bin froh, dass ich hier in Berlin weit weg von meiner Familie wohne.

Wir haben gerade unsere diamantene Hochzeit gefeiert – mit unseren fünf Kindern, zwölf Enkeln und drei Urenkeln. Es war herrlich!

1 Wer hat eine positive Einstellung zur Familie, wer hat eine negative Einstellung?

2 Nehmen Sie das Thema „Familie". Schreiben Sie alle Substantive (*nouns*), Adjektive und Verben auf, die Sie mit dem Thema verbinden.

Familienbande

Familien sind alle verschieden. Wie sieht es in Ihrer Familie aus?

1 Beantworten Sie die Fragen:
  a Wie heißt Tobias' Mutter?
  b Wie heißt Tobias' Vater?
  c Wie heißt Tobias' Schwester?
  d Wie heißt sein Stiefvater?
  e Wie heißen seine Stiefbrüder?
  f Wie viele Geschwister hat Tobias insgesamt?

2a Skizzieren Sie Ihren eigenen Familienstammbaum über drei Generationen (inklusive Großeltern).

2b 👥 Erklären Sie Ihrem Partner/Ihrer Partnerin die Familienzusammenhänge.
  Beispiel: *Das ist meine älteste Oma. Ich habe drei Omas, denn ein Opa ist geschieden und hat noch einmal geheiratet.*

3a Lesen Sie die Aussagen von diesen zwei Jugendlichen.

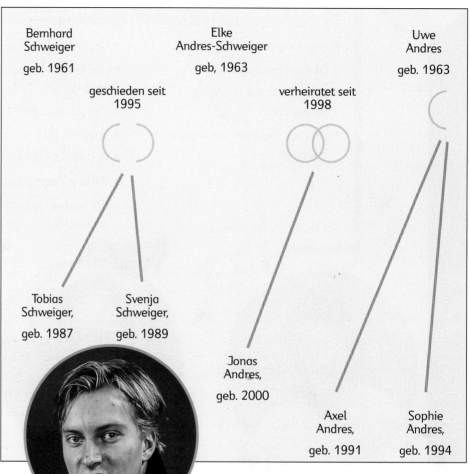

Bernhard Schweiger, geb. 1961
Elke Andres-Schweiger, geb. 1963
Uwe Andres, geb. 1963

geschieden seit 1995
verheiratet seit 1998

Tobias Schweiger, geb. 1987
Svenja Schweiger, geb. 1989
Jonas Andres, geb. 2000
Axel Andres, geb. 1991
Sophie Andres, geb. 1994

Wiebke: Ich lebe mit meiner Mutter in Berlin. Meine Eltern haben sich vor zwei Jahren getrennt, und mein Vater arbeitet jetzt in Hamburg. Ich besuche ihn jedes zweite Wochenende, und dann zeigt er mir Hamburg. Wir gehen an der Alster spazieren oder ins Kino oder Pizza essen. Ich verstehe mich gut mit meiner Mutter und mit meinem Vater und kann über alles mit ihnen reden. Meinem Vater schreibe ich jeden Tag ein E-Mail, und er ruft oft bei uns in Berlin an. So bleiben wir in Kontakt, auch wenn wir nicht mehr zusammen leben.

Tobias: Wir sind eine ziemlich komplizierte Familie. Mein Vater und meine Mutter sind geschieden. Meine Schwester und ich leben mit meiner Mutter und meinem Stiefvater Uwe zusammen, und wir haben einen kleinen Bruder, Jonas, der eigentlich unser Stiefbruder ist – denn sein Vater ist Uwe. Uwe hat auch noch eine andere Familie. Er war schon mal verheiratet und ist geschieden, wie meine Mutti. Seine beiden Kinder, Axel und Sophie, wohnen bei seiner ersten Frau, aber sie kommen uns manchmal besuchen, an Wochenenden und in den Ferien. Also, wenn man will, habe ich vier Geschwister, zwei Brüder und zwei Schwestern, aber nur Svenja ist meine richtige Schwester. Zu meinem Vater haben wir keinen Kontakt mehr. Aber die Oma, die Mutter meines Vaters, ruft manchmal an und schickt meiner Schwester und mir Pakete. Wir haben jetzt praktisch drei Omas, weil Uwes Mutter auch wie eine Oma zu uns ist.

3b Beantworten Sie folgende Fragen:
- **a** Wie viele Personen leben im Haushalt von Tobias und Wiebke?
- **b** Wer hat keinen Kontakt mehr zu einem Elternteil?
- **c** Wieso hat Tobias drei Omas?

4a In den Aussagen von Tobias und Wiebke finden Sie einige Ausdrücke für Häufigkeit (wie oft etwas passiert). Finden Sie für jeden Ausdruck eine deutsche Entsprechung.

jedes zweite Wochenende – einmal im Monat – oft – manchmal – jeden Tag – an Wochenenden

alle vier Wochen – ab und zu – alle vierzehn Tage – täglich – häufig – samstags und sonntags

4b Wer ist das?
- **a** _____ ist die älteste von vielen Geschwistern.
- **b** _____ ist Einzelkind.
- **c** _____ sieht seine Stiefschwester und seinen Stiefbruder manchmal am Wochenende.

Grammatik  153–5 W10–16

The cases

There are four cases in German. All appear in this sentence:

Die Mutter meines Vaters schickt meiner Schwester und mir Pakete.

- The nominative is used for the subject of a sentence.
- The accusative is used for the direct object and after certain prepositions.
- The dative is used for the indirect object and after certain prepositions.
- The genitive is used to express possession/belonging.

A Look at the underlined words and phrases in the passage about Wiebke and decide which case each of them is in.

5a Hören Sie jetzt mehr von Wiebke. Richtig oder falsch?
- **a** Wiebkes Eltern sind geschieden.
- **b** Wiebkes Mutter will sich jetzt offiziell scheiden lassen.
- **c** Wiebkes Mutter hat einen neuen Freund.
- **d** Wiebke wünscht sich einen Bruder.

Tipp

What can you include in a description?

- Something about who the person is or what your relationship is
- The person´s physical appearance
- The person´s character
- How you get on or what you like/dislike about the person

To make it more interesting, vary your sentence structure.

1 Read Übung 5b. Has Wiebke followed all of the tips?

5b Hören Sie den ersten Teil von Wiebkes Interview noch einmal und schreiben Sie auf, welche Ausdrücke in die Lücken passen:
Meine Mutter ist wie ...a... oder eine Schwester für mich. Sie hat lange blonde Haare wie ich und sieht ...b... aus. Ab und zu fragen uns Leute, ob wir Schwestern sind, wenn wir zusammen einkaufen. Sie hat immer ganz viele Ideen und ...c... gerne. Ich kann ihr alles erzählen, und sie erzählt mir auch ...d.... Abends gucken wir zusammen fern, und ...e... gehen wir auch zusammen ins Kino.

6a Übernehmen Sie die Rolle von Tobias oder Wiebke und beantworten Sie die Fragen Ihres Partners. Fragen Sie zum Beispiel:
- Wie viele Personen leben in deinem Haushalt?
- Hast du Geschwister? (Wenn ja, wie viele? Wie heißen sie?)
- Hast du Stiefschwestern/Stiefbrüder?
- Wie oft siehst du deine(n) ...?
- Wie hältst du Kontakt mit Familienmitgliedern, die nicht im gleichen Haus wohnen?

6b Sprechen Sie jetzt über Ihre eigene Familiensituation.

Extra! Machen Sie die Übungen auf dem Arbeitsblatt 6.

7 Beschreiben Sie zwei Mitglieder Ihrer Familie (schriftlich). Schauen Sie zuerst den *Tipp* an.

Probleme mit den Eltern

Welche Probleme gibt es zwischen Jugendlichen und ihren Eltern? Wie kann man sie lösen?

1a Machen Sie eine Liste: Über welche drei Themen gibt es in Ihrer Familie am häufigsten Streit?

1b Vergleichen Sie die Listen in der Klasse und erstellen Sie eine kleine Statistik.
Beispiel: Kleidung, Taschengeld

Problemseite

Psychologe Dr. Schmetterling beantwortet Briefe von jugendlichen Lesern

Meine Eltern sind seit meinem vierten Lebensjahr geschieden, mein Bruder und ich leben bei meiner Mutter. Mein Vater hat sich jahrelang nicht für uns interessiert: nicht einmal zum Geburtstag eine Karte oder einen Anruf. Jetzt möchte er plötzlich wieder Kontakt zu uns haben und uns „richtig" kennen lernen. Ich finde, er war bisher immer egoistisch und verantwortungslos, und ich habe keine Lust, ihn kennen zu lernen. Mein Bruder will sich mit ihm treffen. Meine Mutter sagt, es ist meine Entscheidung, aber sie meint, es ist besser, meinem Vater eine Chance zu geben. Was soll ich tun?

Vanessa, 16 Jahre alt, Magdeburg

Ich bin vierzehn Jahre alt und Einzelkind. Zwischen meiner Mutter und mir gibt es ständig Krach. Sie ist so ängstlich und pedantisch, und es nervt mich, dass sie mich wie ein kleines Kind behandelt. „Zieh dich warm an!" „Du hast eine schreckliche Unordnung in deinem Zimmer!" „Bleib nicht zu lange weg!" usw. Sie ist immer misstrauisch und riecht an meinen Kleidern, ob ich heimlich geraucht habe usw. Wie kann ich ihr beibringen, dass ich mehr Selbständigkeit brauche?

Lukas aus Bremen

Wir sind vier Kinder zu Hause und ich bin die Zweitälteste. Meine ältere Schwester ist sportlich und hat gute Noten in der Schule, ich leider nicht. Meine Eltern sind enttäuscht von mir. Vor allem mein Vater kritisiert mich immer vor der ganzen Familie oder macht sich lustig über mich, manchmal sogar vor fremden Leuten. Mir ist das peinlich, und ich verliere allmählich mein Selbstvertrauen und werde immer schlechter in der Schule. Außerdem fange ich an, meinen Vater richtig zu hassen. Meine Schwester kann nichts dafür, aber ich möchte sie am liebsten manchmal nicht mehr sehen.

Donata (15) aus Schwetzingen

2a Lesen Sie die drei Problem-Briefe.

2b Wer ist das: Vanessa, Lukas, Donata?

  a _____ weiß nicht, wie sie sich ihrem Vater gegenüber verhalten soll.

  b _____ möchte mehr Freiheit haben.

  c _____ braucht mehr Unterstützung und positives Feedback.

3a Lesen Sie die Briefe noch einmal. Was werfen die Jugendlichen ihren Eltern vor? Ordnen Sie die drei Begriffe den Briefschreibern zu:

  a Zu viel Kritik

  b Desinteresse

  c Pedanterie

3b Wie beschreiben die Jugendlichen ihre Eltern? Sammeln Sie Ausdrücke aus den Briefen.
Beispiel: Vanessa: Vater – egoistisch, verantwortungslos

4 Finden Sie ein Adjektiv, das das Gegenteil ausdrückt!
Beispiel: verständnisvoll – verständnislos, geduldig – ungeduldig, gut – schlecht

---

der Krach – *trouble, argument(s)*

behandeln – *to treat*

misstrauisch – *distrustful*

beibringen – *to teach*

peinlich – *embarrassing*

das Selbstvertrauen – *confidence*

| fair | negativ | unklug | intelligent | falsch |

Grammatik ⇨ 156 ⇨ W22–5

Adjectives

Most of the words you wrote down for Übung 3b will be adjectives. They are used to describe people or things.

(A) Some adjectives used in the letters do not refer to a parent. Can you complete the following sentences?

a Die Unordnung in Lukas' Zimmer ist _____ .

b Donatas Schwester ist _____ .

c Ihre Noten in der Schule sind _____ .

◆ When adjectives are used separately from the word to which they refer, often with forms of the verb *sein*, as in Activity A, they are in their basic form, with no ending.

◆ Where adjectives are placed before a noun their endings change, depending on the case of the noun they describe and whether it is singular or plural. For tables of all adjective endings see p. 156. For Activity B you will need the table of endings after the indefinite article.

(B) Fill in the correct ending (or none!).

a Vanessa hat einen klein_____ Bruder.

b Sie findet ihren Vater egoistisch_____ .

c Lukas möchte seiner ängstlich_____ Mutter erklären, dass er kein klein_____ Kind mehr ist.

d Donata hat schlecht_____ Noten in der Schule.

e Das ist eine peinlich_____ Situation.

5a 🔊 Hören Sie die Szene in Donatas Haus an. Können Sie die Bedeutung dieser Vokabeln erraten? **das Lob – die Gehirnzelle – zu kurz kommen**

5b 🔊 Notieren Sie die Ausdrücke, die die Familie benutzt, um ihre Meinung auszusprechen.
Beispiel: *Ich finde es unfair*

5c 👥 Diskutieren Sie mit Ihrem Partner/Ihrer Partnerin. Lesen Sie den *Tipp* und benutzen Sie Adjektive aus Übung 4.

◆ Wie finden Sie das Verhalten des Vaters?

◆ Wie finden Sie das Verhalten der Mutter?

◆ Wie finden Sie Donatas Verhalten?

Extra! 👥 Spielen Sie die Szene mit Hilfe des Arbeitsblatts 7.

Tipp

Expressing opinions

1 Which of the following did you note down in Übung 5b?

Das ist gemein/eine Gemeinheit/richtig/fair/unfair
Ich finde es normal/gut/nicht gut/unfair, dass …
Meiner Meinung nach …
Ich denke …
Ich glaube (nicht) …
Ich verstehe nicht, warum …

You could use any of these to express your opinion in German.

6 🔊 Hören Sie jetzt die Meinung von Diplom-Psycholog Dr. Schmetterling zu Donatas Problem und ergänzen Sie die folgenden Sätze.

a Dr. Schmetterling findet das Verhalten von Donatas Vater _____ .

b Seiner Meinung nach sollte Donata über ihre _____ sprechen.

c Eine _____ ist ein schlechter Ausgangspunkt für ein Gespräch.

d Donatas Mutter muss _____, dass Donata zunächst ein positives Grundgefühl braucht.

e Vielleicht ist es nützlich für Donata, eine _____ zu machen und aufzuschreiben, was sie gut kann.

f Dr. Schmetterling _____ ,es ist möglich, die Situation zu verbessern.

> Liste Gefühle Wende Konfliktsituation
> glaubt verstehen schaffen verständnisvoll
> unsensibel

7 👥 Bilden Sie Gruppen von je drei Personen. Wählen Sie einen der anderen Problem-Briefe und spielen Sie eine Konfliktsituation in dieser Familie mit verteilten Rollen.

8 Beantworten Sie einen der Problem-Briefe. Schreiben Sie, was Ihre Meinung zu dem Problem ist. Vielleicht haben Sie auch Lösungsvorschläge. Schreiben Sie ca. 10 Sätze.

Vom Kinderkriegen

Kinder haben – eine bewusste Entscheidung oder eher ein Zufall?

1a Wann sollte man Vater oder Mutter werden? Gibt es ein ideales Alter dafür? Schreiben Sie auf, wann Sie gerne Vater bzw. Mutter werden möchten (wenn überhaupt).

1b 📽️ Vergleichen Sie innerhalb der Gruppe. Gibt es Unterschiede zwischen Mädchen und Jungs?

2a Lesen Sie den Zeitungsartikel unten.

2b Beantworten Sie die folgenden Fragen.
  a Wo wohnt Maria Emmerding? Nennen Sie die Stadt und den Namen des Stadtteils.
  b Wie viele Kinder hat Frau Emmerding? Wie alt ist das jüngste?
  c Welchen neuen Rekord hat Frau Emmerding gerade aufgestellt?
  d Wer oder was hilft Sabrina mit ihrem Baby?

2c Versuchen Sie alle Wörter, die im Text <u>unterstrichen</u> sind, mit Hilfe des Kontexts zu erklären.

3 Ein Journalist des Eischweiler Tagblattes will Maria und Sabrina Emmerding interviewen. Welche Fragen, glauben Sie, wird er ihnen stellen? Machen Sie eine Fragen-Liste. Die *Grammatik* auf Seite 11 hilft Ihnen.

4 📼 Hören Sie sich die beiden Interviews an. Was passt zusammen?

  a Natürlich freue ich mich
  b Ich mache mir auch Sorgen
  c Da macht ein siebtes Kind
  d Sabrina soll erst mal
  e Ich kann es gar nicht fassen,
  f Ich wollte den Namen eigentlich

  1 keinen großen Unterschied.
  2 die Schule fertig machen.
  3 über meinen Enkel
  4 mit dem Vater besprechen.
  5 um meine Tochter.
  6 dass es mein Sohn ist.

Eischweiler Tagblatt, 24. Oktober 2000.

Mit 32 schon Oma

Maria Emmerding ist seit Donnerstag Oma. Wer die junge Frau sieht, wird ihr das nicht glauben. Es ist auch noch nicht lange her, dass Frau Emmerding selbst auf der <u>Geburtsstation</u> im Krankenhaus lag: Im Mai <u>gebar</u> sie ihren Sohn Kevin, Tochter Sabrina Emmerding machte sie nun mit der Geburt eines kleinen Jungen zur Oma. Sabrina selbst ist erst 15 Jahre alt, die älteste von insgesamt sechs Geschwistern. Die <u>alleinerziehende</u> Mutter Maria Emmerding hat mit ihren 32 Jahren einen neuen Rekord als jüngste Oma von Eischweiler aufgestellt.

Die Situation ist jedoch nicht ganz untypisch für den <u>sozialen Brennpunkt</u> Fischerviertel. Wir sprachen mit Sozialarbeiterin Katja Heidenreich: „Natürlich ist es nicht ideal, wenn ein junges Mädchen wie Sabrina ein Kind zur Welt bringt. Sabrina hat allerdings einen großen Vorteil gegenüber vielen anderen jungen Müttern: Sie findet <u>Rückhalt</u> in ihrer Familie. Sabrinas Mutter ist eine sehr positive Oma mit viel Energie. Sabrina ist nicht isoliert, kann weiterhin zu Hause wohnen, muss nicht in ein Heim ziehen, und ihr Kind wächst zusammen mit ihren jüngeren Geschwistern in einer Familie auf. Wenn sie es schafft, ihre Ausbildung als Frisöse zu beenden, hat sie eine echte <u>Zukunftsperspektive</u>. Und in der Selbsthilfe-Gruppe „Junge Mütter" trifft sie andere Teenager in der gleichen Situation."

5a Lesen Sie noch zwei Artikel.

Noch ein Beispiel für Alleinerziehende

Torsten Fuhrmann, 33 Jahre alt: „Ich bin alleinerziehender Vater und habe eine Tochter und einen Sohn, Sarah und Jonas. Meine Frau ist vor zwei Jahren an Krebs gestorben. Unser Familienleben ist nicht immer einfach. Die Kinder vermissen ihre Mutter, und ich bin manchmal auf die Hilfe meiner Freunde und Familie angewiesen. Nach der Schule bzw. nach dem Kindergarten gehen Sarah und Jonas zu einer Tagesmutter. Dort hole ich sie ab, wenn ich von der Arbeit nach Hause komme. Diesen Sommer planen wir unseren ersten gemeinsamen Urlaub zu dritt."

Kinderkriegen – aber wann?

Ricardo und Nilüfer Scholl, 26 und 25 Jahre alt: „Wir sind seit vier Jahren verheiratet, möchten aber noch keine Kinder. Für uns ist der richtige Zeitpunkt wichtig. Im Moment sind wir beide noch in der Ausbildung – Nilüfer studiert Medizin und Ricardo macht einen Weiterbildungskurs bei der Bank. Wir wollen lieber warten, bis wir uns beruflich etabliert haben und vielleicht sogar unser eigenes Haus haben."

5b Richtig oder falsch? Verbessern Sie die falschen Sätze.
  a Die Mutter von Sarah und Jonas ist bei einem Autounfall gestorben.
  b Torsten Fuhrmann holt seine Kinder von der Schule ab.
  c Nilüfer Scholl möchte im Moment keine Kinder, weil ihr die Karriere wichtiger ist.
  d Ricardo Scholl arbeitet bei einer Bank.
  e Torsten plant einen Urlaub mit seinen Kindern.
  f Manchmal helfen ihm Freunde bei der Kinderbetreuung.

6a Vergleichen Sie die Situationen von Sabrina Emmerding, Torsten Fuhrmann und den Scholls. Notieren Sie jeweils: Alter, Zahl der Kinder, Partner, Unterstützung durch die Familie, Zukunftsplanung

Grammatik ⇨ 155 ⇨ W20–1

Possessives

A Listen again to the interview and note down the missing words exactly, paying particular attention to the endings.
  a Zuerst hatte ich Angst, _____ Mutter zu erzählen, (…)
  b Ich kann es gar nicht fassen, dass es _____ Sohn ist.
  c Ich wollte eigentlich _____ Vater fragen.
  d So hieß _____ Großvater.
  e Das sagt auch _____ Mutter.

The words you filled in are called **possessives**. They show who (or what) something belongs to (like 'my', 'your'). For a full list and for the endings see p. 155.

B Fill in the correct possessive with the correct ending.
  a Sabrina hat _____ Mutter zuerst nichts von der Schwangerschaft erzählt.
  b Sabrinas Großvater hieß Georg, daher will sie _____ Sohn auch so nennen.
  c Der kleine Georg kennt _____ Vater nicht.
  d _____ Mutter und seine Großmutter kümmern sich um ihn.
  e Maria Emmerding sagt: „_____ Familie ist eine ungewöhnliche Familie."
  f Frau Emmerding unterstützt _____ Tochter Sabrina.

6b Diskutieren Sie mit Ihrem Partner:
  ◆ Wie ist die Situation der Kinder in den drei Familien?
  ◆ Welche Eltern haben es besonders schwer? Warum?
  ◆ Mit wem können Sie persönlich sich am ehesten identifizieren?
  ◆ Haben Sie Tipps für Sabrina, Torsten oder Nilüfer?

7 Wählen Sie eines der Fallbeispiele: Emmerding, Fuhrmann oder Scholl. Was finden Sie an der Situation positiv, was negativ? Schreiben Sie Ihre Meinung in 8–10 Sätzen nieder.

Heiraten – ja oder nein?

Wie zeitgemäß sind Ehe und Heirat heute noch? Was denken junge Deutsche darüber?

1a Möchten Sie später heiraten? Wenn ja, warum? Wenn nein, warum nicht? Schreiben Sie alles, was Ihnen zum Thema Heiraten einfällt, in einem Assoziogramm auf.

1b Diskutieren Sie mit Ihrem Partner darüber.

2 Im Interview hören Sie vier Jugendliche miteinander diskutieren: Michaela, Erik, Sascha und Lore. Wer vertritt welche Meinung?

   a Ehen scheitern meist. Daher ist es besser, nicht zu heiraten.

   b Ehe und Familie sind die beste Form des Zusammenlebens.

   c Es ist egal, ob man heiratet oder nicht.

   d Wer Kinder will, sollte auf jeden Fall heiraten.

3a Ergänzen Sie die fehlenden Wörter in den vier Sätzen.

   a Nur wer heiratet, meint es _____ ernst.

   b Wir bleiben _____ , solange wir uns gut verstehen.

   c Der Heiratsvertrag ist nur _____ Papier.

   d Ich will trotzdem _____ einmal heiraten.

3b Wer sagt welchen Satz?

4a Lesen Sie den Text „Ehe in der Krise".

4b Finden Sie die richtige Übersetzung für jedes Wort.

   Beziehung – Ehe – Gemeinsamkeit – Geborgenheit – Scheidung – Treue – Verbundenheit

   faithfulness – relationship – marriage – divorce – (here:) togetherness – security – attachment

5 Welche Satzhälften passen zusammen?

   a Die Ehe ist

   b Für manche sind Karriere und Freizeit

   c Treue liegt

   d Neue Gesetze sollen

   e Das Ende der Langzeitehe

   1 die Scheidung leichter und billiger machen.

   2 nur eine von vielen Spielformen.

   3 hat begonnen.

   4 wichtiger als Beziehungen.

   5 nicht in der Natur des Menschen.

Tipp

Reading for gist

Follow this four-step guide to approaching longer texts:

◆ Read through the text once and try to grasp the basic idea. Establish what the key words are.

1 Find the key words.

◆ If you do not understand any of the key words, use a dictionary or ask for help.

◆ Now read each sentence. What does it mean? Concentrate on the sentences you broadly understand.

◆ Try to sum up the main idea of each paragraph in your own words.

2 Write a sentence in English to convey the idea of each paragraph in the reading text.

If you don't understand enough, think strategically: What is the problem? Do you need help with grammar or key words? Don't waste time looking up every word.

6 Die folgenden Sätze sind vereinfachte Versionen von Sätzen aus dem Artikel: Können Sie die Originalsätze im Artikel finden?

   a Die Ehe auf Lebenszeit ist heute nicht mehr aktuell.

   b Nach einigen Jahren verlieren die Partner meist ihre Attraktion füreinander.

   c 50% aller Frauen würden ihren Mann einige Jahre später nicht noch einmal heiraten.

   d In der Hauptstadt Deutschlands leben etwa 50% aller Menschen in den mittleren Jahren allein.

   e Es ist möglich, dass auch Homosexuelle in Zukunft heiraten können.

   f Es ist nicht unbedingt natürlich für Menschen, auf Dauer zusammenzubleiben.

   g Vielleicht wird Scheidung in Zukunft mit Hilfe von Technik automatisiert.

Ehe in der Krise

1 Die Ehe ist tot. Es lebe die Ehe auf Zeit. Das alte Modell „bis dass der Tod uns scheidet" ist schon heute Schnee von gestern. Und das neue Millennium wird die alten Garantien nicht zurückbringen. In einer Zeit, in der Männer kochen, putzen, waschen und Frauen Chefpositionen einnehmen, ist gegenseitige Fürsorge mit klar verteilten Rollen nicht mehr gefragt.

2 Spaß miteinander ist heute das Hauptmotiv für Gemeinsamkeit. Und der Spaß lässt mit der Zeit nach. Dann beginnt die Arbeit an der Beziehung. Jede zweite Ehefrau würde ihren Mann schon nach sechs Jahren nicht ein zweites Mal heiraten. Warum also soll sie überhaupt noch bei ihm bleiben?

3 Für viele ist die Karriere wichtiger als Beziehungen, für manche der Computer spannender als Sex. Das Ende der Ehe auf Lebenszeit hat begonnen. Scheidungsraten bis zu 50 Prozent in Großstädten, und rund die Hälfte der Berliner zwischen 25 und 45 ledig ... Diese Zahlen sprechen eine klare Sprache: Es beginnt eine neue Kultur der Singles und Zeitbeziehungen. Und im neuen Jahrtausend werden wahrscheinlich auch Schwule und Lesben den Bund fürs Leben schließen können.

4 Der Bevölkerungswissenschaftler Prof. Hans W. Jürgens gibt einen Ausblick auf die Zukunft: „Die Langzeitehe hat keine Funktion mehr. Die Ehe ist nur eine von vielen Spielformen. Eheverträge von fünf bis zehn Jahren könnten das neue Modell sein." Wenn einer von beiden Partnern genug hat, verlängert er den Vertrag einfach nicht mehr.

5 In früheren Jahrhunderten dauerten Ehen im Schnitt etwa acht Jahre, weil dann einer von beiden – meist die Frau im Kindbett – starb. Heute dauert eine Ehe, wenn sie nicht geschieden wird, durchschnittlich 43 Jahre. In Zukunft könnte sie, da die Menschen immer länger leben, 60 bis 70 Jahre dauern. Monogamie wird weiter im Trend bleiben, denn trotz aller Zweifel wird sich die Sehnsucht nach Verbundenheit, Geborgenheit und Treue nicht ändern.

6 Doch „eine/einer zur Zeit" heißt nicht automatisch: „für immer". Treue liegt scheinbar nicht in der Natur des Menschen. Genforscher haben zwar bei Wühlmäusen ein Treue-Gen entdeckt, aber das heißt nicht, dass man den menschlichen Gen-Code mit Wühlmaus-Eigenschaften manipulieren kann. Politiker planen lieber neue Gesetze, die die Scheidung leichter und billiger machen sollen. Ein Scheidungscomputer könnte den Anwälten in Zukunft Arbeit abnehmen.

Schnee von gestern = veraltet, „out"
gegenseitige Fürsorge – *looking after each other*
nachlassen – *to decrease*
ledig – *single*
schwul – *gay*
der Bund fürs Leben = die Ehe

der Bevölkerungswissenschaftler – *population researcher*
im Schnitt – *on average*
trotz aller Zweifel – *despite all the doubts*
die Sehnsucht – *longing*
im Kindbett = bei der Geburt von Kindern
der Anwalt – *lawyer*

---

7 Hier sind Vorschläge für Überschriften für die Paragraphen 1 und 2. Finden Sie Überschriften für die Paragraphen 3–6. Sie können Wörter aus dem Text benutzen.
  1 Neues Ehemodell für die Zukunft gesucht
  2 Attraktivität geht bald verloren – was dann?

8a Sammeln Sie Argumente für und gegen das Heiraten. Machen Sie eine gemeinsame Liste.

8b Stellen Sie sich vor, ein junges Paar diskutiert darüber, ob sie heiraten sollen oder nicht. Ein Partner argumentiert für die Ehe, der andere dagegen.

9 Heiraten – ja oder nein? Schreiben Sie Ihre Meinung in 8–10 Sätzen.

Zur Auswahl

Gut gesagt! S 🔊

ig, ich, isch

1a Bitte wiederholen Sie die Adjektive.

richt**ig**	herr**lich**	prakt**isch**
schwier**ig**	ängst**lich**	chaot**isch**
traur**ig**	heim**lich**	
ständ**ig**	tägl**ich**	

1b Versuchen Sie jetzt diesen Zungenbrecher:

Theoretisch ist das richtig, aber eigentlich gar nicht wichtig – beschwichtigt der ewig praktische Herr Derwisch.

2a S 🔊 Hören Sie zu und ordnen Sie die Aussagen den drei Sprechern Steffen, Deniz und Charlie zu. Wer hat welche Meinung?

a Eine große Familie mit vielen Familienfeiern kostet zu viel Geld und Zeit.

b Ich möchte mit meinen Geschwistern immer engen Kontakt halten.

c Eine große Familie macht Spaß. Man sollte die Beziehungen untereinander pflegen und sich regelmäßig treffen.

2b S 🔊 Hören Sie noch einmal zu und beantworten Sie folgende Fragen:

a Wer hat eine große Familie?

b Wer sieht seine Familie oft?

c Wer möchte gerne eine größere Familie haben?

d Wer möchte seine Familie häufiger sehen?

e Welche Feste erwähnen die drei?

3 Wählen Sie eine der folgenden Aussagen aus und formulieren Sie Ihre eigene Meinung dazu.

- Stimmen Sie zu oder nicht?
- Begründen Sie Ihre Meinung.
- Geben Sie, wenn möglich, Beispiele.

Schreiben Sie ca. 10–12 Sätze (ca. 80–100 Wörter).

„Großfamilien sind wichtig für ein gesundes Familienleben."

„Scheidung ist manchmal die beste Lösung für eine Familie in Schwierigkeiten."

„Manchmal verstehen die Großeltern die jungen Leute besser als die Eltern-Generation."

„Die Kinder von Teenagern haben einen schlechten Start im Leben."

4 👥 Unterhalten Sie sich mit Ihrem Partner/Ihrer Partnerin über Ihr Verhältnis zu Ihrer Familie und Ihren Verwandten. Hier sind ein paar Fragen als Grundlage. Sie dürfen jedoch mehr Fragen stellen.

- Haben Sie eine große Familie?
- Wie oft sehen Sie Ihre Großeltern/Cousins und Cousinen/andere Verwandte?
- Haben Sie einen Lieblingsonkel oder eine Lieblingstante?
- Warum mögen Sie diese Person besonders? (Beschreiben Sie sie kurz!)
- Wünschen Sie sich mehr oder weniger Kontakt zu den Verwandten?
- Feiern Sie Ihren Geburtstag lieber mit Freunden oder lieber mit der Familie? – Warum?
- Mögen Sie große Familienfeste?
- Wie stellen Sie sich Ihre Familie in 50 Jahren vor?

Extra! Machen Sie die Übungen auf Arbeitsblatt 8.

Rechte und Verantwortung

By the end of this unit you will be able to:

- ◆ Discuss what being an adult means
- ◆ Compare being young now and in the past
- ◆ Discuss good citizenship
- ◆ Talk about military service and alternative choices for young men in Germany

- ◆ Use modal verbs
- ◆ Use the perfect tense
- ◆ Use separable/inseparable verbs
- ◆ Take notes when listening
- ◆ Write a summary in English
- ◆ Speak from notes
- ◆ Pronounce *ie* and *ei* accurately

DER VERKAUF VON ALKOHOL AN MINDERJÄHRIGE IST GESETZLICH NICHT ERLAUBT

Ich habe den Führerschein!

Junge SPD-Mitglieder feiern den Sieg ihrer Partei in der Bundestagswahl.

... als volljährig gilt, wer das achtzehnte Lebensjahr vollendet hat ...

Ich habe mich freiwillig zur Bundeswehr gemeldet.

1 Schauen Sie sich die Seite genau an, lesen Sie die Texte und beantworten Sie dann folgende Fragen:

a Wie heißt das deutsche Wort für „driving licence"?

b Finden Sie den offiziellen deutschen Begriff für „über 18 Jahre alt" und „unter 18 Jahre alt".

c Wie heißen die beiden großen Parteien in Deutschland? Bilden Sie die Parteinamen aus den Wörtern:

> Sozialdemokratische Union Partei
> Christlich-Demokratische Deutschlands

d Wie heißt die deutsche Armee?

2 Raten Sie: Was ist richtig, was ist falsch?

a In Deutschland kann man mit 15 Jahren Schnaps kaufen.

b Junge Männer und Frauen müssen in Deutschland Militärdienst leisten.

c Mit 18 darf man den Führerschein machen.

d Wer volljährig ist, darf auch wählen.

e Jugendliche unter 18 Jahren können bereits Mitglied in politischen Parteien werden, dürfen aber noch nicht wählen.

f In Deutschland darf man auch ohne Führerschein Auto fahren.

Auf den folgenden Seiten bekommen Sie mehr Hintergrund-Informationen zu diesen Themen.

Volljährig – und dann?

Was ändert sich mit dem achtzehnten Geburtstag?

1a Lesen Sie die Aussagen.

„Wenn ich 18 bin"

Wieso soll man plötzlich von einem Tag auf den anderen erwachsener und selbständiger werden? Ich finde das Quatsch. Für mich ändert sich mit dem 18. Geburtstag nichts. (Peter, 17)

Ich will mit meinem Freund zusammenziehen. Meine Eltern sind dagegen, weil ich angeblich zu jung bin. Wenn ich 18 bin, können sie es mir nicht mehr verbieten. (Laura, 17)

Ich darf bei der nächsten Bundestagswahl zum ersten Mal wählen. Allerdings habe ich bisher keine Ahnung, wen ich wählen soll. (Loni, 17)

Für mich ist das Wichtigste der Führerschein. Ich wohne auf einem Dorf mit miserablen Verkehrsverbindungen. Da muss ich immer meine Mutter bitten, mich in die Stadt zum Kino oder so zu fahren. Autofahren kann ich eigentlich längst, darf aber meine Prüfung noch nicht ablegen. (Dominik, 17)

1b Welcher Aspekt ist für wen am wichtigsten?
- **a** Führerschein
- **b** Wahlrecht
- **c** Selbständigkeit/Entscheidungsfreiheit
- **d** Gar nichts

2a Sehen Sie sich die vier Stichworte in Übung 1b an und ordnen Sie: Was steht für Sie persönlich an erster Stelle, was an zweiter etc.?

2b  Vergleichen Sie mit Ihrem Partner/Ihrer Partnerin.

Grammatik ⇨ 161/2 ⇨ W46

Modal verbs

Use modal verbs with the infinitive form of another verb.

können	(ability)	– *to be able to/can*
wollen	(intention)	– *to want to*
müssen	(obligation)	– *to have to/must*
dürfen	(permission)	– *to be allowed to/may*
sollen	(advice)	– *should*
mögen	(desire)	– *would like to*

For the forms of modal verbs see p. 162.

A Find examples of modal verbs in Übung 1a, and on p. 25. Note the position of the modal verb and the infinitive in the sentence.

B Fill in the correct modal verb in the correct form:
*Example: In Deutschland **dürfen** Jugendliche ab 18 Jahren wählen.*

- **a** Laura _____ nicht zur Bundeswehr, weil sie eine Frau ist.
- **b** Lauras Eltern _____ nicht, dass Laura mit ihrem Freund zusammenzieht.
- **c** Wer Auto fahren _____, _____ zuerst den Führerschein machen.
- **d** „Ich bin schon zweimal bei der Prüfung durchgefallen. Ich weiß nicht mehr, was ich noch machen _____ ."
- **e** Ein Kind sagt zu seiner Mutter: „_____ ich noch 10 Minuten länger aufbleiben?"
- **f** Die Mutter antwortet: „Nein, du _____ jetzt ins Bett gehen."
- **g** „_____ ihr noch eine Runde Karten spielen?" – „Nein, wir sind müde. Wir _____ jetzt nicht mehr spielen."

3 Sehen Sie sich die Aussagen in Übung 1a noch einmal an. Denken Sie selbst nach über Ihre Situation heute (mit 16/17 Jahren) und nach dem 18. Geburtstag. Machen Sie zwei Listen und formulieren Sie Sätze mit Modalverben.
*Beispiel: **Heute** muss ich meine Eltern um Erlaubnis fragen, wenn ich ausgehen will. **Nach dem 18. Geburtstag** kann ich ausbleiben, solange ich will.*

4a Lesen Sie jetzt, was Peter noch dazu sagt.

Was bedeutet der 18. Geburtstag für dich?

Peter: Eigentlich nicht sehr viel. Wieso soll man plötzlich von einem Tag auf den anderen erwachsener und selbständiger werden? Ich finde das Quatsch. Ich werde keine radikalen Schritte unternehmen und von zu Hause ausziehen. Dazu habe ich erstens kein Geld, und zweitens verstehe ich mich mit meinen Eltern zu gut. Ich werde nicht einmal sofort den Führerschein machen – ebenfalls aus Geldmangel. Und sonst? Meine Lehrer reden mich ohnehin schon mit „Sie" an. Ein Bankkonto habe ich auch schon, aber leider ist nicht viel drauf. Wählen werde ich sowieso nicht, weil diese Politiker doch alle gleich sind. Also für mich ändert sich mit dem 18. Geburtstag nichts.

4b Beantworten Sie bitte folgende Fragen:
   a Peter gibt fünf Beispiele für Erwachsensein. Nennen Sie mindestens drei.
   b Wie wichtig ist der achtzehnte Geburtstag für Peter?
   c Möchte Peter den Führerschein machen?
   d Wie ist Peters Verhältnis zu seinen Eltern?

5a Finden Sie die richtige englische Entsprechung.

die Verantwortung (en) – veranstalten –
die Erscheinungsform (en) – vorschreiben –
auf jmdn. aufpassen – die Ermahnung (en) –
sich etwas verkneifen – die Vorschrift (en) –
auf etw./jmdn. angewiesen sein

to keep an eye on – to be dependent (on sth./so.) – manifestation – to organise – rule – responsibility – to do without sth. – admonition – to issue rules

5b [img] Hören Sie das Interview mit Laura und Dominik und notieren Sie Folgendes auf Englisch. Lesen Sie zuerst den *Tipp*.
   ◆ What are the positive aspects of reaching adulthood?
   ◆ Are there also negative points or reservations?
   ◆ How would you describe Laura's and Dominik's relationship with their parents?

Tipp

Taking notes while listening

In listening exercises you may be asked general questions or simply to give a summary. You will need to take notes while you listen.

◆ Think about the vocabulary you might hear.

◆ Know your task. Do you have specific questions to answer? Or are you to give a general summary? (In Übung 5b you're given three specific areas.)

◆ Try to make sense of what you are hearing and concentrate on the important information.

◆ Only write down key words (and – where appropriate – key figures). Sometimes it is useful to use symbols such as + or – (e.g. Laura: *Verantwortung* = - *mehr Gedanken*, + *mehr Freiheit*)

◆ Go over your notes immediately after you have finished listening, while you have the passage still fresh in your mind, and fill in any gaps.

Gradually develop your own system for writing things down quickly and efficiently so that you can make sense of your notes afterwards.

Extra! Machen Sie die Übungen auf Arbeitsblatt 9.

6 [img] Hören Sie sich das Interview noch einmal an und beantworten Sie die folgenden Detailfragen:
   a Wie sind die Verkehrsverbindungen von Dominiks Vorort zur Stadt?
   b Warum freut sich Dominiks Mutter auf seinen 18. Geburtstag?
   c Warum will Laura mit ihrem Freund zusammenziehen?
   d Wie will sie die Wohnung finanzieren?
   e Über welche Dinge spricht Dominik mit seiner Mutter?

7a Diskutieren Sie mit einem Partner/einer Partnerin: Was bedeutet der achtzehnte Geburtstag für Sie persönlich? Benutzen Sie Ausdrücke aus den Lese- und Hörtexten.

7b Schreiben Sie Ihre eigene Meinung zu diesem Thema in 8–10 Sätzen nieder.

Jungsein früher und heute

Wie haben junge Leute früher gelebt? Was ist heute anders?

1 Was war vor 50 Jahren wahr? Was ist heute der Fall? Entscheiden Sie.

Beispiel: **a** Vor 50 Jahren.

a Erst ab 21 Jahren hat man das Wahlrecht.

b Die älteren Geschwister kümmern sich um die jüngeren.

c Fast alle Jugendlichen erhalten regelmäßig Taschengeld.

d Viele verlassen die Schule mit 15 Jahren, um Geld zu verdienen.

e Junge Menschen wohnen bei ihren Eltern, bis sie heiraten und eine eigene Familie gründen.

f Jugendliche machen oft eine lange Ausbildung, um eine Chance auf einen guten Arbeitsplatz zu haben.

g Kinder sollen ihren Eltern gehorchen und nicht widersprechen.

h Man darf mit 18 Jahren wählen.

2a Lesen Sie die Texte unten.

2b Was war früher anders als heute? Wählen Sie für jeden der drei Jugendlichen **ein** Stichwort aus der Box und machen Sie eine kleine Liste:

Geld   Transport   Wetter   Partnerschaft   Karriere   Schulweg   Freizeit   Hobbys   Fitness   Familie   Selbständigkeit

	Stichwort	früher	heute
Florian			
Svenja			
Malte			

2c Wie beurteilen Svenja, Florian und Malte die Veränderungen? Was war früher besser? Was ist heute besser?

Florian: Ich unterhalte mich gerne mit meinem Opa. Er hat mir schon viel über den Krieg erzählt, das sind echt interessante Geschichten. Über das normale Leben spricht er weniger. Meine Großeltern haben früher auf dem Land gelebt und hart gearbeitet. Sie hatten wenig Freizeit. Für Hobbys hat ihnen die Zeit und das Geld gefehlt. Ich finde das schade.

Svenja: Meine Oma hat meinen Opa mit 19 kennen gelernt. Ihr älterer Bruder ist immer mitgekommen, wenn die beiden ausgegangen sind. Als meine Oma 20 war, haben sie geheiratet. Meine Oma hat also nie alleine oder mit einer Freundin zusammen gewohnt. Eigentlich wollte sie Buchhalterin werden, aber sie hat nie einen richtigen Beruf gelernt, weil sie mit 15 die Schule verlassen hat, um ihre kranke Mutter zu pflegen und zu Hause den Haushalt zu führen. Ich bin froh, dass das heute anders ist. Ich will erst mal einen Job und eine Karriere, bevor ich heirate.

Malte: Mein Opa ist total fit. Er ist früher immer mit dem Fahrrad 10 km zur Schule gefahren und dann wieder 10 km nach Hause – jeden Tag, auch bei Regen und Schnee. Das beeindruckt mich. Außerdem hat er kein Taschengeld bekommen. Er hat samstags in der Dorfwirtschaft acht Stunden lang Teller gewaschen und Kohlen aus dem Keller geholt. Dafür hat er dann 5 Mark bekommen – für einen ganzen Tag! Aber er war froh, weil er so sein eigenes Geld verdient hat.

sich unterhalten – *to talk*
der Krieg (e) – *war*
fehlen – *to be lacking*
die Buchhalterin (nen) – *book-keeper (f.)*
beeindrucken – *to impress*
die Dorfwirtschaft (en) – *village inn*
die Kohlen (*pl.*) – *coals*

Grammatik ⇨ 162 ⇨ W50–1

The perfect tense

To talk about the past, we often use the perfect tense. It is formed from:

auxiliary verb (*haben/sein*) + past participle

◆ The auxiliary verb comes in the normal verb position and changes according to the subject of the sentence. The past participle goes to the end of the sentence.

◆ Most verbs take *haben* as their auxiliary verb. A few, mostly verbs of movement such as *gehen*, *fahren*, *fliegen*, take *sein*.

Sie **haben** auf dem Land **gelebt**.
Er **ist** mit dem Rad **gefahren**.

◆ The past participle of a weak verb:
leben   ge- + leb + -t

◆ The past participles of strong verbs often have a change of vowel and sometimes consonant in the stem.

bleiben   ge- + blieb + -en
For a list of strong verbs, see p. 171.

A Look at the texts on p. 28 again and write down all the verbs in the perfect tense.

B What will the teenagers' grandchildren say about them in 50 years' time? Re-write these sentences in the perfect tense.
Beispiel: Mein Opa hat in der Stadt gelebt. Er …

a Florian lebt in der Stadt. Er wohnt in einem Drei-Zimmer-Apartment mit seinen Eltern. In seiner Freizeit spielt er gern Fußball.

b Svenja lernt ihren ersten Freund mit 16 kennen. Die beiden trennen sich nach zwei Jahren. Mit 29 heiratet Svenja einen Arbeitskollegen.

c Malte geht♦ meistens zu Fuß zur Schule. Bei schlechtem Wetter nimmt♦ ihn seine Mutter im Auto mit. In den Ferien machen Malte und seine Freunde manchmal Fahrradtouren.

♦*gehen* and *nehmen* are strong verbs.

C Look at the verbs you listed in Activity A. Note down the following forms of those verbs.

infinitive	present tense	perfect tense
erzählen	*ich erzähle*	*ich habe erzählt*

Tipp

Writing a summary in English

The key to a good summary is to concentrate on the main ideas.

◆ Find the key words and choose what you consider the main idea (as in Übung 2b).

◆ Move from the German words to the ideas and express them in English.

◆ Organise your summary:
 – **introduction**: one sentence presents the overall theme.
 – **body**: present the main ideas coherently, maybe the arguments from one point of view followed by those from the other, or information presented in a logical sequence (e.g. chronological order).
 – **conclusion**: one or two sentences either summarising and concluding, or giving a general comment (maybe a personal opinion) or wider perspective (e.g. outlook for the future)

1 Read the advice and do the activities on Arbeitsblatt 10.

3a 👥 A übernimmt die Rolle eines Jugendlichen, B die Rolle des Großvaters oder der Großmutter. Stellen Sie eine Liste möglicher Fragen zusammen.

3b 👥 Machen Sie das Rollenspiel.

4 Wählen Sie eines (oder mehrere) der folgenden Themen und beschreiben Sie, was vor 50 Jahren anders war für Ihre Großeltern als für Sie heute. (8–10 Sätze auf Deutsch)

> Reisen   Berufswahl/Karriere   Beziehungen
> Zeit/Geld für Hobbys

Hilfe

Früher/Vor 50 Jahren …/Für meine Großeltern …
… war … möglich/unmöglich/schwierig
Meine Großeltern haben … gelebt/kennen gelernt.
Mein Großvater/Meine Großmutter ist …
 gereist/gegangen.
Heute/Für mich …
ist … selbstverständlich/normal/viel leichter.
Ich kann/darf/muss …

Soziales Verhalten

Was sind die Eigenschaften eines guten Mitbürgers?

1a Malte und Marion haben im Sozialkunde-Unterricht über die Eigenschaften eines idealen Staatsbürgers gesprochen. Malte hat an praktische Ideen gedacht, Marion an eher theoretische. Ordnen Sie Maltes Beispiele Marions zu.

Marion

a hat Interesse am gesellschaftlichen Leben und nimmt aktiv daran teil

b engagiert sich für gute Zwecke

c hält sich an Gesetze und Regeln

d ist freundlich, rücksichtsvoll und tolerant anderen gegenüber

Malte

1 bietet alten Menschen einen Sitzplatz im Bus an

2 geht wählen

3 fährt nicht bei Rot über die Ampel

4 spendet Geld für Menschen in Not

1b Können Sie noch weitere praktische Beispiele finden? Ergänzen Sie Maltes Liste.

2  Sprechen Sie mit Ihrem Partner über die Beispiele in Übung 1. Was finden Sie persönlich sehr wichtig, was weniger wichtig?

3a Lesen Sie die drei Beispiele für soziales Engagement (rechts).

3b Ergänzen Sie die Tabelle:

	Florian und Yilmaz	Marco	Sigrid
Wem helfen sie?			
Was investieren sie selbst?			
Wie lange dauert ihr Einsatz?			

4 Schreiben Sie eine Zusammenfassung (auf Englisch) der drei Beispiele für soziales Engagement. Lesen Sie zunächst noch einmal den *Tipp* auf Seite 31 durch.

Hilfe für Äthiopien

Florian sieht im Fernsehen einen Bericht über die Dürre-Katastrophe in Äthiopien und ruft seinen Freund Yilmaz an: „Was können wir tun?" Gemeinsam starten die beiden eine Spendenaktion in ihrer Schule. Sie verbringen Abende mit dem Malen von Plakaten, stellen ein Informationsblatt zusammen und besuchen damit alle Klassen. Nach vier Wochen können sie über €1000 für Medizin für Kinder in Äthiopien auf ein internationales Spendenkonto überweisen.

Fahrradtour durch Vietnam

Marco nimmt an einer zweiwöchigen Fahrradtour durch Nordvietnam teil, die das Deutsche Rote Kreuz organisiert, um Geld für die DRK-Hilfsaktionen dort zu sammeln. Zuerst muss er zu Hause Sponsoren für seine Tour gewinnen. Er spricht Nachbarn, Freunde und Verwandte an. Wer auf seiner Liste unterschreibt, garantiert, für jeden Kilometer, den Marco fährt, einen bestimmten Geldbetrag zu spenden

Soziales Jahr

Sigrid (19) entschließt sich nach dem Abitur, ein freiwilliges soziales Jahr zu machen, und unterstützt Petra, eine blinde Psychologie-Studentin, ein Jahr lang bei ihrem Studium. Sie begleitet Petra zu den Vorlesungen und schreibt für sie mit, geht mit ihr essen und einkaufen und lernt so das Studentenleben kennen.

Grammatik ⇨ 160–1 ⇨ W44–5

Separable and inseparable verbs

anrufen: Florian **ruft** Yilmaz **an.**
verbringen: Sie **verbringen** Abende mit Malen.
Many German verbs are made up of a basic verb (such as *rufen* or *bringen*) and a prefix (such as *an-* or *ver-*). Some prefixes are separable and some are not. Separable verbs, such as *anrufen*, split into two parts as in the example.

A Look at the sentences below and work out which verbs are separable and which are not. Make two lists and write down the infinitive form of the verbs.
  a Ich nehme an einer Spendenaktion teil.
  b Sie stellen ein Informationsblatt zusammen.
  c Sie sprechen Lehrer und Mitschüler an.
  d Sie besuchen alle Klassen.
  e Ein alter Mann steigt in den Bus ein.
  f Ich biete dem Mann meinen Sitzplatz an.
  g Sigrid begleitet Petra zu Vorlesungen.
  h Marcos Nachbarn und Freunde unterschreiben, für jeden Fahrradkilometer Geld zu spenden.

B Find as many examples as possible of separable verbs in the texts. Write down the infinitive form first and then a sample sentence.

  ◆ In the past participle of separable verbs -ge- is inserted between the prefix and the stem.

    Ich habe an einer Spendenaktion teil**ge**nommen.

  ◆ Inseparable verbs do not add **ge-** in the past participle:

    Sie haben alle Klassen besucht.

5 Lesen Sie die Texte noch einmal und beantworten Sie folgende Fragen (im Perfekt). Schauen Sie wenn nötig die Liste von starken Verben auf Seite 171 an.
  a Wie hat Florian auf den Bericht im Fernsehen reagiert?
  b Was war das Endergebnis ihrer Aktion?
  c Was hat Sigrid in ihrem freiwilligen sozialen Jahr getan?
  d Was hat sie konkret gemacht?
  e Woraus bestand Marcos soziales Engagement?
  f Wie hat er Sponsoren gefunden?
  g Was haben die Sponsoren gemacht?

6 Sprechen Sie mit Ihrem Partner/Ihrer Partnerin über die drei Beispiele für soziales Engagement.
  ◆ Was finden Sie besonders interessant oder beeindruckend?
  ◆ Wie können Sie sich selbst sozial engagieren?
  ◆ Geben Sie Beispiele für Ihr eigenes soziales Engagement bzw. soziales Engagement in Ihrem Familien- und Freundeskreis. (Benutzen Sie dafür das Perfekt.)

7 Was erwarten Sie von einem guten Mitbürger? Was fällt Ihnen zu dem Thema ein? Sprechen Sie in einer kleinen Gruppe (3–4 Personen) darüber.

8a Hören Sie jetzt, wie vier Leute diese Frage beantwortet haben, und notieren Sie sich zu jeder Person ein oder zwei Stichworte.

Hendrik Behrend   Antje Petri
Corinna Wollschläger   Rolf Andersen

8b Vergleichen Sie Ihre Stichworte mit Marions Liste (Übung 1a): Wer betont welchen Aspekt?

9 Hören Sie die Umfrage noch mal und beantworten Sie folgende Fragen.
  a Welche Minderheiten nennt Hendrik B.?
  b Notieren Sie Corinna W.s Negativ- und Positiv-Beispiele.
  c Welche Organisationsformen nennt Antje P.?
  d Wie definiert sie den Begriff „Null-Bock"?
  e Welche gemeinnützigen Organisationen nennt Rolf Andersen?
  f Was tut seine Schwester?

10 Die vier Befragten in der Umfrage benutzen statt der folgenden Wörter und Ausdrücke andere deutsche Wörter. Hören Sie noch einmal genau hin und finden Sie die Entsprechungen.
  a Minorität **b** Merkmal, Charakteristikum
  c Abfall **d** Naturschutz **e** beispielhaft
  f Menschen ohne Dach über dem Kopf

11 Was erwarten Sie von einem guten Mitbürger? Hier kommt noch einmal die Frage aus dem Interview. Formulieren Sie Ihre Antwort schriftlich. Benutzen Sie Ideen und Ausdrücke aus den Texten.

Wehrdienst, Zivildienst

Junge Deutsche müssen sich entscheiden: Militär – ja oder nein?

Wehrpflicht und Zivildienst in der Bundesrepublik – DIE FAKTEN

Wie in vielen anderen europäischen Ländern besteht in Deutschland eine allgemeine <u>Wehrpflicht</u> für junge Männer ab 18 Jahren. Das heißt, jeder, der nicht von der Wehrpflicht <u>befreit</u> ist, muss für zehn (bzw. ab 2002 für neun) Monate als Soldat zur Bundeswehr. Man kann <u>aus gesundheitlichen Gründen</u> befreit werden oder man kann den Wehrdienst <u>verweigern</u> und dafür Zivildienst leisten. Der Zivildienst ist eine <u>Ersatzleistung</u> für den Wehrdienst und dauert einen Monat länger als der Wehrdienst - mit der <u>Begründung</u>, dass Soldaten nach dem Wehrdienst zu Reserve-Übungen <u>herangezogen</u> werden können.

1a Lesen Sie den Text und finden Sie die Entsprechungen für die <u>unterstrichenen</u> Wörter.

- **a** abkommandiert, bestellt
- **b** Obligation, als Soldat zu dienen
- **c** wegen körperlicher Schwächen
- **d** Substitut
- **e** ausgenommen
- **f** Argument
- **g** ablehnen, nein sagen

1b Richtig oder falsch? Verbessern Sie die falschen Aussagen.

- **a** Deutschland hat eine reine Berufsarmee.
- **b** Junge Männer müssen normalerweise für 12 Monate Soldat sein.
- **c** Wer körperlich behindert ist und zum Beispiel sehr schlecht sieht, muss nicht zum Militär.
- **d** Statt Militärdienst können junge Männer auch Zivildienst leisten.
- **e** Der Militärdienst dauert länger als der Zivildienst.

2a Finden Sie die richtige Übersetzung für jedes Wort.

a	der Aufenthaltsraum (¨e)	**1**	paralysed
b	empfindlich	**2**	transport fleet
c	gelähmt	**3**	barracks
d	der Fuhrpark (e)	**4**	sensitive
e	das Kaff (s) (coll.)	**5**	nappy
f	die Kaserne (n)	**6**	lorry
g	der Lkw = Lastkraftwagen	**7**	dump
h	pingelig	**8**	recreation room
i	umsonst	**9**	fussy
j	die Windel (n)	**10**	for nothing

2b Hören Sie zwei jungen Deutschen zu, einer im Wehrdienst, der andere im Zivildienst. In dem Interview hören Sie Ivo und Henning über ihren Tagesablauf sprechen. Notieren Sie die Abfolge der Aktivitäten und die Uhrzeit (wo sie genannt wird).

2c Hören Sie das Interview noch einmal und notieren Sie Folgendes auf Englisch:

- **a** What happened to Ivo in his first few weeks in an old people's home?
- **b** Where does Henning now work?
- **c** What do the soldiers do in the evenings?
- **d** Where does Henning come from and how often does he go home?

3a Lesen und hören Sie den zweiten Teil des Gesprächs (Seite 33).

3b Beantworten Sie folgende Fragen:

- **a** Warum ist Henning bei der Bundeswehr?
- **b** Warum hat Ivo sich für den Zivildienst entschieden?
- **c** Was sehen Ivo und Henning als positive und negative Erfahrungen bei ihrem Dienst?

Moderator: *Hast du dir überlegt, eventuell auch Zivildienst zu machen, Henning?*

Henning: Nein, das kam für mich nie in Frage. Mein Bruder war beim Bund, und aus meiner Clique sind alle zum Bund gegangen. Ich habe zwar Respekt vor dem, was Ivo macht, aber selber könnte ich so etwas nie machen. Außerdem finde ich, neun Monate reichen!

Moderator: *Ist dir die Entscheidung ebenso leicht gefallen, Ivo?*

Ivo: Na, ich habe schon recht lange überlegt, aber dann habe ich mir gesagt: Ich will lieber etwas Sinnvolles tun als schießen lernen und Zeit totschlagen in der Kaserne. Das Kasernenleben stelle ich mir schrecklich vor. Ich kann abends nach Hause gehen und mich mit meinen Freunden treffen. Meine Arbeit ist zwar hart und nicht immer angenehm, aber abends habe ich ein gutes Gefühl: Heute habe ich wieder soundso vielen Leuten geholfen, und die sind dankbar dafür. Man baut mit der Zeit eine Beziehung zu den alten Leuten auf. Seit ich im Altenheim arbeite, sehe ich die Welt mit anderen Augen.

Moderator: *Um zum Soldatenleben zurückzukommen: Manche sprechen von einer Krise in der Bundeswehr. Wie sieht das denn in der Realität in der Kaserne aus?*

Henning: Es stimmt schon. Die meisten haben keine Lust und sehen die Zeit beim Bund als verlorene Zeit. Sie wären lieber zu Hause bei der Freundin oder im Studium. Einer meiner Stubenkameraden hat sogar angefangen zu rauchen, seit er beim Bund ist. Bei mir ist das etwas anderes, da ich in meinem Beruf weiterarbeiten kann und noch Neues dazulerne.

Grammatik ⇨ 161 ⇨ W49

seit

seit (+ dat.) = *since (a point in time)*
= *for (a length of time)*

(A) Write down all the examples of *seit* you can find in the listening and reading texts, and translate them into English.

4a Bereiten Sie eine kleine Präsentation über Vor- und Nachteile von Wehrdienst und Zivildienst vor. Sehen Sie den *Tipp* an. Benutzen Sie die Informationen, die Sie von Ivo und Henning gehört haben. Was würden Sie anstelle eines jungen Deutschen wählen?

4b 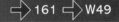 Halten Sie Ihre Präsentation vor einer kleinen Gruppe von 2–3 anderen.

Hilfe

erstens …, zweitens …, drittens …

einerseits …, andererseits …

vor allem

schließlich

alles in allem

5 Formulieren Sie nun schriftlich Ihre eigene Meinung zu dem Thema „Wehrdienst oder Zivildienst?". Sehen Sie sich noch einmal die Hilfe-Ausdrücke an. Schreiben Sie Ihre Meinung in 10–12 Sätzen nieder.

Tipp

Speaking from notes

◆ Collect all the facts and arguments you want to use.

1 You have the choice of spending a year as a soldier or as a care assistant in an old people's home. Which is more appealing? Do a brainstorming and write down in German in a spider diagram everything you can think of about both options.

◆ Write them out in a structured way (see the *Tipp* on p. 29). Use key words and short phrases, rather than full sentences.

◆ Think about how you want to express things. If you need to prepare certain passages in writing, you may, but put them aside when you practise. Trust in your ability to speak German. You may find that you need to find simpler words when speaking.

2 Compare your notes from Activity A with those of your partner and discuss in German which you would rather do.

◆ Practise several times on your own.

◆ Be confident when you give your presentation.

Extra! Lesen Sie über Frauen in der Bundeswehr auf Arbeitsblatt 11.

Zur Auswahl

1 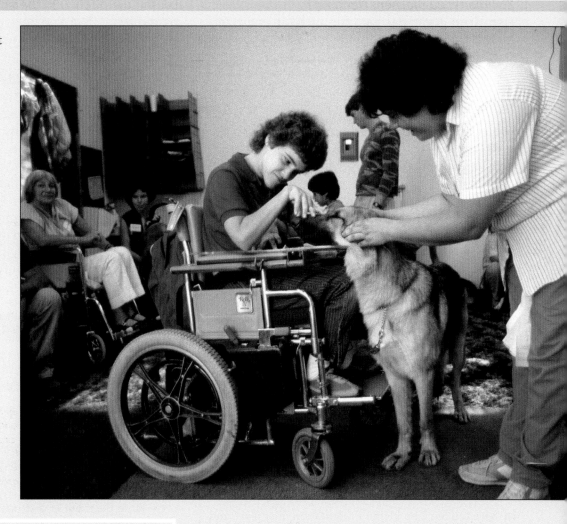 Sprechen Sie mit einem Partner/einer Partnerin. Schauen Sie das Foto an und beantworten Sie die Fragen.

a Was macht das Mädchen im Rollstuhl?

b Sehen die Leute traurig oder glücklich aus?

c Wo, glauben Sie, befinden Sie sich?

d Wie kann man behinderten Menschen am besten helfen?

Gut gesagt! S

ei, ie

2 Lesen Sie die Wörter laut vor und hören Sie sich dann die Aussprache auf Kassette an. Haben Sie alles richtig ausgesprochen?

eins, zwei, drei
Eintracht und Zwietracht
Dienstag, Mittwoch und Freitag
schwierig
der Schweiß

Die Arbeit ist nicht schwierig, aber schweißtreibend.
Ich schreibe. Ich schrieb. Ich habe geschrieben.
Er muss sich entscheiden. Er hat sich entschieden.
Liebeslieder von Liebe und Leiden

3a S Hören Sie sich das Gespräch zwischen Leonie und ihrer Freundin Ann Kathrin an. Machen Sie sich Notizen und beantworten Sie folgende Fragen:

a Was ist in der Schule passiert?

b Was möchte der Direktor?

c Was ist Leonies Dilemma?

3b Soll Leonie die Namen nennen? Diskutieren Sie in der Gruppe darüber.

4 Stellen Sie sich vor, Sie sind ein Freund/eine Freundin von Leonie und wissen über das Problem mit ihrem Bruder Bescheid. Schreiben Sie einen kleinen Brief an Leonie mit Tipps und Ihrer Meinung.

Wiederholung Einheit 1–2

A

Ich bin 17 Jahre alt und gehe in die 11. Klasse. In der Schule habe ich keine Probleme, meine Eltern sind zufrieden mit meinen Leistungen. Trotzdem sind sie sehr streng und behandeln mich noch immer wie ein Kind. Ich darf zum Beispiel abends nicht ausgehen, nur in Ausnahmefällen samstags. Freunde oder Freundinnen zu mir einladen kann ich auch nicht, da meine Mutter an Migräne leidet und keinen Lärm verträgt. Das heißt natürlich auch, ich darf meine Musik nur ganz leise in meinem Zimmer hören. Als wir letzten Herbst auf einer Klassenfahrt an der Nordsee waren, musste ich jeden Tag zu Hause anrufen. Und wenn ich wirklich einmal auf einer Party bin, will mein Vater mich unbedingt abholen – um zu prüfen, ob dort auch ja nicht zu viel Alkohol getrunken oder geraucht wird. Ich finde das peinlich, kann es aber nicht ändern.

Annika

1a Lesen Sie die zwei Leserbriefe A und B.

1b Wählen Sie jeweils eine passende Überschrift aus.

    a Schwierige Eltern

    b Probleme mit Mädchen

    c Angst vor der Schule

    d Alkohol-Problem

    e Vom Bruder enttäuscht

    f Neues Leben   *(2 Punkte)*

1c Lesen Sie die Antworten C und D auf die Leserbriefe.

1d Welche Antwort gehört zu welchem Brief? Ordnen Sie richtig zu.   *(2 Punkte)*

2 Lesen Sie die Aussagen und korrigieren Sie die Fehler.

    a Peters Zwillingsbruder Martin möchte Peter überreden, gemeinsam den 17. Geburtstag mit einer großen Party zu feiern.   *(2 Punkte)*

    b Peter möchte seinen Geburtstag lieber mit seinem Bruder alleine feiern.   *(1 Punkt)*

    c Boris will seinen Zwillingsbruder überreden, mit ihm in Urlaub zu fahren.   *(1 Punkt)*

    d Annikas Eltern sind sehr streng und kritisieren ihre schulischen Leistungen.   *(1 Punkt)*

    e Annikas Mutter leidet an Depressionen und möchte keinen Besuch im Haus.   *(1 Punkt)*

    f Annika darf auch keine Musik hören.   *(2 Punkte)*

    g Annikas Mutter kontrolliert, ob die Schulfreunde auf der Klassenfahrt rauchen oder Alkohol trinken.   *(2 Punkte)*

    h Arnika darf freitags immer ausgehen.   *(2 Punkte)*

            (12 Punkte insgesamt)

B

Im kommenden Februar werde ich 18. Das möchte ich groß feiern, mit meinen Freunden und vor allem mit meinem Zwillingsbruder Peter zusammen. Wir haben bisher fast immer alles gemeinsam gemacht und verstehen uns sehr gut. Aber seit kurzem hat Peter eine Freundin, und nun hat er plötzlich nur noch Zeit für sie. Er hat auch kein Interesse an einer Geburtstagsparty und sagt, ich soll lieber alleine feiern. Er will den Abend mit seiner Freundin verbringen. Ich kann mir eine Geburtstagsparty ohne meinen Bruder einfach nicht vorstellen. Achtzehn Jahre haben wir alles gemeinsam gemacht – wie kann man da am 18. Geburtstag getrennte Wege gehen? Wie soll ich meinen Bruder von dem Plan für eine Party überzeugen?

Boris

C

Deine Eltern meinen es sicher gut mit dir, aber so viel Kontrolle und Einschränkungen sind in deinem Alter wirklich übertrieben. Eltern sollten anerkennen, dass junge Menschen ab einem gewissen Alter auch selbst Verantwortung für ihr eigenes Handeln übernehmen können und dass sie ihren Kindern vertrauen müssen. Vielleicht kannst du mit deiner Klassenlehrerin sprechen oder einer anderen Autoritätsperson, die Einfluss auf deine Eltern hat.

D

Man kann niemanden zu seinem Glück zwingen. Wenn dein Bruder den Schritt in die Volljährigkeit lieber in trauter Zweisamkeit mit seiner Freundin feiern will, dann musst du das akzeptieren. Vielleicht ist es der erste Schritt zu mehr Unabhängigkeit vom Zwillingsbruder. Sag deinem Bruder, dass du enttäuscht bist, aber spiele nicht die „beleidigte Leberwurst". Du solltest deine Party planen und deinem Bruder ein Türchen offen lassen, falls er sich anders entscheidet. Immerhin sind es noch zwei, drei Monate bis zu eurem großen Tag. In dieser Zeit kann sich einiges ändern im Leben eines Teenagers.

3 Finden Sie in den Antworten C and D Entsprechungen für die folgenden Ausdrücke.

    a die besten Absichten haben

    b andere unbedingt von etwas überzeugen, was man selbst für richtig hält

    c einem anderen die Möglichkeit geben, seine Meinung zu ändern

    d aus Trotz oder Enttäuschung Kontakte zu einem anderen abbrechen

    e Zu viele Verbote sind nicht nötig.

    f Eltern müssen ihre Kinder selbständig werden lassen.

    g Ein Gespräch mit einer außenstehenden Person wäre gut.

            (7 Punkte)

4 Sie sind ein Freund/eine Freundin von Arnika oder Boris. Schreiben Sie einen kurzen Brief mit Ihrer eigenen Meinung dazu.   *(20 Punkte)*

Wiederholung Einheit 1–2

Aktion: Sport macht stark

5 Beantworten Sie folgende Fragen (mündlich).

- **a** Was sieht man auf dem Bild oben?
- **b** Was ist ungewöhnlich?
- **c** Was ist eine „Aktion"?
- **d** Geben Sie Beispiele für andere Aktionen.

6 Bereiten Sie kurze Antworten auf folgende Fragen vor:

- **a** Was versteht man unter „sozialem Engagement"? Geben Sie ein oder zwei Beispiele.
- **b** Was wissen Sie über Wehrdienst in Deutschland?
- **c** Sind Sie ein „guter Mitbürger" bzw. eine „gute Mitbürgerin"?
- **d** Welche Rechte und Pflichten bringt die Volljährigkeit für deutsche Jugendliche mit sich?
- **e** Beschreiben Sie Ihre Großfamilie.
- **f** Wollen Sie später einmal heiraten? – Warum (nicht)?

7 🔊 Sie hören ein Interview mit Kathrin Reissig, einer 16-jährigen Schülerin am Adalbert-Stifter-Gymnasium. Wie ist die Idee zu einer Veranstaltung gereift? Bringen Sie die verschiedenen Schritte in die richtige Reihenfolge.

- **a** Diskussion in der Klasse über Wandertag
- **b** Zustimmung des Direktors
- **c** Kathrins Gespräche mit Lars
- **d** Lehrerkonferenz   *(4 Punkte)*

8 🔊 Hören Sie noch einmal zu. Welcher der Sätze beschreibt die Aussagen von Kathrin besser?

- **a** 1 Es ist schade, dass es nicht mehr Schulen für Behinderte gibt.
  - 2 Es ist schade, dass Behinderte in Behindertenschulen wenig Kontakt mit Nichtbehinderten haben.
- **b** 1 Die meisten Schüler in Kathrins Klasse waren zunächst gegen die Idee von einem gemeinsamen Sporttag.
  - 2 Die meisten fanden die Idee gut.
- **c** 1 Bei gemeinsamen Sportwettkämpfen werden Behinderte körperlich stärker.
  - 2 Bei gemeinsamen Sportwettkämpfen können Behinderte und Nichtbehinderte Spaß miteinander haben.
- **d** 1 Wenn man sich näher kennen lernt, gibt es weniger Vorurteile.
  - 2 Natürlich sind durch das Kennenlernen auf dem Sporttag auch viele Vorurteile entstanden.
- **e** 1 Viele Behinderte können sich selbst nicht einmal eine Suppe kochen.
  - 2 Wer glaubt, dass Behinderte sich selbst nicht helfen können, liegt falsch.   *(5 Punkte)*

9 🔊 Beantworten Sie folgende Detailfragen zu dem Interview mit Kathrin Reissig.

- **a** Woher kennt Kathrin Lars?
- **b** Wieso war Staffellauf ein idealer Wettkampf für den gemeinsamen Sporttag?
- **c** Wie interpretiert der Reporter das Motto des Sporttages?
- **d** Was war der Zweck der Aktion?
- **e** Welche Organisation für Behinderteninteressen nennt Kathrin am Ende des Interviews?
- **f** Warum hat die Organisation vor kurzem ihren Namen geändert?   *(12 Punkte)*

3 Freizeit

By the end of this unit you will be able to:

- ◆ Discuss weekend and leisure activities
- ◆ Compare and discuss sporting trends
- ◆ Discuss different types of holiday
- ◆ Discuss reasons for choosing a holiday destination
- ◆ Gain an insight into German culture
- ◆ Describe different aspects of culture

- ◆ Use subordinate clauses
- ◆ Use relative pronouns
- ◆ Use indefinite pronouns
- ◆ Understand and interpret statistics
- ◆ Pronounce long and short vowels accurately

1 Welches dieser Ferienziele würden Sie für sich wählen und warum?

- **a** Ich würde nach Österreich fahren, …
- **b** Ich würde in die Schweiz fahren, …
- **c** Ich würde nach Rom fahren, …
- **d** Ich würde ans Mittelmeer fahren, …
- **e** Ich würde nach Thailand fahren, …

- **1** weil ich gern Ski fahre.
- **2** weil ich gern am Strand liege.
- **3** weil ich fremde Städte interessant finde.
- **4** weil ich gern in den Bergen wandere.
- **5** weil ich exotische Länder liebe.

2 Fragen Sie in Ihrer Klasse: „Wo machst du am liebsten Ferien, und warum?" Die folgenden Ausdrücke helfen Ihnen bei der Antwort:

> am Meer   in den Bergen
> an der Küste   an einem See

3 Beschreiben Sie die Ferienbilder. Die folgenden Fragen werden Ihnen dabei helfen.

- ◆ In welchem Land sind die Leute auf den einzelnen Fotos?
- ◆ Wo sind diese Leute gerade?
- ◆ Was machen sie?
- ◆ Wie ist das Wetter?

Freizeit und Wochenende

Jeder freut sich aufs Wochenende. Oft macht man montags schon
Pläne für den kommenden Samstag! Geht es Ihnen auch so?

1a  Machen Sie ein „Brainstorming".

Freizeit-und
Wochenendaktivitäten

Tennis spielen

1b Was machen Sie in Ihrer Freizeit? Machen Sie
eine Umfrage in ihrer Klasse.

2a Was machen diese jungen
Leute in ihrer
Freizeit? Lesen Sie
die Aussagen.

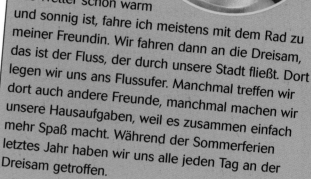

Hallo, ich bin die
Anne. Was ich so
in meiner Freizeit
mache? Also, wenn
das Wetter schön warm
und sonnig ist, fahre ich meistens mit dem Rad zu
meiner Freundin. Wir fahren dann an die Dreisam,
das ist der Fluss, der durch unsere Stadt fließt. Dort
legen wir uns ans Flussufer. Manchmal treffen wir
dort auch andere Freunde, manchmal machen wir
unsere Hausaufgaben, weil es zusammen einfach
mehr Spaß macht. Während der Sommerferien
letztes Jahr haben wir uns alle jeden Tag an der
Dreisam getroffen.

Also, ich heiße Ruth, bin
sechzehn Jahre alt und in
meiner Freizeit höre ich unheimlich
gern Musik. Am liebsten mag ich Rap, Hip-Hop
und Soul. Damit ich nicht immer so laute Musik
höre, haben mir meine Eltern einen CD-Walkman
gekauft. Am Wochenende spiele ich gern Tennis
oder „chatte" im Internet, natürlich erst, nachdem
ich die Hausaufgaben gemacht habe.

Ich bin Philipp. In
meiner Freizeit lese
ich total gern Comics
und ich sammle sie auch.
Obwohl ich nicht alle Asterix-Comics habe, habe
ich alle gelesen. Ich weiß, dass ich eigentlich mehr
Bücher lesen sollte, aber Comics lesen ist
einfacher. Ich finde Comics auch besser, weil man
sich nicht so sehr konzentrieren muss.

2b Ergänzen Sie die folgenden Sätze:
  a Anne fährt meistens mit dem Rad zu ihrer
     Freundin, wenn …
  b Die Dreisam ist der Fluss, der …
  c Manchmal machen sie dort ihre Hausaufgaben,
     weil …
  d Philipp liest gern Comics und er ..
  e Er findet Comics besser, weil …
  f Ruth ist sechzehn Jahre alt und in ihrer Freizeit …
  g Am Wochenende spielt sie Tennis, nachdem …

3a Hören Sie sich die Interviews mit Nicki und
Markus an. Machen Sie Notizen über das, was die
beiden in ihrer Freizeit und am Wochenende machen.

	Nicki	Markus
Job		
Arbeitszeiten/Wann		
Meinung		
Hobbys		

3b 🔊 Hören Sie das erste Interview noch einmal an. Suchen Sie die richtige Antwort zu diesen Fragen.

a Was bedeuten die Prüfungen im Sommer für Nicki?

b Was ist nicht gut?

c Warum hat sie beschlossen, etwas Geld zu verdienen?

d Warum findet sie die Arbeit ganz toll?

e Wann hofft sie in den Sommerferien auch noch zu arbeiten?

1 Bevor sie mit ihren Freunden zusammen in Ferien fährt.

2 Damit sie, wenn sie auf die Uni geht, genug Geld hat.

3 Wenn man nur den ganzen Tag paukt.

4 Dass nur wenig Zeit für ihre Hobbys bleibt.

5 Weil man seine Englischkenntnisse anwenden kann.

3c 🔊 Hören Sie sich das zweite Interview noch einmal an. Richtig oder falsch?

a Markus macht gleich nach der Schule seine Hausaufgaben.

b Meistens gibt es nichts Interessantes im Fernsehen.

c Markus findet Fußball nicht schlecht.

d Letztes Jahr hat Markus jemanden gerettet.

e Wenn er ins Schwimmbad geht, bezahlt er nichts.

4 👥 Machen Sie ein Interview mit einem Partner/einer Partnerin über seine/ihre Freizeit- und Wochenendaktivitäten. Sie können Fragen stellen über:

◆ Zeit für Hobbys?
◆ Welche Freizeitbeschäftigung?
◆ Samstagsjob?/Arbeitszeiten?
◆ Taschengeld?
◆ Aktivitäten am Wochenende?

5 Schreiben Sie einen Abschnitt (120–150 Wörter) über Ihre Freizeit- und Wochenendaktivitäten.

Extra! Lesen Sie den Text „Mädchen erobern den Computer" und machen Sie die Übungen auf Arbeitsblatt 12.

Grammatik ⇨169 ⇨W75

Subordinating conjunctions

◆ Subordinating conjunctions connect a main clause with a subordinate clause:

Er spielt Tennis, **weil** es ihm Spaß macht.

◆ The most common subordinating conjunctions are:
als – *when (single occasion in the past)*
damit – *so that, in order that*
dass – *that*
nachdem – *after*
obwohl – *although*
so dass – *so that*
während – *while*
weil – *because*
wenn – *when, whenever, if*

For a fuller list see p. 169.

◆ If a sentence starts with a subordinate clause, that whole clause is the first idea and the main verb in the main clause comes straight after it.

Während sie ihre Hausaufgaben macht, **spielt** ihr Bruder Fußball.

A Find the sentences in the texts on p. 38 which start with a subordinating conjunction. Where are the verbs in each clause?

B Match up these clauses to form sentences.

a Wenn man einen Samstagsjob hat, …
b Weil man kostenlos ins Schwimmbad kommt, …
c … weil Nicki ihre Fremdsprachenkenntnisse anwenden kann.
d … obwohl seine Mutter es nicht gut findet.

1 Die Arbeit macht besonders Spaß,
2 Markus verbringt täglich mehr als zwei Stunden am Computer,
3 kann man eine ganze Menge Geld verdienen.
4 ist Bademeister ein toller Job.

C Fill in the correct conjunctions:
a Wir treffen unsere Freunde jeden Abend, _____ wir viele Hausaufgaben haben.
b _____ man Sport treibt, kann man fit bleiben.
c Er hat vor, sich neue Sportschuhe zu kaufen, _____ er genug Geld gespart hat.
d _____ sie eine Stunde geschwommen war, ging sie in die Sauna.
e Man hat leider nicht viel Freizeit, _____ man einen Wochenendjob hat.

Sport: gestern und heute

Sportarten wie Fußball oder Tennis sind heute noch genauso beliebt wie früher.
Aber es gibt auch viele neue Sportarten, die so genannten Trendsportarten.

   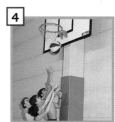  

1a Welche Sportart passt zu welchem Bild?

a Skifahren	**g** Paragleiten
b Radfahren	**h** Snowboarding
c Tennis	**i** Bungeejumping
d Basketball	**j** Aerobics
e Inlineskating	**k** Mountainbiking
f Eishockey	**l** Schlittschuhlaufen

1b Schreiben Sie eine Liste mit modernen und traditionellen Freizeitbeschäftigungen/Sportarten.

moderne	traditionelle

2a Welche der genannten Sportarten haben Sie schon einmal gemacht?

2b Warum treibt man Sport? Vergleichen Sie in der Klasse.

3a Lesen Sie die Fakten zum Thema „Freizeit".

1
Jugendliche interessieren sich sowohl für traditionelle als auch für moderne Sportarten. Die beliebteste Sportart unter Jugendlichen ist Basketball. An zweiter Stelle liegt natürlich Fußball, gefolgt von Inline-Skating und Schwimmen. Volleyball, Snowboarding und Mountainbiking gehören auch zu den zehn Top-Sportarten.

---

der Umsatz – *turnover*
die Sportausrüstung – *sports kit, equipment*
der Deutsche Sportbund – *German sports association*
die Bauwirtschaft – *building/construction industry*
weder ... noch – *neither ... nor*

2
Rund 26,6 Millionen Mitglieder gibt es in den 86 000 traditionellen Sportvereinen in Deutschland. Weitere 12 Millionen treiben auch Sport, sind aber nicht in Vereinen organisiert. Diese Information hat der Deutsche Sportbund (DSB) herausgegeben.

3
Es gibt 5700 modernen Fitness-Studios, von denen rund 700 für Frauen allein sind. Wenn man Mitglied eines Fitness-Studios werden will, muss man zwischen rund 136–272 Euro pro Monat bezahlen.

4
Die Chemieindustrie und die Bauwirtschaft zusammen machen weniger Umsatz als mit Sport, Spaß und Erholung gemacht wird. Das bedeutet, dass Spaß, Sport und Spiel für 4,9 Millionen Menschen einen Arbeitsplatz bieten.

5
In Westdeutschland gab im Jahr 2000 ein 4-Personen Haushalt mit mittlerem Einkommen im Durchschnitt rund 1564 Euro für die Freizeitgestaltung aus, im Osten rund 1270 Euro. Obwohl sich das monatliche Einkommen um 5,2 Prozent erhöhte, gab man nur circa 1,5 Prozent mehr für Freizeit aus.

6
Wer durch Sport abnehmen will, braucht sich weder eine teure, moderne Sportausrüstung kaufen noch einem Verein beitreten. Er sollte ganz einfach Fußball spielen. Zehn Minuten Fußball verbrennen 250 Kalorien, während zehn Minuten Tennis nur 80 Kalorien bringen. Sportmediziner empfehlen, dass man pro Woche mindestens 2000 Kalorien verbrennen sollte.

3b Wählen Sie für jeden Text einen passenden Titel.

   a Beliebteste Sportarten

   b Beschäftigung für Millionen

   c Ausgaben für Freizeit

   d Vereinsleben

   e Schlank und fit

   f Kalorien zählen

4a Lesen Sie noch mal die Texte. Welcher Abschnitt wird hier zusammengefasst?

   a Sport und Erholung sind ein erfolgreiches Geschäft, das außerdem viele Arbeitsplätze schafft.

   b Trotz aller Trendsportarten ist Basketball die beliebteste Sportart.

   c Wenn Sie in zehn Minuten 250 Kalorien verbrennen wollen, dann ist Fußball der Sport für Sie.

   d In mehr als 5 000 Fitness-Studios kann man schwitzen und Pfunde verlieren.

   e In Ostdeutschland wird weniger für Freizeit ausgegeben als in Westdeutschland.

   f Sportvereine sind immer noch beliebter als nicht organisierter Sport.

4b Vervollständigen Sie die Sätze, mit Hilfe des Textes.
Beispiel: Obwohl sie keine Mitglieder in Sportvereinen sind, treiben 12 Millionen Deutsche Sport.

   a Als Mitglied in einem Fitness Studio …

   b Obwohl Fußball ein sehr beliebter Sport ist, …

   c Volleyball …

   d Die Sport- und Freizeitindustrie …

   e Während eine Familie mit zwei Kindern im Westen im Durchschnitt …

   f Wenn man abnehmen will, …

5a Hören Sie den Beitrag „Bedeuten Trendsportarten das Ende des traditionellen Sportvereins?" Was sind Trendsportarten? Ergänzen Sie die Sätze.

   a Sie sind _____ echte Konkurrenz.

   b Ungefähr _____ aller Sporttreibenden nehmen daran teil.

   c Trendsportarten sind eine _____ gegenüber der kommerziellen Vermarktung.

   d Snowboarder lieben das _____ gar nicht.

   e Zweck der Trendsportarten ist es, _____, Thrill und _____ zu haben.

5b Hören Sie den Beitrag noch einmal an. Richtig oder falsch?

   a Mehr als die Hälfte aller Sporttreibenden sind in Vereinen organisiert.

   b Junge Leute geben die alten Sportarten auf.

   c Vereinssport ist bei internationalen Wettkämpfen dabei.

   d Der traditionelle Vereinssport will seine besondere Atmosphäre und Mode behalten.

   e Zweck der traditionellen Sportarten ist Fitness und Wettbewerb.

6 Hören Sie die Meinungen von drei Jugendlichen an und machen Sie Notizen zu den folgenden Fragen:

	Warum treiben sie Sport?	Was hälten sie von Sport?
Daniela		
Florian		
Jens		

7a Benutzen Sie die Ideen und Informationen dieser Seiten und machen Sie zwei Listen zu:

Trendsportarten: Vorteile – Nachteile

Traditioneller Vereinssport: Vorteile – Nachteile

7b Vergleichen Sie Ihre Listen in der Klasse in einer Diskussion. Verwenden Sie die Ausdrücke im *Tipp* auf Seite 19.

8a Machen Sie ein Interview mit einem Partner/einer Partnerin zum Thema: „Traditionelle Sportarten oder Trendsportarten". Welche Sportart ist die richtige für Sie?

8b Fassen Sie Ihr Interview in einem kurzen Bericht zusammen (ca. 120 Wörter).

Extra! Beschreiben Sie Ihren Lieblingssport und nennen Sie Gründe dafür. Vergleichen und diskutieren Sie in der Klasse.

Urlaubstrends

Viele planen ihre Ferien schon Wochen oder Monate im Voraus.
Aus welchen Gründen wählen wir unser Urlaubsziel?

1 Schreiben Sie zusammen eine Liste über Ihre
beliebtesten Urlaubsziele und vergleichen Sie Ihre
Listen anschließend in der Klasse. Die Beispiele im
Tipp helfen Ihnen dabei.

2a Lesen Sie den Text „Urlaubsziele der Deutschen".

Urlaubsziele der Deutschen

**Ferien an der Ostsee oder in den Alpen?
Abenteuerurlaub oder Sonnenurlaub in Mallorca?**

Eine Umfrage des BAT-Freizeitforschungsinstituts
untersuchte das Urlaubsverhalten der Deutschen und
kam zu folgendem Ergebnis: Die Deutschen, die Urlaub
im Ausland machen, planen meistens schon im Januar.
Beliebteste Auslandsferienziele sind Spanien und die
Balearen, sowie die Kanarischen Inseln, wo insgesamt
13% ihren Urlaub verbringen. An zweiter Stelle liegt
Italien mit neun Prozent, gefolgt von Österreich mit
acht und Griechenland mit sieben Prozent. Die Türkei
steht an fünfter Stelle mit fünf Prozent.

Warum reisen jährlich so viele Deutsche ins Ausland?
Die Hauptgründe sind zum einen das verlockende
Angebot an ausländischen Reisezielen, zum anderen
die günstigeren Preise im Ausland, sowie der Mangel
an Sonnenschein in Deutschland. Im Jahr 1990 gaben
die deutschen Urlauber 54,6 Milliarden DM für einen
Auslandsurlaub aus, während die Ausgaben für einen
Urlaub im Ausland im Jahr 1998 auf 81,4 Milliarden
stiegen.

Die Deutschen, die dennoch ihre Ferien im Inland
verbringen, fahren meistens an die Ostsee, die Nordsee
oder nach Bayern. Für viele bringt ein Inselurlaub auf
Rügen oder Sylt das, was sie sich erträumen: Ruhe,
gute Luft, Wellen und Meer.

Exotische Urlaubsziele sind auch in den kommenden
Jahren im Trend. Dabei steht die Karibik an erster
Stelle. Es folgen mit deutlichem Abstand Australien
und Florida. Dann die Dominikanische Republik und
die Malediven.

Das Alter spielt auch eine Rolle bei der Wahl des
Ferienziels. Senioren lieben Skandinavien. Kinderlose
Ehepaare interessieren sich für Israel, Kenia oder
Hongkong, während Familien mit Geld und Kindern
die Malediven vorziehen. Singles, die keine
Geldprobleme haben, nennen die Karibik, die
Dominikanische Republik und Südafrika als Ferienziel.
Die 14- bis 17-jährigen interessieren sich für Kalifornien,
Australien und Neuseeland, während 18- bis 24-
jährige die Südsee, Thailand, China und Japan
favorisieren.

2b Ergänzen Sie die Prozentzahlen.

Von je 100 Befragten, die in diesem Jahr verreisen
wollen, nannten ...**a**... Prozent Spanien als Reiseziel. An
zweiter Stelle liegt Italien mit ...**b**... Prozent, dann
Österreich mit ...**c**... und Griechenland mit ...**d**...
Prozent. Auch die Türkei ist beliebt. ...**e**... Prozent der
Deutschen wollen dort ihren Urlaub verbringen.

3a Lesen Sie den Text noch einmal und machen Sie
Notizen zu den folgenden Fragen.
a Warum wählen viele Deutsche einen
Auslandsurlaub?
b Aus welchen anderen Gründen wählen deutsche
Urlauber ihr Urlaubsziel?
c Was für eine Rolle spielt das Alter?

3b Richtig oder falsch? Verbessern Sie die falschen Sätze.

a Viele Deutsche machen im Januar schon Urlaub.

b Österreich liegt an dritter Stelle, weil die Luft gut und die Landschaft vielseitig ist.

c Exotische Urlaubsziele werden auch in Zukunft beliebt sein.

d Australien und Florida sind die beliebtesten Ferienziele noch vor der Karibik.

e Bei der Wahl des Ferienziels spielt auch das Alter keine Rolle.

f Ehepaare mit Kindern interessieren sich für Israel, Kenia oder Hongkong.

g Singles, die viel Geld haben, wählen die Malediven als Ferienziel.

Tipp

Understanding statistics

Statistics present and compare information. Interpreting statistics involves:

◆ explaining the mathematical information

25% = ein Viertel

33% = ein Drittel

50% = die Hälfte

Die Ausgaben sind **um ein Drittel** gefallen/gestiegen.
Die Zahl der Urlauber ist **von 20 auf 50%** gestiegen.

◆ using specific phrases and expressions to analyse the information.

im Vergleich zu …	hier wird gezeigt, dass …
um rund … steigen	knapp … Prozent fallen
mehr als … zunehmen	weniger als … abnehmen

… liegt an erster/zweiter/dritter Stelle gefolgt von …
… liegt auf dem ersten/vorletzten/letzten Platz mit …

1 Read the text again and note down all the expressions which describe trends or compare information.

4 🔊 Hören Sie, was das Ehepaar Mayer, die Familie Klein, Birgit Engel und Holger Schwarz über ihre Ferien sagen. Was für Ferien? Wie lange? Aus welchen Gründen? Wo?

Extra! 🔊 Machen Sie noch weitere Übungen zu diesem Thema auf Arbeitsblatt 13.

Grammatik   ⇨ 158 ⇨ W34–5

Relative pronouns

◆ Relative pronouns mean 'who' or 'which' and are used to join sentences together.

◆ The relative pronoun agrees with the noun to which it refers, and takes its case from the role it plays in the relative clause. See p. 158 for a full list.

◆ In English you can sometimes leave out the relative pronoun. In German you never can:

The holidays we had last summer were great.
Die Ferien, die wir letztes Jahr hatten, waren sagenhaft.

A Re-read the text on p.42 and write out all the relative clauses.

B Translate them into English.

C Listen to „40 Mal Ferien in Waldau" again and fill in the gaps.

a In diesem Jahr ist es der Ortsteil Waldau, _____ die treusten Feriengäste hat.

b Es hat mit der Gastlichkeit, für _____ diese Gegend bekannt ist, zu tun.

c Bürgermeister Schmitt, _____ dem Ehepaar einen Blumenstrauß gab, freute sich über seine Gäste.

d Die gute Luft und die vielen Wanderwege sind es, _____ das Ehepaar immer wieder in den Schwarzwald ziehen.

e Die Mayers bekamen auch ein Geschenk, _____ sie an ihre Ferien erinnern soll.

5 Schreiben Sie einen kurzen Bericht (100–120 Wörter) über Ihre Lieblingsferienziele.

◆ Wo machen Sie gern Ferien?

◆ Aus welchen Gründen?

6 👥 Jeder Partner wählt aus der Liste einen Ferientyp. Sie wollen, dass Ihr(e) Partner(in) mit Ihnen geht. Nennen Sie Gründe, warum Sie diesen Ferientyp gewählt haben.

Aktivurlaub   Urlaub auf dem Bauernhof
Ferien am Strand   Wochenendreisen
Rucksackurlaub

Kultur-Szene

Wenn man ein fremdes Land besucht, interessiert man sich meistens für die Sehenswürdigkeiten.
So lernt man das Land und seine Leute kennen.

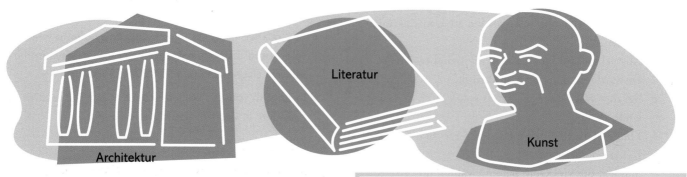

Architektur   Literatur   Kunst

1 Schauen Sie sich die Wörter in der Box (rechts) an und ordnen Sie sie den drei Begriffen Architektur, Literatur, Kunst zu. Benutzen Sie ein Wörterbuch, wenn nötig.

Schlösser   Bücher   Dichter   Palais   Filme
Schriftsteller   Roman   Experimentalfilm   Kirchen
Pop-Art, Gemälde, Autobiographie

2a Lesen Sie die Aussagen der Jugendlichen.

Gabi (17) „Hallo, ich komme aus Berlin. Berlin bietet für jeden etwas, wenn es um Kultur geht. Genau das ist es, was mir an Berlin so gut gefällt. Es gibt nicht nur drei Opernhäuser und ein Schloss. Hier kannst du experimentelles Theater und Filme der Avantgarde sehen, was mir besonders gut gefällt. Für Literaturfreunde gibt es das Literaturhaus oder das Literaturforum im Brechthaus in der Friedrichstraße. Wer sich für alternatives Theater oder alternative Kunst interessiert, für den gibt's im Tacheles in Berlin Mitte oder im Theater Zerbrochene Fenster im Stadtteil Kreuzberg immer etwas Neues. Der Prater in der Kastanienallee bietet Kultur und Bier, na denn Prost! Aber mein Geschmack ist das nicht so. Ich finde dagegen das Haus der Kulturen echt gut, besonders mag ich die Musikveranstaltungen da: Musik und Jazz aus aller Welt."

Thomas (18) „Was ich von Kultur halte? Nun, es kommt darauf an. Also auf Opern, modernes Theater und so, steh ich nicht so sehr. Das ist zu anstrengend. Kultur ist für mich eher bodenständig. Ich mag ganz gern Komödien, etwas mit Humor. Im Kino interessiere ich mich mehr für Unterhaltungsfilme. In Neustadt, der Stadt, in der ich wohne, gibt es jedes Jahr ein Stadtfest. Das gehört meiner Meinung nach auch zur Kultur. Verschiedene Musikgruppen und Bands spielen am Abend zum Tanz und zur Unterhaltung. Zum Essen gibt es Spezialitäten aus der Gegend, aber auch Pommes, Pizzas und so. Ich treffe mich dort mit meinen Kumpels und die Stimmung ist meistens spitze."

Karina (17) „Für mich bedeutet Kultur ‚Goethe', ‚Klassische Musik', Schauspiel und Oper. Obwohl viele Jugendliche das heute total doof finden, muss ich sagen, dass ich da anders denke. Ich höre mir gern ein klassisches Konzert am Radio an. Ich finde, klassische Musik hat eine entspannende Wirkung auf mich. Ich gehe auch gern ins Theater. Mein Onkel ist Hausmeister am Theater hier in Freiburg und durch ihn bekomme ich ab und zu Freikarten. Ich interessiere mich besonders für Schauspiele und bin ein Brecht-Fan. Letzten Monat habe ich eine Aufführung von Mutter Courage gesehen. Es war sagenhaft. Ich finde die ganze Atmosphäre im Theater einfach inspirierend."

2b Suchen Sie die entsprechenden deutschen Ausdrücke in den Texten.

   a Berlin offers something for everyone

   b when it's a question of culture

   c … what I particularly like about Berlin

   d that's not really my taste

   e it depends

   f I'm not very keen on

   g too much like hard work

   h down to earth

   i the atmosphere is great

   j … think it totally boring

2c Lesen Sie die Texte noch einmal. Was verstehen die drei Jugendlichen unter „Kultur"?

3a Hören Sie „Das Programm zur Europäischen Kulturstadt Weimar 1999". Was wird im Programm angeboten? Machen Sie eine Liste.

3b Hören Sie den Text noch einmal. Richtig oder falsch? Verbessern Sie die falschen Sätze.

   a Es gab ein Programm, das für keinen etwas bot.

   b Niemand konnte diese Ausstellung vom 9. Mai bis zum 1. August sehen.

   c Einer der Höhepunkte war die Aufführung „ein deutsches Requiem".

   d Etwas fehlte in diesem Programm.

   e Es regnete und jeder wurde nass.

   f Auch für Gärtner gab es etwas zu sehen.

4a Machen Sie eine Liste mit kulturellen Ereignissen oder bekannten Plätzen in Ihrer Gegend.

4b Sie planen mit Ihrem Partner/Ihrer Partnerin ein kulturelles Wochenende. Machen Sie Vorschläge und benutzen Sie die Hilfe-Ausdrücke.

Hilfe

Wie wäre es mit …?   Wir könnten …

Wie findest du …?   Sollen wir …?

Hast du Lust …?

5 Schreiben Sie eine Zusammenfassung über das Kulturangebot in Ihrer Stadt/Gegend. Verwenden Sie Ausdrücke aus den Texten.

Extra! Machen Sie die Übungen auf Arbeitsblatt 14.

Grammatik    159 ⇨ W37

Indefinite pronouns

All the words you corrected in Übung 3b are indefinite pronouns.

◆ These indefinite pronouns never change:

   man – *one, 'they', nominative only*

   etwas – *something, anything*

   nichts – *nothing*

◆ These take endings in accusative and dative.

   niemand/-en/-em – *no-one, nobody*

   jemand/-en/-em – *someone, somebody, anyone, anybody*

◆ These take the same endings as *dieser* (see p. 156).

   einer/-en/-em – *one, one of a group*

   keiner/-en/-em – *no-one, nobody*

   jeder/-en/-em – *each, every, everyone*

(A) Translate these sentences into English.

   a Man hat nicht so viele Besucher erwartet.

   b Jemand hat mir das Bild in der Zeitung gezeigt.

   c Bis jetzt hat noch niemand das neue Buch gelesen.

   d Aber einer muss es lesen.

   e Keinem gefällt das neue U-Bahn Kino.

(B) Fill in the correct pronoun.

   a _____ hat schon von dem diesjährigen Musikereignis in Weimar gehört.

   b Aber von uns ist noch _____ dort gewesen.

   c Hoffentlich hat _____ genug Zeit, um das große Konzert für Yehudi Menuhin anzuhören.

   d _____ glaubt aber, dass es hohe Besucherzahlen geben wird.

   e Gestern habe ich _____ getroffen, der auch Schloss Sanssouci besucht hat.

   f Er meinte, dass es dort für _____ etwas gibt.

(C) Translate these sentences into German.

   a Everybody finds something to do or to see.

   b Nobody has seen the new film.

   c Benjamin Lebert writes for everyone.

   d There was nothing for children.

(D) Make up your own sentences using indefinite pronouns.

Zur Auswahl

1a Schreiben Sie eine Zusammenfassung über die beliebtesten Freizeitaktivitäten der Deutschen. Beziehen Sie sich dabei besonders auf die folgenden Punkte.

- ◆ Wochenendbeschäftigungen
- ◆ Sportliche Betätigungen
- ◆ Kulturelle Angebote

1b Beschreiben Sie die Urlaubstrends der Deutschen. Erwähnen Sie die folgenden Punkte. Verwenden Sie die Ausdrücke im *Tipp* auf Seite 43.

- ◆ Beliebte Urlaubsziele
- ◆ Gründe für diese Ziele
- ◆ Verschiedene Altersgruppen und ihre Ziele

2 Während Ihres Arbeitspraktikums in Deutschland fragt Sie eine Mitarbeiterin über Ihre beziehungsweise englische Ferien- und Freizeitbeschäftigungen. Sprechen Sie über Unterschiede und Ähnlichkeiten.

3 S Hören Sie den Text und ergänzen Sie die fehlenden Informationen.

a Urlaubsziele der Europäer
  1 Ferien am Meer _____
  2 Berge _____
  3 Städte _____

b Beliebteste Urlaubsziele der Deutschen
  1 _____
  2 _____

c Erhöhung der Zahl der Übernachtungen in Deutschland
  1 Spanier _____
  2 Italiener _____

d Größte Gruppe der Touristen in Deutschland
  _____

Gut gesagt! S

Lange und kurze Vokale

4a Hören Sie sich die folgenden Wörter an und wiederholen Sie sie. Machen Sie diese Übung mehrmals.

langer Vokal	**kurzer Vokal**
Prater, mag, Straße, Abend, sagen	hallo, etwas, Geschmack, Tanz, Stadt
Meer, Berlin, sehr, jedes, modern	Brecht, essen, echt, Welt, fest
mir, bietet, hier, Musik, Spiel	gibt, sich, immer, finden, Wirkung
Oper, oder, Prost, so, wohne	komme, Schloss, Zerbrochene, besonders, Onkel
Literatur, Fuß, Humor, Jugendliche, zu	Kunst, Fluss, Kumpels, muss, Mutter

4b Lesen Sie jetzt diese Wörter aus der Einheit vor. Überprüfen Sie danach die Aussprache.

Radfahren, Thema, Geburtstag, schon, Erholung, Nation, Urlaub, Lieblingsschloss, Rummel, Besucher, Sonnenstrahl, Strecke, Fitness.

Gesundes Leben

By the end of this unit you will be able to:

◆ Talk about healthcare in Germany

◆ Compare different lifestyles

◆ Give your opinion on what constitutes a healthy lifestyle

◆ Discuss the consequences of drug-taking

◆ Debate whether smoking in public should be banned

◆ Use adverbs

◆ Use comparatives and superlatives

◆ Use the imperfect tense

◆ Use synonyms and antonyms

◆ Structure a debate

◆ Pronounce vowels with umlaut accurately

Achten Sie auf Ihre Gesundheit?

1 Wie viele Mahlzeiten essen Sie pro Tag? Vergessen Sie nicht: Zwischenmahlzeiten zählen auch!
A sechs bis zehn
B zwei bis vier
C drei

2 Wie sieht, Ihrer Meinung nach, ein gesundes Mittagessen aus?
A Der tägliche Imbiss zum Mitnehmen.
B Mittagessen? Wer hat dafür noch Zeit?
C Ein Käse-Vollkornbrötchen mit etwas gemischtem Salat.

3 Es ist 15 Uhr. Ihr Magen knurrt wie ein Bär. Sie ...
A Nehmen etwas Geld mit und holen sich etwas vom Automaten – wie üblich!
B Trinken eine Dose Cola – ein schneller Energiespender!
C Machen die Ohren zu und arbeiten weiter.

4 Wie fühlen Sie sich, wenn Sie an Frühstück denken?
A Hungrig, denn es ist mindestens eine Stunde vergangen seit meiner letzten Mahlzeit.
B Mir wird schlecht – vor 12 Uhr kann ich überhaupt nicht an Essen denken.
C Gut – ohne Frühstück könnte ich nicht existieren.

5 Ihr bester Freund/Ihre beste Freundin schenkt Ihnen eine Riesenschachtel Pralinen. Sie ...
A Nehmen die Pralinen mit in die Schule und naschen den ganzen Tag davon.
B Verschlingen die ganze Schachtel nach einem besonders stressigen Schultag.
C Werfen ihm/ihr die Pralinen an den Kopf. Ist er/sie noch zu retten?

Testergebnis

Wenn die meisten Ihrer Antworten A sind, dann essen Sie ohne Plan, egal was, und wann. Vielleicht sollten Sie ihre Schokoladensnacks durch Karotten oder einen Apfel ersetzen. Fragen Sie sich, ob Sie wirklich Hunger haben oder ob Sie sich nur über Ihren Lehrer geärgert haben.

Wenn die meisten Ihrer Antworten B sind, dann lassen Sie Ihr Frühstück aus, oder essen kein Mittagessen, damit Sie sich am Abend voll stopfen können. Unregelmäßige Mahlzeiten sind aber ungesund! Sie sollten auf jeden Fall ein gesundes Frühstück essen.

Wenn die meisten Ihrer Antworten C sind, dann sind Sie ein totaler Gesundheitsfreak! Sie essen nur das Gesundeste! Werden Sie aber nicht langweilig – genießen Sie auch einmal ein dickes Stück Torte, aber bitte mit Sahne!

1a Wie gesund ernähren Sie sich? Testen Sie sich selbst mit unserem „schnellen" Quiz.

1b Nachdem Sie die Fragen beantwortet haben, schauen Sie die Testergebnisse an und bewerten Sie sich.

Gesundheit und Fitness

Wie kommt man in Deutschland zum Arzt? Was kann man sonst machen, um sich gesund zu halten?

1 Was, glauben Sie, bedeuten diese Logos? Was sollten die Aufgaben einer Krankenversicherung sein?

2a Hören Sie zu und beantworten Sie die Fragen.
  a Was machte Jessica letztes Jahr in Saarbrücken?
  b Was wollte sie nicht, als sie in Saarbrücken war?
  c Was hatte sie eines Morgens?
  d Was machte sie in ihrer Angst?
  e Was braucht man, wenn man in Deutschland krank ist?
  f Was kostet die ärztliche Behandlung?
  g Welche verschiedenen Fachärzte nennt Jessica?

2b Ergänzen Sie die folgenden Sätze:
  a Wenn man als Ausländer in Deutschland zum Arzt muss, braucht man _____ _____.
  b Bei der örtlichen Krankenkasse bekommt man _____ _____.
  c Man gibt den Krankenschein _____ _____ oder der Sprechstundenhilfe.
  d Die _____ _____ ist kostenlos.
  e Bei allgemeinen Krankheiten geht man zum _____ , aber bei speziellen Beschwerden geht man zu einem _____ .
  f Die meisten Deutschen sind Mitglied in einer _____ _____.

3a Lesen Sie die Werbeanzeige für das Wellness-Center Hotel Vital.

WELLNESS-CENTER HOTEL VITAL

Haben Sie einen Trainingsrückstand? Sitzen Sie tagtäglich am Schreibtisch und bekommen nicht genug Bewegung? Sind Sie müde und abgespannt? Wollen Sie einen Arztbesuch vermeiden?

Dann empfehlen wir Ihnen ein Wochenende hier in diesem Wellness-Center. Lassen Sie sich verwöhnen und werden Sie wieder fit.

Bei Ihrer Ankunft erwartet Sie gleich ein „Wellness-Set" mit Badetuch, Badezusatz und Badewannenmatte! Der perfekte Service für einen Gesundheitsfan.

In einem Gespräch informiert Sie dann eine erfahrene Ärztin über unsere Alternativmedizin mit Akupunktur, Physiotherapie, Massage und Entspannungstraining. Sogleich bieten wir Ihnen dann die ersten Tests und Trainingseinheiten. Entspannen Sie sich danach in der Dampfsauna und im Pool. Auch stehen wir gern mit unserer kosmetischen Beratung zu Ihrer Verfügung.

So vergessen Sie allmählich Ihren termingeplagten Alltag. Hier gibt es keine Handys. An der Bar gibt's Mineralwasser und grünen Tee und auf der Speisekarte in Bistro und Restaurant warten gesunde Delikatessen auf Sie.

Was kostet der Spaß? – Knapp 1000 Euro bei Vollpension für ein ganzes Wochenende.

Das sollten Sie sich doch wert sein? Wir bieten nicht nur etwas, das für Ihren Körper, sondern auch für Ihre Seele gut ist.

3b Suchen Sie im Text die entsprechenden deutschen Wörter oder Ausdrücke für:

a Weary, exhausted

b We recommend

c Bath salts

d An experienced doctor

e We are at your disposal

f Advice

g Everyday life full of deadlines

4 Lesen Sie die Anzeige „Wellness-Center Hotel Vital" noch einmal.

a Schreiben Sie eine Liste mit Vorteilen des Wellness-Centers.

b Überlegen Sie sich mögliche Nachteile und notieren Sie diese.

c Vergleichen Sie Ihre Listen in der Klasse.

d Notieren Sie Ihre eigene Meinung zu den gesammelten Punkten und äußern Sie sich dazu in einem Klassengespräch. Benutzen Sie die Hilfe-Ausdrücke auf Seite 54.

5a Versuchen Sie, die englische Bedeutung der folgenden Wörter zu erraten:

a geballte Fäuste

b Stirnrunzeln

c Schlaflosigkeit

d Verlangen

e Behandlung

f Durchblutung

g Essen verdauen

5b 🔊 Hören Sie ein Interview mit Frau Dr. Ritter, Stresstherapeutin im Wellness-Center Bad Ragaz an und beantworten Sie die folgenden Fragen:

a Welche Symptome weisen auf Stress hin?

b Was kann man gegen Stress tun?

c Wie kann man seinen Schlaf verbessern?

6 👥 Lesen Sie die Anzeige des Wellness-Centers noch einmal und benutzen Sie Ihre Notizen der Hörübungen. Diskutieren Sie mit einem Partner/einer Partnerin:

a wie man Stress erkennen kann

b Möglichkeiten, um Stress abzubauen

Grammatik

Adverbs

Adverbs add detail to a sentence, describing how, when or where something is done, or saying more about an adjective.

A Find these words in the Wellness-Center text. How would you translate them in context?

a tagtäglich

b gleich

c allmählich

d knapp

◆ In German any adjective can also be used as an adverb, with no ending at all. There are also some adverbs that exist only as adverbs:

some adverbs of place: hier, dort, dorthin, oben, unten

some adverbs of time: häufig, oft, nie, heute morgen.

B Look again at the text and notice exactly where the adverbs come in the clause.

◆ If there are several adverbs in a sentence, the normal rules apply: Time, Manner, Place.

Ich fahre **heute alleine dorthin**. *I'm going there today alone.*

◆ In German an adverb can never be placed between the subject and the verb.

Ich kann **oft nicht** schlafen. *I often can't sleep.*

C Choose six adverbs from the Wellness-Center text and write a new sentence for each of them.

Example: *Man kann sich hier gut entspannen.*

7 Präsentieren Sie die Vorteile eines Stress-Therapiezentrums, wenn möglich mit dem Computer. Benutzen Sie viele Adverbien! Entwerfen Sie anschließend ein Werbeplakat.

Extra! Lesen Sie den Text auf Arbeitsblatt 15 über andere alternative Therapien und machen Sie ein Rollenspiel mit einem Partner/einer Partnerin.

Lebensstile

Leben Sie gesund? Was ist der beste Lebensstil?

1 Bevor Sie den Text lesen, entscheiden Sie: Welche Definition passt zu welchem Wort?

a Lebensmittel
b Entspannung
c unter Druck stehen
d Gesundheit
e Bioprodukte
f ausgeglichen

1 Dinge, die wir essen
2 besonders gesunde, natürliche Lebensmittel
3 man hat viel Stress
4 man fühlt sich gut, ohne Stress
5 wenn man nicht krank ist
6 man braucht es, wenn man unter Stress steht

2a Lesen Sie den Text (rechts).

2b Füllen Sie die Tabelle aus.

Tagesanfang	
Tagesende	
Arbeitszeiten/Hausaufgaben	
Mahlzeiten/Ernährung	
Einstellung zu Stress	
Einstellung zu Entspannung	

2c Suchen Sie im Text: Wie sagt man auf Deutsch …
a A higher grade average than for most other courses
b I feel more balanced and work more intensively
c I relax best with music
d I can't stand fast food

3 Lesen Sie den Text noch mal. Richtig oder falsch?
a Annika findet das Lernen stressig.
b Wenn man Medizin studieren will, braucht man sehr gute Noten.
c Ältere und jüngere Menschen sollten auf ihre Gesundheit achten, Annikas Meinung nach.
d Annika entspannt sich nicht oft.
e Sie isst gern frische Lebensmittel.

Annika (17) ist Schülerin am Keplergymnasium in Freiburg. Sie will nächstes Jahr Abitur machen und möchte dann Medizin studieren. „Zur Zeit finde ich mein Leben ganz schön stressig. Ich stehe jeden Morgen um zirka sechs Uhr auf, um meine Hausaufgaben zu machen. Ich kann mich morgens viel besser konzentrieren. Ich stehe ganz schön unter Stress, weil man für Medizin einen höheren Notendurchschnitt braucht, als für die meisten anderen Studienfächer. Ich finde es für junge Leute genauso wichtig, dass sie auf ihre Gesundheit achten, wie für ältere Menschen. Ich entspanne mich regelmäßig, dann fühle ich mich ausgeglichener und lerne intensiver. Am besten entspanne ich mich mit Musik oder einem langen Bad. Normalerweise gehe ich um halb elf ins Bett. Ich achte auch darauf, dass ich gesund esse. Mehrere kleine Mahlzeiten sind besser als zwei große. Fastfood kann ich nicht ausstehen. Immer nur fettige Burger und Pommes – nein danke. Das ist nichts für mich! Ich stehe mehr auf Salate, frisches Gemüse aus dem Bioladen und dann trinke ich unheimlich gern frisch gepresste Fruchtsäfte."

4a Versuchen Sie, die englische Bedeutung der folgenden Wörter zu erraten:
a Lebensmittel (*pl.*)
b ausgewogen
c die Ernährung
d locker
e der Anbau
f Schadstoffe (*pl.*)
g vollwertig
h die Nahrung

4b 🔊 Marika und Silvio, beide 19, sprechen über ihren Lebensstil. Hören Sie gut zu und füllen Sie dann die Tabelle aus.

	Marika	Silvio
Wie entspannen sie sich?		
Warum kaufen sie Bioprodukte?		
Warum sind sie Vegetarier?		
Was sind sie von Beruf?		
Warum?		

Tipp

Synonyms/Antonyms

Synonyms are different words which have the same meaning:

Nahrung/Essen

Antonyms are words which have opposite meanings:

Gesundheit/Krankheit

Finding the right synonym or antonym is an essential skill for comprehension exercises. It also helps you to expand your vocabulary and is an excellent preparation for your speaking exam.

1 Read Annika's text and find an antonym for each of the following expressions.

    a Ich finde mein Leben **entspannt**

    b Ich brauche **niedrigere** Noten

    c **krank**

    d **ab und zu**

2 Read the text again and find synonyms for the following expressions.

    a ungesundes Essen

    b ungefähr

    c Naturkostgeschäft

    d gewöhnlich

    e Druck

5a Vergleichen Sie die Meinungen der drei Jugendlichen. Notieren Sie sich Stichpunkte unter den folgenden Überschriften.

Essen/Trinken	Entspannung	Arbeit

5b Wer hat Ihrer Meinung nach den gesündesten Lebensstil und warum? Verwenden Sie viele Adjektive im Komparativ und Superlativ und die Hilfe-Ausdrücke, um Ihre Meinung auszudrücken.

Hilfe

ich meine	ich finde
ich glaube	ich bin der Ansicht

6 Schreiben Sie einen Text (ca. 100 Wörter) für ein Jugendmagazin, in dem Sie Ihren persönlichen Lebensstil beschreiben. Verwenden Sie möglichst viele Adjektive im Komparativ und Superlativ.

Grammatik ⇨156–7 ⇨W28–9

Comparative and superlative

To make comparisons in German you use the following forms of adjectives and adverbs:

Adjectives:

wichtig	wichtig**er**	der/die/das wichtig**ste**
important	*more important*	*the most important*
gut	besser	der/die/das beste
good	*better*	*the best*

Adverbs:

häufig	häufig**er**	**am** häufig**sten**
often	*more often*	*most often*
gut	besser	am besten
well	*better*	*best*

A Re-read the text on p. 50 and write down:

    a the comparatives

    b the superlatives

B Fill in the adjectives supplied in comparative or superlative form.

    a Annika steht jeden Morgen um sechs Uhr auf, weil sie sich viel _____ konzentrieren kann.

    b Mit Musik oder einem langen Bad entspannt sie sich _____ _____.

    c Marika ist gerne Künstlerin, weil es _____ als andere Berufe ist.

    d Eine gute Arbeitsatmosphäre ist für Silvio _____ , als viel Geld zu verdienen.

    e Die Arbeitsatmosphäre im Kindergarten ist _____ und _____ .

    f Lebensmittel im Bioladen sind _____ als im Supermarkt.

> locker, gut (× 2), am (× 2), wichtig, teuer, entspannt, kreativ

♦ To compare two things:

nicht so gut **wie** – *not as good as*

genauso gut **wie** – *just as good as*

ebenso gut **wie** – *just as good as*

besser **als** – *better than*

Extra! Machen Sie die Übungen auf Arbeitsblatt 16.

Drogen – warum?

In der Schule, zu Hause, in Broschüren, überall hört oder sieht man Warnungen vor Drogen. Trotzdem greifen viele Jugendliche zu gefährlichen Substanzen. Warum?

1 Was verstehen Sie unter dem Begriff „Drogen" ? Diskutieren Sie, welche Substanzen dazugehören.

2 Bevor Sie den Text lesen, ordnen Sie die deutschen Ausdrücke den englischen zu.

quatschen – echt – tote Hose – sich etwas trauen – Kumpel – sich voll laufen lassen – unreif – Abhängigkeit – Abschreckung – spritzen – Zeug – Eindruck

to get drunk – dependence – to chat – really – impression – dead boring – immature – deterrent – to inject – mate – stuff – to dare to do something

3a Drei Jugendliche berichten über ihre Erfahrungen mit Drogen. Lesen Sie die Abschnitte.

3b Was berichten sie? Füllen Sie die folgende Tabelle aus:

	Anja	Michael	Fabian
welche Droge			
wo genommen			
warum			
wie gefühlt			
welche Wirkung			

Anja (17) erzählt: Ich war vierzehn, als ich meine erste Zigarette rauchte. Eigentlich schmeckte es überhaupt nicht, aber es war an einem Freitagabend nach dem Jugendclub. Wir standen zusammen und quatschten. Da zog eine Freundin plötzlich eine Schachtel Zigaretten aus ihrer Tasche und bot uns allen eine an. Obwohl ich noch nie geraucht hatte, und eigentlich auch keine Lust dazu hatte, hab ich eine genommen. Ich wollte einfach nicht blöd aussehen und als „Mamas Liebling" angesehen werden. Es ist echt schwer, „nein" zu sagen, wenn man in einer Clique ist und akzeptiert werden will. Man sieht auch oft tolle Typen in Filmen oder so und, wenn die rauchen und cool aussehen, kann man ziemlich leicht beeinflusst werden. Besonders wenn man so zwischen zwölf und vierzehn ist.

Übrigens ist diese Freundin heute bereits Kettenraucherin und total von Zigaretten abhängig. Und das mit zwanzig! Ich fing das Rauchen zum Glück nie richtig an.

Fabian (17) berichtet: Ich persönlich würde nie zu Drogen greifen. Ich hatte letztes Jahr dieses schreckliche Erlebnis und es war die totale Abschreckung für mich. Meine Freunde und ich waren in einer Disko. Ich wusste, dass Martin in unserer Clique schon mit Drogen experimentiert hatte. Aber an diesem Abend sah ich, wie abhängig er war. Erst als er sich sein Heroin in der Toilette gespritzt hatte, konnte man sich normal mit ihm unterhalten. Er gab zu, dass es ihm eigentlich ganz schlecht ging. Er konnte einfach nicht von dem Zeug loskommen. Ein Typ bei einer Party hatte ihn überredet, einen Joint mitzurauchen. Dabei blieb es aber nicht, denn der Joint enthielt auch Heroin. Martin fühlte sich total wohl und alle seine Probleme in der Schule waren vergessen. Das war der Anfang seiner Abhängigkeit. Vor ein paar Tagen traf ich seine Mutter. Sie erzählte, dass Martin total am Ende war. Seit einer Woche ist er in einem Therapiezentrum für Drogenabhängige. Hoffentlich schafft er es, los zu kommen.

Michael (16) meint: Alkohol gehört einfach zum Älterwerden. In meinem Freundeskreis trinken die meisten schon mal ein Bier oder manchmal, bei Partys oder so, auch was Stärkeres wie Spirituosen. 'ne Party ohne Alkohol ist einfach tote Hose. Wenn du ein Glas Bier getrunken hast, fühlst du dich gut, mehr entspannt, der Stress geht weg. Und du traust dich auch mal ein Mädchen, das du gut findest, anzuquatschen. Das Problem ist nur, dass einige nicht wissen, wenn sie genug getrunken haben. Die wissen nicht, wann sie aufhören sollten. Ein Kumpel hat sich einmal voll laufen lassen, nur weil er auf die anderen Eindruck machen wollte. Das hab ich total doof gefunden. Meiner Meinung nach zeigte er nur, wie unreif er war. Und diese Einstellung kann leicht zu einer Abhängigkeit führen.

4a Lesen Sie die Texte noch mal. Richtig oder falsch?

  a Anja hat sich von Freunden beeinflussen lassen und ist heute Kettenraucherin.

  b Man wird als Außenseiter angesehen, wenn man nicht raucht.

  c Michael fühlt sich angenehm, wenn er ein Bier getrunken hat.

  d Er hat Angst davor abhängig zu werden, weil er zu viel trinkt.

  e Martin wurde abhängig, weil er machte, was ein Freund sagte.

  f Martin hat in einer Disko zum ersten Mal mit Heroin experimentiert.

4b Finden Sie die entsprechenden Ausdrücke/Synonyme im Text.

  a wir unterhielten uns

  b man will in einer Clique sein

  c man raucht ständig

  d eine Party ohne Alkohol ist langweilig

  e man hat den Mut, ein Mädchen anzusprechen

  f man hat zu viel Alkohol getrunken

  g man lässt sich leicht beeinflussen und überreden

  h eine Warnung, etwas nicht zu tun

  i man kann nicht aufhören, Drogen zu nehmen

5 Hören Sie ein Interview mit einer Drogenberaterin. Ordnen Sie die Auswirkungen der Drogen in drei Spalten: Rauchen, übermäßiger Alkoholgenuss, Drogenmissbrauch.

  a Reizbarkeit und Unsicherheit

  b erweiterte Pupillen und Händezittern

  c Man versucht, seine Probleme zu vertuschen.

  d Lustlosigkeit und Konzentrationsmangel

  e gelbliche Haut und kein Geschmackssinn

  f rotes Gesicht und Leberkrankheit

  g Stimmungsumschwung

5b Schreiben Sie dann eine Zusammenfassung auf Englisch. Schauen Sie den *Tipp* auf Seite 29 an. Erwähnen Sie Folgendes:

  ◆ What problems are dealt with

  ◆ First symptoms

  ◆ Effects

6 A raucht/trinkt zu viel. B versucht A davon zu überzeugen, das Rauchen/Trinken aufzugeben.

Grammatik ⇨ 163 ⇨ W54–5

The Imperfect

Remember, to refer to the past in German you can use either the perfect tense or the imperfect (see p. 162–3).

◆ Regular and modal verbs form the imperfect by adding the following endings to the verb stem. The modal stem loses its umlaut (see p. 163).

rauchen   ich rauchte   wir rauch**ten**
           du rauch**test**   ihr rauch**tet**
           er/sie/es/man rauch**te**   sie/Sie rauch**ten**

◆ Strong verbs have a change of vowel and sometimes of consonant and a different set of endings:

gehen   ich ging   wir ging**en**
        du ging**st**   ihr ging**t**
        er/sie/es/man ging   sie/Sie ging**en**

For other forms see p. 163.

A Re-read the texts on p. 52 and write out ten examples of verbs in the imperfect.

B Fill in the gaps with the correct form of the imperfect tense of the verb in brackets.

Anja …**a**… (sein) vierzehn, als sie ihre erste Zigarette …**b**… (rauchen). Sie …**c**… (wollen) eigentlich gar nicht rauchen, aber es ist schwer, in einer Clique „nein" zu sagen. Auch …**d**… (sehen) sie manchmal tolle Typen im Fernsehen, die …**e**… (rauchen). Ihre Freundin ist jetzt Kettenraucherin, aber Anja ist froh, dass sie nie richtig damit …**f**… (anfangen).

7 Schreiben Sie ein Interview mit einen Ex-Drogenabhängigen. Benutzen Sie das Imperfekt.

  ◆ Welche Drogen nahm er/sie und warum?

  ◆ Wie fühlte er/sie sich dabei?

  ◆ Welche Wirkung hatten die Drogen auf ihn/sie?

  ◆ Was halten Sie selbst von Drogen?

Hilfe

Du weißt doch, dass …

Du solltest lieber …

Weißt du nicht, dass …

Vielleicht solltest du …

Eine Welt ohne Drogen?

Was geschieht, wenn man Drogen missbraucht? Sollte man Rauchen verbieten?

1 Schauen Sie sich diese Aussagen an. Diskutieren Sie: Bei welchen Aussagen handelt es sich um Möglichkeiten der Vorbeugung, bei welchen um Möglichkeiten der Behandlung von Drogenmissbrauch?

a Beratungsstellen

b gemeinsames Leben in einer Wohngemeinschaft

c eine Beschäftigung haben, die sinnvoll ist

d Entziehungskur

e Einzel- oder Gruppentherapie

f ein positives Selbstwertgefühl entwickeln

g Gewöhnen Sie sich das Rauchen ab – durch Hypnose

h Drogentherapiezentrum

i sich bei Freunden aussprechen

j sich einem Berater anvertrauen

k Drogenentzug

l ein Verbot aller Drogen

2a Lesen Sie die Info des Bundesministeriums für Gesundheit.

INFO: Bundesministerium für Gesundheit

Die Aufgaben der Drogen- und Suchtkommission

Aufklärung

Kampagne „Rauchfrei", neue Fernseh- und Kinospots gegen Werbespots, die ein positives Image von Alkohol und Tabakkonsum darstellen

Prävention

Lebensstile und Arbeitsbedingungen vermeiden, die krank machen

Hilfe

Beratungsstellen und Therapiezentren

Strafverfolgung

des kriminellen Drogenhandels

2b Finden Sie die entsprechenden Ausdrücke im Text.

a Polizeiliche Maßnahmen gegen Dealer

b So leben und arbeiten, dass man gesund bleibt

c Eine Stelle, bei der man Rat und Informationen bekommt

d Ohne Rauch

e Erklärende Informationen/Auskunft geben

3 Stimmen Sie den folgenden Aussagen zu? Warum beziehungsweise warum nicht? Arbeiten Sie mit einem Partner/einer Partnerin, um Ihre Meinung zu geben und zu begründen.

a Diejenigen, die ein positives Selbstwertgefühl haben, greifen weniger oft zu Drogen.

b Arbeitslosigkeit kann zu Drogenmissbrauch führen.

c Wenn man drogensüchtig ist, kann man seine Arbeitsstelle verlieren.

d Drogensucht kann zu Kriminalität führen.

e Drogentherapie ist besser als Drogenentzug.

4a Lesen (Seite 55) und hören Sie eine Debatte zum Thema „Das Rauchen in der Öffentlichkeit sollte verboten werden".

4b Welche der folgenden Meinungen werden in der Debatte erwähnt?

a In Straßenbahnen sollten Raucher und Nichtraucher auch getrennt sein.

b Nichtraucher müssen Raucher tolerieren.

c Rauchen ist eine Sucht.

d Jens' Opa raucht seit 40 Jahren und hat jetzt Lungenkrebs.

e Viele rauchen, auch wenn sie nicht unter Stress stehen.

f In Restaurants sollte das Rauchen verboten sein.

5a Debattenthema „Rauchverbot in der Öffentlichkeit". Bilden Sie zwei Gruppen: die Gegner und die Befürworter. Bereiten Sie Ihre Argumente „für" oder „gegen" in den Gruppen vor.

5b Führen Sie anschließend eine Debatte. Benutzen Sie die Hilfe-Ausdrücke und den *Tipp*.

Hilfe

Meiner Meinung nach

Meines Erachtens

Ich bin total dagegen

Ja schon, aber

Im Gegenteil

Für mich ist es aber so, dass

Ich sehe das auch so/Ich sehe das auf keinen Fall so

Ich stimme dir zu/nicht zu

Es kommt darauf an

Rauchverbot in der Öffentlichkeit – ja oder nein?

Anita: Ich bin total für ein Rauchverbot. Passives Rauchen ist genauso gefährlich wie selber zu rauchen. Im Zug sind Raucher und Nichtraucher Gott sei Dank getrennt und so sollte es auch in Straßenbahnen und Bussen sein.

Tanja: Ja schon, aber ein allgemeines Rauchverbot in der Öffentlichkeit finde ich doch etwas übertrieben. Getrennte Abteile für Raucher und Nichtraucher finde ich gut.

Jens: Ich meine, es kommt darauf an. Ein Rauchverbot ist im Prinzip ziemlich undemokratisch. Wenn Raucher und Nichtraucher gegenseitig Rücksicht nehmen, braucht man kein Rauchverbot.

Stefan: Ich sehe das auf keinen Fall so. Rauchen ist doch total ungesund und macht außerdem süchtig. Ich stimme Anita zu. Passives Rauchen ist auch schädlich für die Gesundheit. Raucher sollten sich das Rauchen abgewöhnen.

Jens: Trotzdem gibt es Leute, die ihr ganzes Leben lang rauchen und keinen Lungenkrebs oder Raucherhusten bekommen. Mein Opa raucht jeden Tag seine zwei oder drei Pfeifchen, und das seit über vierzig Jahren. Also wäre Rauchverbot doch eine Beschränkung seiner Freiheit und seiner kleinen Alltagsfreuden.

Tanja: Wenn man sich an das Nikotin in Zigaretten und so gewöhnt hat, ist es gar nicht einfach aufzuhören. Und manche wollen es auch nicht. Ich habe einige Freunde, die ein ziemlich hektisches Leben führen und oft unter Stress stehen. Für sie ist es so, dass sie auf den Nikotingenuss weder verzichten können noch wollen.

Stefan: In den meisten Büros darf man heute nicht mehr rauchen, nur in Restaurants gibt es das noch nicht. Meiner Meinung nach wäre das sehr wichtig. Ich möchte nicht von Zigarettenrauch eingequalmt werden, wenn ich essen gehe.

Tipp

Structuring a debate

In a debate you need to:

- present your point of view
- defend it
- listen to the point of view of others
- anticipate what might be said next

Analyse the arguments for and against the motion. Think about the possible consequences of each argument.

1 Read the debate on 'smoking in public' again and write down as many answers as possible to the following questions:
   a Wo sollte nicht geraucht werden?
   b Wie sollten sich Raucher und Nichtraucher verhalten?
   c Argumente für ein Rauchverbot
   d Argumente gegen ein Rauchverbot

6 Schreiben Sie einen kurzen Artikel für die Schulzeitung (ca. 150 Wörter) zum Thema „Raucherverbot in der Schule". Sie könnten Ihren Artikel mit einer Frage beginnen, z.B. „Sollte Rauchen in einer Schule erlaubt sein?" Konzentrieren Sie sich dann auf die folgenden Punkte:
   - Warum „ja"
   - Warum „nein"
   - Ihre eigene Meinung

Extra! Wählen Sie entweder das Thema „Rauchen", „Alkohol" oder „Drogen". Sammeln Sie Informationen zu diesem Thema. Falls Sie das Internet verwenden können, schauen Sie die folgende Webadresse an: www.bmgesundheit.de. Stellen Sie dann eine Collage zusammen aus Bild und Text zu Ihrem Thema.

Zur Auswahl

1 Was verstehen Sie unter dem Begriff „Lebensstil"? Schauen Sie sich die Karikaturen an. Sammeln Sie Ausdrücke, die zu der jeweiligen Karikatur passen. Beschreiben Sie dann jede Karikatur in drei/vier Sätzen.

2a **S**🔊 Hier hören Sie eine Debatte zum Thema „Drogenbekämpfung". Notieren Sie, was die vier Teilnehmer vorschlagen.

a Man sollte Drogen legalisieren, wenn man _____ .

b Wenn man Drogen legalisiert, wird die Folge sein, dass _____ .

c Wenn Drogen legal sind, braucht man vor der Polizei _____ .

d Man experimentiert vielleicht mit _____ _____ oder _____ , selbst wenn man noch sehr jung ist.

e Drogen und Alkohol sind besonders für junge Jugendliche attraktiver, wenn _____ .

2b Welche Lösungsmöglichkeiten nennen die Diskussionsteilnehmer? Entziffern Sie diese Wörter.

a gtstebrllanusene

b pheierat

c trneonrtigeai

d izel im neleb

3 👥 Machen Sie in der Klasse eine Debatte: „Alle Drogen, einschließlich Alkohol, sind gefährlich und sollten verboten werden." Benutzen Sie die Hilfe-Ausdrücke auf Seite 54.

◆ Teilen Sie die Klasse in die Befürworter und die Gegner dieser Aussage.

◆ Erarbeiten Sie in Ihrer Gruppe Argumente „für" oder „gegen".

◆ Debattieren Sie in der Klasse.

◆ Schreiben Sie eine kurze Zusammenfassung auf Englisch.

Gut gesagt! S🔊

Der Umlaut

4a Sie hören fünf Adjektive. Alle diese Adjektive brauchen einen Umlaut im Komparativ und im Superlativ. Sprechen Sie sie nach und bilden Sie die Komparativ- und Superlativformen. Die Lösungen sind auf der Kassette.

Beispiel: *schön*

schön   schöner   am schönsten

gesund

jung

alt

groß

hübsch

4b Und zum Schluss noch ein Zungenbrecher:

Der Mondschein schien schon schön.

Extra! 🔊 Machen Sie die Übungen auf Arbeitsblatt 17.

Wiederholung Einheit 3–4

1a Machen Sie eine Umfrage über die beliebtesten Ferienziele unter Ihren Freunden und beschreiben Sie das Ergebnis Ihrer Umfrage. Verwenden Sie die Ausdrücke im *Tipp* auf Seite 43.

1b Vergleichen Sie anschließend schriftlich Ihr Ergebnis mit den Urlaubstrends der Deutschen. *(20 Punkte)*

2a 🔊 Was ist geboten? Hören Sie den „Ausstellungskalender" an und ergänzen Sie diese Sätze.

  a Im Juni können Sie eine Ausstellung über _____ als Designer sehen.

  b In Sachsen-Anhalt liegt Deutschlands erstes _____ .

  c Die Stadt Paderborn zeigt ab 23. Juli _____ aus europäischen Museen.

  d Der Pop-Artist Rauschenberg ist einer der bekanntesten _____ der Gegenwart. *(4 Punkte)*

2b 🔊 Hören Sie den Text noch einmal. Beantworten Sie diese Fragen.

  a Wo findet die Ausstellung über Designer statt? *(1 Punkt)*

  b Wo gibt es noch andere Buchdörfer? *(3 Punkte)*

  c Wo findet eine Ausstellung über alte Geschichte statt? *(1 Punkt)*

  d In welcher Stadt kann man Werke des Pop-Artisten Rauschenberg sehen? *(1 Punkt)*

                    (6 Punkte insgesamt)

3a Lesen Sie die Anzeige rechts.

3b Wählen Sie die vier Aussagen aus, die mit dem Sinn des Textes am besten übereinstimmen.

  a Bei Reisen mit der Bahn spielt das Wetter keine Rolle.

  b Bahnreisen kosten Geld.

  c Der ICE ist sehr schnell.

  d Man kann entweder Spaß haben oder Geld sparen.

  e Der Metropolitan ist einer der schnellsten und bequemsten Züge.

  f Wenn man das Weimar Ticket hat, braucht man nur die Hinfahrt zu bezahlen.

  g Weimar ist seit Jahren die europäische Kulturstadt.

  h Man kann vier Tage in Weimar verbringen.

                    (8 Punkte)

Entdecken Sie die Bahn!

Wir bieten Ihnen super Angebote, egal ob es regnet oder die Sonne scheint. Sie werden nicht nur Spaß haben, sondern auch Geld sparen.

Wie wäre es zum Beispiel mit unserem neuesten ICE, dem luxuriösen Intercity Express, oder einer Fahrt mit dem neuen, besonders komfortablen Hochgeschwindigkeitszug Metropolitan, der ab Sommer '99 die schnellste Verbindung auf der Strecke Köln–Düsseldorf–Essen–Hamburg bietet?

Wenn Sie sich aber mehr für Kunst und Kultur interessieren, fahren Sie doch einmal nach Weimar. Die Stadt, die 1999 Kulturstadt Europas war, wird Sie herzlich willkommen heißen. Mit dem Weimar Ticket zahlen Sie nur die Hinfahrt. Sie können vier Tage dort bleiben und die Rückfahrt ist kostenlos, wenn Sie eine „Weimarcard" für €10,– kaufen.

4 👥 Sie sind Vegetarier, Ihr bester Freund/Ihre beste Freundin nicht. Überlegen Sie sich mindestens fünf Argumente für eine vegetarische Ernährung und versuchen Sie, Ihren Freund/Ihre Freundin mündlich davon zu überzeugen. Benutzen Sie so viele Komparative wie möglich.

Wiederholung Einheit 3–4

5a Füllen Sie die Tabelle aus.

	Wie wirken sie?	Was sind die Folgen?
Alkohol		
Zigaretten		
Drogen		

(12 Punkte)

5b Notieren Sie fünf Vorschläge, wie man Drogenabhängigen helfen kann. *(10 Punkte)*

6 🔊 Hören Sie Lisas Beschreibung ihres neuen Lebensstils als Studentin. Ergänzen Sie die fehlenden Ausdrücke/Sätze.

  a **Vorher** haben die Eltern gesagt, was sie machen soll. **Jetzt** genießt sie _____.

  b **Vorher** haben die Eltern die Verantwortung. **Jetzt** ist sie selbst _____.

  c **Vorher** musste sie gleich nach der Schule _____. **Jetzt** lernt sie am besten am Abend.

  d **Vorher** hat nur Essen aus dem Supermarkt gegessen. **Jetzt** isst sie _____.

  e **Vorher** hat ihre Mutter hat gekocht. **Jetzt** kocht sie _____. *(5 Punkte)*

7 🔊 Hören Sie die Beschreibung noch einmal. Wählen Sie die richtige Antwort.

  a Was genießt Lisa am meisten?
    1 ihre Freizeit
    2 ihre Unabhängigkeit
    3 ihre Hausaufgaben

  b Was findet sie nicht so gut?
    1 jeden Tag einkaufen zu gehen
    2 in der Bibliothek zu arbeiten
    3 viel Druck

  c Was isst sie besonders gern?
    1 gebackene Würstchen
    2 Naturkost
    3 Süßigkeiten *(3 Punkte)*

8a Lesen Sie den folgenden Text.

Stress, Herzkrankheiten, Abhängigkeiten von verschiedenen Drogen, Krebs, diese so genannten Krankheiten unserer Zeit kann man vermeiden. Man muss nur bereit sein, seinen ungesunden Lebensstil zu ändern.

Eine ausgeglichene Ernährung mit vielen Vitaminen reduziert den Cholesterinspiegel und kann vor Herzinfarkt schützen.

Fitness bedeutet nicht hektischer Aktionismus, sondern für jeden Einzelnen geplante, sportliche Aktivitäten. Der moderne Mensch steht sehr häufig unter Stress. Man füllt seine Tage mit mehr Aktivitäten, nimmt sich aber nicht mehr Zeit dafür. Entspannung, Yoga und Meditation können helfen, Stress abzubauen. Eine neue Art, sich zu entspannen, ist „Stopping". Man bekommt praktische Ratschläge, wie man die Dinge erkennen kann, die wirklich wichtig sind.

8b Beantworten Sie die Fragen.

  a Wie kann man so genannte Zeitkrankheiten vermeiden?
  b Warum ist eine ausgeglichene Ernährung wichtig?
  c Warum steht man heute so sehr unter Druck?
  d Wie kann man Stress abbauen?
  e Was macht „Stopping"? *(10 Punkte)*

5 Bildung und Ausbildung

By the end of this unit you will be able to:

◆ Compare the British and German education systems

◆ Describe a German school career

◆ Discuss how useful exams are

◆ Summarize tips on how to prepare for exams

◆ Discuss the pros and cons of training and study

◆ Summarize the arguments for and against co-education

◆ Use the imperative

◆ Use impersonal verbs

◆ Adapt a text

◆ Translate into English

◆ Pronounce the letters z and zw accurately

Schule bedeutet ...
Langeweile Prüfungsangst
ein notwendiges Übel
die schönste Zeit des Lebens
Freundschaften
reine Zeitverschwendung
Klassenfahrten
Sitzenbleiben

1a Schule – was bedeutet das für Sie? Schauen Sie sich die Graffiti-Mauer an – mit welchen Ideen sind Sie einverstanden?

1b Zeichnen Sie eine eigene Graffiti-Mauer mit Ihren Ideen über die Schule.

59

Das deutsche Schulsystem

Wie unterscheiden sich das britische und das deutsche Schulsystem?
Wie sieht der deutsche Bildungsweg aus?

1 Welche Unterschiede kennen Sie zwischen den Schulen in Deutschland und Großbritannien? Machen Sie eine Liste gemeinsam mit dem Rest der Gruppe.

2 Hören Sie die Berichte von fünf deutschen Schülern, die eine Woche in einer britischen Schule verbracht haben. Notieren Sie die Unterschiede, die sie erwähnen, und ihre Meinungen darüber.

	Unterschied	Meinung
1 Thorsten		
2 Maria		
3 Denise		
4 Alf		
5 Dirk		

3a Lesen Sie den Text „Das deutsche Schulsystem".

Das deutsche Schulsystem

Die ersten Jahre

Mit sechs oder sieben Jahren gehen deutsche Kinder zum ersten Mal in die Schule. Der Bildungsweg beginnt in der Grundschule, obwohl manche Kinder schon vorher freiwillig den Kindergarten besuchen. Die Grundschule umfasst die Klassen 1 bis 4. Am Ende dieser Zeit empfiehlt die Klassenlehrerin oder der Klassenlehrer, wie jeder Schüler seine Ausbildung am besten fortsetzen sollte. In den meisten Fällen stehen drei Schulformen zur Auswahl – das Gymnasium, die Realschule und die Hauptschule. In einigen Bundesländern gibt es auch Gesamtschulen.

Welche Schule – diese ...?

Rund ein Drittel der Schüler besucht die Hauptschule. Sie umfasst die Jahrgänge 5 bis 9 und bereitet Schüler auf das Berufsleben vor. Die meisten Hauptschüler machen nach Ende der Schulzeit eine Lehre und besuchen auch gleichzeitig die Berufsschule. Die Realschule umfasst die Jahrgänge 5 bis 10 und führt zu einem mittleren Abschluss (oft „mittlere Reife" genannt). Dieser Abschluss berechtigt Schüler, einen berufsqualifizierenden Studiengang zu wählen. Das Gymnasium umfasst die Jahrgangsstufen 5 bis 13 und bietet eine rein akademische Bildung.

... oder diese?

Deutsche Schüler können während ihrer Schulzeit mehrmals die Schule wechseln. Obwohl der Grundschullehrer eine Schule empfiehlt, sind die Eltern keineswegs gezwungen, diese Empfehlung zu akzeptieren und können ihr Kind auf eine andere Schule schicken. Auch ältere Schüler können die Schule wechseln, besonders wenn sie das Abitur machen wollen. Jedoch müssen die Leistungen des Schülers den Erwartungen der Schule entsprechen. Wer am Ende des Schuljahrs ein schlechtes Zeugnis bekommt, muss sitzen bleiben und Schüler, die in kurzen Abständen wiederholt sitzen bleiben, müssen die Schule verlassen.

Jetzt wird's ernst

Die Jahrgangsstufen 11, 12 und 13 bilden die gymnasiale Oberstufe. Hier bereiten die Schüler sich auf das Abitur vor. Die Schüler wählen zwei Hauptfächer oder Leistungskurse, müssen aber auch Grundkurse in mehreren anderen Fächern besuchen, um eine gute Allgemeinbildung zu bekommen. Die Noten von allen Fächern zählen zu der Durchschnittsnote, die die Schüler schließlich erhalten. Das Abitur berechtigt Schüler, an der Uni zu studieren – für bestimmte Studiengänge wie z.B. Medizin gibt es jedoch den NC oder Numerus Clausus. Das bedeutet, dass Schüler eine sehr gute Durchschnittsnote haben müssen, um diese Fächer studieren zu können.

3b Was passt zusammen?

a die Grundschule

b die Hauptschule

c die Realschule

d das Gymnasium

e das Abitur

f sitzen bleiben

g der Numerus Clausus

h der Leistungskurs

1 ein Hauptfach für das Abitur

2 die erste obligatorische Schule

3 die mittlere Sekundarschule

4 die Prüfung, die einen berechtigt, an der Uni zu studieren

5 die rein akademische Sekundarschule

6 eine Jahrgangsstufe wiederholen

7 eine Schule, die auf das Berufsleben vorbereitet

8 Zugang zu bestimmten Studienfächern nur mit sehr guten Noten

4 Lesen Sie noch mal den Text. Richtig oder falsch? Verbessern Sie die falschen Sätze.

a Es ist obligatorisch, den Kindergarten zu besuchen.

b Kinder in Deutschland verbringen vier Jahre in der Grundschule.

c Es gibt vier Sekundarschularten in Deutschland.

d Der Grundschullehrer entscheidet, auf welche Sekundarschule jedes Kind geht.

e Hauptschüler verlassen die Schule mit 16 Jahren.

f Nach der Realschule können Schüler auf die Uni gehen.

g Für das Abitur muss man mehr als zwei Fächer wählen.

h Nur die Noten von den Leistungskursen zählen für das Abitur.

i Wenn man das Abitur besteht, hat man das Recht auf einen Studienplatz.

j Man muss überdurchschnittliche Noten haben, um Fächer wie Medizin zu studieren.

5 Was haben Sie jetzt über die Unterschiede zwischen Schulen in Deutschland und Großbritannien dazugelernt? Erweitern Sie die Liste von Übung 1.

Tipp

Adapting a text

In Übung 7 you can adapt the reading and listening texts in this unit and manipulate the language from these sources to express your own ideas.

◆ **Which ideas and information could you use?**

(1) Make notes, e.g. what different schools you attended, how old you were, qualifications gained …

Example: Grundschule – 6 Jahre alt

Gymnasium – Abitur – Leistungskurse Deutsch und …

◆ **Think about the tense of your account.**

(2) The text on p. 60 is in the present tense, but you will need to use the perfect tense in Übung 7. Think how to put the key verbs into the perfect tense (see *Grammatik* p. 29).

Example: sitzen bleiben – in der elften Klasse bin ich sitzen geblieben

◆ **Use linking words and expressions e.g. *jedoch, außerdem, obwohl, weil, einerseits … andererseits*.**

Extra! Do the exercises on Arbeitsblatt 18.

6 Welches Schulsystem ist besser? Machen Sie ein Rollenspiel. A findet das britische System besser, B findet das deutsche System besser. Sie können die Hilfe-Ausdrücke benutzen. Überlegen Sie sich Ihre Argumente.

7 Stellen Sie sich vor, Sie sind in Deutschland in die Schule gegangen. Schreiben Sie einen Brief (150 Wörter) an einen Freund/eine Freundin in Österreich und beschreiben Sie Ihren Bildungsweg. Schauen Sie zuerst den *Tipp* an.

Hilfe

ich finde … eine gute/schlechte Idee

ist vorteilhaft/besser, weil …

… kann zu Problemen führen

im Vergleich zu

Mit 6 Jahren bin ich …

Als ich auf das Gymnasium ging,

In der Oberstufe …

anschließend

am Ende meiner Schulzeit

Spaß oder Stress?

Was halten Sie von Prüfungen und Noten? Wie fühlen Sie sich, wenn eine Prüfung bevorsteht?

1 Diskutieren Sie diese Fragen in Ihrer Klasse.

2a Lesen Sie die beiden Texte, „Prüfungsangst" und „Schule ohne Noten".

Prüfungsangst

Prüfungen - für manche ein Horrorerlebnis, für alle aber eine große Stresssituation. Einerseits kann Stress positiv sein, weil der Körper in Stresssituationen Hormone produziert, die zur Leistungs- und Konzentrationsfähigkeit beitragen. Andererseits können Panikgefühle ausbrechen, die einen fast um den Verstand bringen. Jeder hat seine eigene Art, mit Prüfungen umzugehen. Manche können nur unter Druck arbeiten und pauken die ganze Nacht vor einer wichtigen Prüfung. Andere lernen genau nach Plan und legen fest, wann sie was lernen. Selbstbewusstsein und starke Nerven spielen eine Rolle und natürlich gehört auch ein bisschen Glück dazu. Vor allem ist es wichtig, einen gewissen Abstand zu behalten – jedes Jahr begehen einige Schüler und Studenten aus Prüfungsangst Selbstmord.

beitragen zu – *to contribute to*
unter Druck – *under pressure*
pauken – *to swot*
das Selbstbewusstsein – *self-confidence*
Selbstmord begehen – *to commit suicide*
die Strafe (n) – *punishment*
die Begabung (en) – *gift, talent*
entsprechend (+ dat.) – *in accordance with*
sich entwickeln – *to develop (oneself)*
der Pflug (¨e) – *plough*

Schule ohne Noten

Steiner- oder Waldorfschulen sind für alle Kinder offen, deren Eltern dieses bestimmte Schulkonzept vorziehen und bereit sind, dafür zu bezahlen. Waldorfschulen sind in einigen Bereichen anders als die staatlichen Schulen: kein Sitzenbleiben, Zeugnisse sind geschriebene Berichte und keine Notensammlungen. Jedes Kind soll sich seinen Begabungen entsprechend entwickeln und entfalten können. Alle Waldorfschulen sind Gesamtschulen, und die Lehrer sollen nicht durch Strafen, sondern durch Zusammenarbeit mit den Schülern Autorität gewinnen. Ein Klassenlehrer unterrichtet die Schüler die ersten acht Jahre der Schulzeit und ein Lehrthema steht über mehrere Wochen im Mittelpunkt. Das Praktische ist sehr wichtig und Schüler bekommen die Gelegenheit, die gelernte Theorie in die Praxis umzusetzen. Beim Besuch eines Bauernhofs zum Beispiel können die Schüler selbst den Pflug ziehen und das Korn mahlen, um später daraus Brot zu backen. Warum wählen Eltern eine solche Schule für ihre Kinder? Manche wollen eine bestimmte Orientierung für ihre Kinder, andere wollen, dass ihre Kinder ohne Stress und Leistungsdruck aufwachsen.

2b Welche Satzhälften passen zusammen?

a Vor Prüfungen ist es gut, aufgeregt zu sein,

b Jeder bereitet sich anders

c Es ist wichtig,

d Waldorfschulen gehören nicht

e Waldorfschulen betonen

f An Waldorfschulen gibt es

g Lehrer an Waldorfschulen sollen ein enges Verhältnis

h Waldorfschulen legen viel Wert

1 Panikgefühle in den Griff zu kriegen.

2 zum kostenlosen staatlichen Schulsystem.

3 die Selbstentfaltung des Schülers.

4 zu den Schülern aufbauen.

5 damit man sich gut konzentriert.

6 auf praktische Arbeit.

7 auf Prüfungen vor.

8 keine Noten.

Extra! Stellen Sie sich vor, Sie sind auf eine Waldorfschule gegangen. Schreiben Sie einen Zeitungsartikel (120 Wörter) über Ihre Erfahrungen. Benutzen Sie die Ideen im Text und in Übung 2b.

Grammatik ⇨ 167 ⇨ W66

The imperative

◆ The imperative is the command form. There are three forms in German, one each for *du*, *ihr* and *Sie*:

machen

(du) Mach(e) einen Plan!

(ihr) Macht einen Plan!

(Sie) Machen Sie einen Plan!

◆ The only verb with irregular imperative forms is *sein*:

(du) Sei! (ihr) Seid! (Sie) Seien Sie!

(A) Turn the following sentences into imperative sentences.

Example: a Beginnen Sie rechtzeitig!

a Sie sollen rechtzeitig beginnen.

b Du musst einen Plan machen.

c Ihr müsst realistisch sein.

d Sie können mit anderen arbeiten.

e Du solltest nicht nur an Prüfungen denken.

f Ihr müsst positiv denken.

3 Hören Sie zu. Welche Aussage auf der Kassette passt am besten zu jeder der fünf Meinungen hier unten?

a Ohne Noten wären Schüler faul.

b Noten sind nötig, wenn man gute Berufsaussichten haben will.

c Ohne Noten ist es schwer zu zeigen, ob ein Schüler gut lernt oder nicht.

d Schüler stehen unter zu viel Notendruck.

e Waldorfschulen sind eine gute Idee.

4 Sind Prüfungen nützlich? Welche Erfahrungen haben Sie mit Prüfungsstress gehabt? Diskutieren Sie in Ihrer Klasse. Benutzen Sie die Ideen im Text und in Übung 3.

5 Wie kann man sich auf Prüfungen vorbereiten? Hören Sie die Tipps und füllen Sie die Lücken aus.

Sie sollen Ihre Vorbereitungen rechtzeitig ...a.... Es ist nützlich, einen Plan zu machen, damit Sie die vorhandene Zeit gut ...b.... Sie müssen ...c... sein – es ist nicht möglich alles zu lernen. Sie müssen entscheiden, welche Themen Sie am wenigsten ...d.... Notizen lesen heißt nicht Lernen – es ist besser, etwas ...e... zu tun z.B. Vokabellisten ...f... oder alte Prüfungsaufgaben ...g.... Es kann auch helfen, mit anderen zu arbeiten – Sie können sich gegenseitig abfragen und Ihr ...h... ergänzen. Vor allem ist es wichtig, sich zu ...i... und nicht nur an Prüfungen zu denken. Man konzentriert sich viel besser, wenn man ...j... ist. Und nicht vergessen – Sie müssen ...k... denken. Selbstbewusstsein kann zum ...l... viel beitragen.

Aktives ausgeruht bearbeiten beginnen beherrschen einteilen entspannen Erfolg positiv realistisch schreiben Wissen

6 Entwerfen Sie eine Broschüre mit Prüfungstipps. Benutzen Sie die Ideen aus Übung 5 (und natürlich auch Ihre eigenen Ideen!) und den Imperativ, wie im Grammatik-Kästchen.

Beispiel: Beginnen Sie Ihre Vorbereitungen rechtzeitig.

Schule ... und was dann?

Was finden Sie besser nach der Schule: Studium oder Berufsausbildung?
Und wie wäre es mit einem freiwilligen sozialen Jahr?

1 Was möchten Sie nach der Schulzeit machen? Machen Sie eine kleine Umfrage in Ihrer Klasse.

2 Was wäre das Richtige? Ein Studium, eine Berufsausbildung oder ein freiwilliges soziales Jahr? Zeichnen Sie ein Diagramm wie folgt und schreiben Sie Ihre Ideen darauf.

bessere Berufsaussichten

(Uni) — *kostet viel Geld*

(Berufsausbildung)

man kann etwas Praktisches lernen

(freiwilliges ökologisches/soziales Jahr)

man kann neue Erfahrungen sammeln

3 Hören Sie zu. Thorsten und Susi sprechen über ihre Pläne für die Zukunft. Sind die Aussagen hier unten richtig oder falsch?

a Thorsten hat noch keine festen Pläne für die Zukunft.

b Er will teilweise aus finanziellen Gründen nicht auf die Uni gehen.

c Er hat vor, gleich nach der Schule mit seiner Berufsausbildung zu beginnen.

d Er würde gern im Freien arbeiten.

e Er glaubt, dass ein Studium gewisse Probleme mit sich bringt.

f Susi will nach der Schule zuerst etwas anderes machen.

g Sie hat noch nicht entschieden, ob sie auf die Uni gehen will.

h Sie glaubt nicht, dass man mit einem Uni-Abschluss bessere Berufsaussichten hat.

i Sie kann ihren gewählten Beruf auch ohne einen Uni-Abschluss ausüben.

4a Lesen Sie diese Berichte über Studium und Berufsausbildung.

Sebastian – Wie die meisten Jugendlichen in Deutschland mache ich eine Berufsausbildung. Ich werde Koch und verbringe drei Tage in der Woche im Restaurant und zwei in der Schule. Natürlich lerne ich kochen, aber ich muss auch noch Mathe, Deutsch und English lernen. Ich finde dieses duale System toll – es gefällt mir, Theorie mit Praxis zu verbinden.

Brigitte – Ich studiere Mathe an der Uni in München. Ich bin schon 25 und muss noch vier Semester studieren. Das Studium dauert relativ lange hier in Deutschland. Das Studium gefällt mir gut und ich glaube, dass es mir gelingen wird, in der Zukunft einen interessanten Beruf zu finden.

Thomas – Ich studiere Informatik und mein Studium gefällt mir gut, aber es kostet viel Geld. Es gibt zwar fast keine Studiengebühren, aber die Lebenshaltungskosten hier in Berlin sind ziemlich hoch. Zum Glück bekomme ich BAföG, aber ich muss am Ende meines Studiums die Hälfte zurückzahlen. Es ist gut, dass man mit Informatik viel verdienen kann. Ich werde einen Haufen Schulden haben.

Annette – Meine Berufsschule spezialisiert sich auf eine Fachrichtung, wie viele Berufsschulen in Deutschland. In meinem Fall ist es der Tourismus. Ich finde die Ausbildung toll – es handelt sich endlich mal um etwas Praktisches.

4b Füllen Sie die Lücken aus.

   a Die Mehrzahl der deutschen Jugendlichen macht eine _____ .

   b Die Berufsschüler teilen ihre Zeit zwischen der Schule und dem _____ .

   c Diese Kombination von Theorie und praktischer Arbeit heißt _____ .

   d Das Studium in Deutschland dauert im Durchschnitt viel _____ als in anderen Ländern.

   e Das Studium in Deutschland ist _____.

   f Studenten können finanzielle Unterstützung bekommen – sie heißt _____ .

   g Die meisten Berufsschulen haben eine bestimmte _____ .

> Fachrichtung   Betrieb   kostenlos   länger
> Berufsausbildung   BAföG   das duale System.

Extra! 🔊 Hören Sie zwei andere Berichte über Studium und Berufsausbildung und machen Sie die Aufgaben auf Arbeitsblatt 19.

5 👥 Was ist besser? A wählt Studium, B Berufsausbildung. Diskutieren Sie. Benutzen Sie die Vokabeln vom Text und von Arbeitsblatt 19.

Extra! Stellen Sie sich vor, Sie studieren oder machen eine Berufsausbildung in Deutschland. Sie besuchen eine Schule, um Schüler über Ihr Studium/Ihre Ausbildung zu informieren. Bereiten Sie eine kurze Rede vor. Benutzen Sie Ideen aus dem Text und schauen Sie die Hilfe-Ausdrücke an.

Hilfe

An zwei Tagen in der Woche …
An einem normalen Tag …
Am Arbeitsplatz …
In der Berufsschule …
An der Uni …
Am Ende des Studiums …
Wenn man eine Berufsausbildung macht, …

Impersonal expressions

Look at these phrases from the text:

   es gefällt mir, Theorie mit Praxis zu verbinden – *I like combining theory with practice*

   es wird mir gelingen, … zu finden – *I shall succeed in finding …*

   es gibt keine Studiengebühren – *there are no tuition fees*

   es handelt sich … um etwas Praktisches – *it's a question of something practical*

In impersonal expressions the subject is *es* and does not stand for a noun. Other impersonal expressions include:

   es fehlt mir an (+ *dat.*) – *I lack*

   es kommt darauf an, ob – *it depends whether*

(A) Rewrite these sentences using the verbs listed above.
Example: Ich finde es gut auf der Uni. ➔ *Es gefällt mir auf der Uni.*

   a Ich habe nicht genug Geld.

   b Werde ich studieren? Wenn ich gute Noten bekomme, ja.

   c Ich schaffe es, ein bisschen zu sparen.

6 Stellen Sie sich vor, Sie studieren oder machen eine Berufsausbildung in Deutschland. Schreiben Sie einen Brief darüber (120 Wörter) an Ihren Freund/Ihre Freundin in Österreich. Sie können Ideen aus dem Text und die Hilfe-Ausdrücke benutzen.

Zusammen oder getrennt?

Es scheint, dass Mädchen besser ohne Jungen lernen. Aber Jungen ohne Mädchen?
Und wie ist das im Studium?

1 Gibt es immer noch a) traditionelle Männer-/Frauenberufe oder b) Männer-/Frauenstudienfächer? Machen Sie eine Liste in der Klasse.

2a Lesen Sie den Text „Besser ohne Männer?".

Besser ohne Männer?

Gleichberechtigung ... innerhalb des Bildungswesens hat man es doch wohl geschafft, oder? In Bezug auf Schulleistungen haben Mädchen nicht nur mit den Jungen gleichgezogen, oft haben sie sie sogar überholt. In Deutschland gibt es auch nur noch wenige getrennte Schulen – die Koedukation gilt im Großen und Ganzen als Fortschritt.

In Wilhelmshaven studiert Juliane Sper Wirtschaftsingenieur-wesen im ersten Frauen-Studiengang in Deutschland. Ist das also als Rückschritt zu betrachten? Anscheinend nicht, wenn es darum geht, Frauen für einen wissenschaftlichen Beruf zu interessieren. Viel weniger Frauen als Männer studieren naturwissenschaftliche Fächer. Studien haben gezeigt, dass Mädchen in der Schule schnell das Interesse an den Naturwissenschaften verlieren.

Obwohl sie oft besser als die Jungen abschneiden, kommen sie in den von Jungen dominierten Abi-Kursen weniger zu Wort. Folglich entscheiden sie sich für etwas anderes. Wer doch bei den Naturwissenschaften bleibt, macht in den Uni-Seminaren eine ähnliche Erfahrung.

In den USA haben Frauen-Universitäten einen sehr guten Ruf. Studentinnen dieser Colleges, beispielsweise Hillary Clinton, sind doppelt so erfolgreich wie andere Akademikerinnen. In Wilhelmshaven ist der Frauen-Studiengang noch Experiment, aber die Industrie zeigt großes Interesse. Firmen wie Volkswagen und die Telekom wollen die Studentinnen unterstützen. Denn in der Industrie sind immer öfter „typisch weibliche" Eigenschaften gefragt: Einfühlungsvermögen, Teamarbeit und Zuhören-Können.

gleichziehen mit – *to catch up with*
der Fortschritt (e) – *progress*
ein Rückschritt (m.) – *a step backwards*
die Eigenschaft (en) – *quality*
das Einfühlungsvermögen – *sensitivity, empathy*

2b Finden Sie im Text ein Wort oder einen Ausdruck mit derselben Bedeutung:
a eine Schule für Jungen oder Mädchen
b bessere Noten bekommen
c nicht so viel sprechen
d helfen

3 Lesen Sie den Text noch mal und wählen Sie die richtige Antwort.

a In Deutschland bekommen Mädchen _____ gute Noten als Jungen.
genauso viele/weniger

b Man betrachtet Koedukation als überwiegend _____ .
negativ/positiv

c In der Schule bekommen Mädchen oft _____ Noten als Jungen in den naturwissenschaftlichen Fächern.
bessere/schlechtere

d Erfahrungen in der Schule _____ , Naturwissenschaften zu studieren.
halten Frauen davon ab/regen Frauen dazu an

e Studentinnen an Frauen-Universitäten in den USA erreichen im Durchschnitt _____ als Studentinnen an anderen Universitäten.
weniger/mehr

f Die deutsche Industrie ist _____ den Frauenstudiengang.
gegen/für

4 🔊 Britta, eine Schülerin aus der 12. Klasse, beschreibt ihre Erfahrungen sowohl in einer getrennten als auch in einer gemischten Schule. Hören Sie gut zu und füllen Sie die Tabelle aus.

	Mädchenschule	gemischte Schule
Warum ist sie auf die Schule gekommen?		
Vorteile		
Nachteile		

5 Übersetzen Sie den Abschnitt „In den USA … Zuhören-Können" ins Englische. Der *Tipp* wird Ihnen dabei helfen.

6 👥 Führen Sie eine Debatte in der Klasse. Entscheiden Sie sich, ob Sie für oder gegen Koedukation sind. Schauen Sie noch mal den *Tipp* auf Seite 55 an und benutzen Sie die Vorschläge und Vokabeln vom Text und Übung 3.

Extra! Machen Sie die Übungen auf Arbeitsblatt 20.

Tipp

Translating

Here are a few tips to help you translate successfully into English, as in Übung 5.

◆ Read through the whole section you need to translate several times before beginning.

① Read the text on p. 66 again several times.

◆ Be sure to use the correct tenses.

② Note the tense of each verb in the paragraph: *In Wilhelmshaven … die gleiche Erfahrung*. Translate each verb into English.

◆ When translating at home use your dictionary carefully – you may be offered several English alternatives for one German word, so make sure you pick the best one.

③ Look up *Ruf* and *abschneiden* and note the best translation in the context of this passage.

◆ Make sure that you do not miss out any little words such as *aber*, *doch*. This is an easy mistake to make but will cost you marks in the examination.

④ List all these 'little words' you can find in the text.

◆ Often it is not possible to translate literally. Read through your literal translation and see where you need to paraphrase in your final draft to make it sound like English. Be sure not to change the German meaning, though.

(literally) Studies have proved, that in the school they quickly lose the interest in the sciences.

(final draft) Studies have shown that they soon lose interest in science at school.

7 Schreiben Sie einen Leserbrief (120 Wörter) an eine Zeitung. Geben Sie Ihre Meinung über den Frauenstudiengang in Wilhelmshaven ab. Sie können die Hilfe-Ausdrücke benutzen.

Hilfe

Ich habe mit Interesse den Artikel über … gelesen
Ich möchte meine Meinung zu diesem Thema äußern
In Bezug auf …
In dem Artikel steht es, dass …
Was … betrifft …

Zur Auswahl

Gut gesagt! S

z und zw

1a Hören und wiederholen Sie diese Wörter:

zusammen	**zwischen**
Zeit	**zwölf**
fortsetzen	**gezwungen**
sitzen	**zwanzig**

1b Üben Sie diesen Zungenbrecher:
Zwanzig Zwillinge sitzen zusammen zwischen zwei zischenden Schlangen.

2a Schreiben Sie einen Leserbrief (150 Wörter) an eine Zeitung, in dem Sie Ihre Meinung über getrennte Schulen äußern **oder**

2b Vergleichen Sie die Schulsysteme in Deutschland und Großbritannien. Welches System finden Sie besser? Schreiben Sie 150 Wörter.

3a Entwerfen Sie mit einem Partner oder einer Partnerin eine Radiosendung über das Studium in Deutschland. A ist Student(in), B ist noch Schüler(in) und möchte etwas über das Studentenleben erfahren. Jeder soll seine Rolle allein vorbereiten – Sie sprechen dann spontaner!

3b Nehmen Sie Ihre Sendung auf Kassette auf.

4 S Jens Peters macht ein Auslandssemester in England. Hören Sie das Interview und beantworten Sie die folgenden Fragen.

a Was ist das Erasmus-Programm?
b Was ist die Bedeutung der Zahl 180 000?
c Warum wollte Jens seine Englischkenntnisse verbessern?
d Was ist der andere Grund, weshalb er nach England gekommen ist?
e Was, meint Jens, ist das Hauptproblem für viele ausländische Studenten?
f Warum hat er dieses Problem nicht gehabt?
g Welchen Vorteil haben Erasmus-Studenten in England?
h Wie finanziert Jens seine Lebenshaltungskosten?

Die Arbeitswelt

By the end of this unit you will be able to:

- Research and deliver an oral presentation on a chosen career
- Write a job application
- Prepare for a job interview
- Discuss equality in the workplace
- Discuss whether mothers should go out to work
- Discuss possible future careers

- Use the future tense
- Use prepositions accurately
- Use conjunctions to form longer sentences
- Write a formal letter
- Structure an effective oral presentation
- Pronounce *pf* accurately

1 Sehen Sie sich die Fotos an und diskutieren Sie in Ihrer Klasse:
   a Was für einen Beruf möchten Sie in der Zukunft?
   b Welchen von diesen Berufen würden Sie am liebsten ausüben?
   c Was sind die Vor- und Nachteile von jedem Beruf?
   d Was für Charaktereigenschaften/Qualifikationen braucht man, um diese Berufe auszuüben?

Was soll ich werden?

Wie entscheidet man sich für einen Beruf? Was sind Ihre Prioritäten bei der Berufswahl?

1 Ordnen Sie diese Beispiele nach Ihren eigenen Prioritäten. Vergleichen Sie dann Ihre Listen in der Klasse.

a viel Geld verdienen
b gute Aufstiegsmöglichkeiten
c in Team arbeiten
d reisen
e abwechslungsreiche Arbeit
f lange Ferien haben
g interessante Leute kennen lernen
h mit Kindern arbeiten
i etwas Kreatives tun
j viele Verantwortung haben

2a Fünf Jugendliche sagen, welchen Beruf sie gewählt haben und warum. Hören Sie gut zu und füllen Sie die Tabelle aus.

	Beruf	Gründe
Sybille		
Gerd		
Kirsten		
Sebastian		
Carina		

abwechslungsreich – *varied*
der Zivildienst – *community service*
Jura – *law (academic subject)*
der Staatsanwalt (¨e) – *public prosecutor*
die Aufstiegschancen (*pl.*) – *promotion prospects*
die Verantwortung – *responsibility*

2b Welche Satzhälften passen zusammen?

1 Sybille wird
2 Gerd wird
3 Sebastian wird
4 Kirsten und Sebastian werden
5 Carina und Gerd werden

a eine praktische Ausbildung machen.
b viel Geld verdienen.
c hauptsächlich mit anderen Leuten arbeiten.
d keine festen Arbeitszeiten haben.
e auf die Uni gehen.

Grammatik ⇨ 163–4 ⇨ W57

The future tense

To form the future tense in German:
present tense of *werden* + infinitive of the main verb

> Ich werde auf die Uni gehen.
> Gerd wird als Krankenpfleger arbeiten.

A Find four examples of the future tense in Activity 2b.

For the full paradigm of the verb *werden*, see p. 161.

B Fill in the gaps with the correct form of *werden*.
1 Ich _____ mich weiterbilden.
2 Wir _____ viel reisen.
3 Die meisten Jugendlichen _____ mehrmals den Beruf wechseln.
4 Was _____ du in der Zukunft machen?

C Interview the rest of the class about what they want to do in the future. Write up your results in a short paragraph.
Example: *Peter und Maria werden eine Lehre machen.*

D Translate into German.
1 She will study at university.
2 They will work with children.
3 He will earn a lot of money.
4 What will you do in the future? (formal)

Hilfe

In diesem Vortrag möchte ich Sie über … informieren.
Ich möchte die Arbeit eines/einer … schildern.
Erstens
Was … betrifft
Eine Hauptaufgabe ist …
Als … ist man für … verantwortlich.
Die Ausbildung dauert …
Ein Vorteil/Nachteil an dem Beruf ist …

3a Lesen Sie den Text „Ein ungewöhnlicher Beruf".

Ein ungewöhnlicher Beruf

Brigitta arbeitet als Sektionsassistentin.

Int: **Brigitta, warum haben Sie diesen Beruf gewählt?**

B: Ich habe mich immer für Medizin interessiert aber ich wollte nie Krankenschwester oder Ärztin werden. Ich habe eigentlich nicht die notwendige Geduld. Ich habe zuerst daran gedacht, in einem Labor zu arbeiten, dann habe ich beim Arbeitsamt über die Ausbildung zur Sektionsassistentin erfahren.

Int: **Wie wird man also Sektionsassistentin?**

B: Man kann die Ausbildung nur am Neuköllner Institut in Berlin machen. Sie dauert ein Jahr, davon sind sechs Monate Praktikum.

Int: **Und wie sieht ein typischer Tag aus?**

B: Dienstbeginn ist um 7.30 und ich arbeite bis 16 Uhr.

Int: **Und was machen Sie im Laufe eine Tages?**

B: Wir müssen zuerst die Neuankömmlinge registrieren, feststellen, ob der Tod natürlich war, die Leichen wiegen und messen und die Organe untersuchen.

Int: **Haben Sie kein Problem damit, mit Leichen umzugehen?**

B: Am Anfang war es ein Schock, aber ich habe mich schnell daran gewöhnt.

Int: **Waren Sie schon mit jemanden konfrontiert, den Sie kennen?**

B: Ja, leider. Ein Bekannter aus meiner Schulklasse ist in einem Autounfall umgekommen. Das war natürlich ein Schock.

Int: **Und denken Sie daran, Sektionsassistentin zu bleiben?**

B: Ich möchte mich weiterbilden, um dann eventuell Chefin zu werden. Ich würde dann natürlich auch mehr Geld bekommen, aber die Arbeit gefällt mir und ich denke nicht daran, meinen Beruf zu wechseln.

3b Füllen Sie die erste Spalte in der Tabelle für Brigitta aus.

	Brigitta	Thomas
Beruf		
Ausbildung		
Arbeitsstunden		
Aufgaben		
Berufsaussichten		
Vorteile		
Nachteile		
Sonstiges		

3c Thomas besucht eine Schule, an der er die Schüler über seinen Beruf als Mediengestalter informiert. Hören Sie gut zu und füllen Sie die zweite Spalte aus.

4 Sammeln Sie Informationen über einen Beruf und halten Sie einen Vortrag darüber in der Klasse. Schauen Sie zuerst den *Tipp* an.

♦ Sie können Informationenen im Internet finden – suchen Sie unter den Stichwörtern „Ausbildung", „Beruf" oder „BIZ" (Berufsinformationszentrum).

♦ Sie könnten auch den Beruf eines Familienmitglieds wählen oder bei der Berufsberatung in Ihrer Schule fragen.

Tipp

Structuring an oral presentation

♦ Begin by giving a brief outline of what you are going to talk about – you could show this on an OHT.

♦ List bullet points for the areas you wish to cover.

♦ Fill in the details under each bullet point.

♦ Treat individual points systematically – jumping about between different aspects makes the presentation harder to follow.

♦ Incorporate useful expressions – see the *Hilfe* expressions on p. 70.

(1) Listen again to Thomas's presentation and write down the themes of the talk in order.

(2) Note the vocabulary Thomas uses to:
  a introduce the talk
  b explain what something means
  c contrast different points

5 Fassen Sie den Vortrag in einem kurzen Artikel (100 Wörter) zusammen.

Auf der Jobsuche

Wie findet man am besten einen Arbeitsplatz? Wie bewirbt man sich mit Erfolg?

1 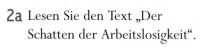 Welcher der beiden Aussagen stimmen Sie zu? Arbeiten Sie gern? Welche Probleme bringt die Arbeitslosigkeit? Ist das ein Problem in Ihrer Gegend? Diskutieren Sie in der Klasse.

> „Lieber mit dem Fahrrad in die Kneipe als mit dem Mercedes zur Arbeit." (Sprichwort)

> „Arbeiten ist schwer – ist ein oft freudloses und mühseliges Stochern, aber nicht arbeiten – das ist die Hölle." (Thomas Mann)

2a Lesen Sie den Text „Der Schatten der Arbeitslosigkeit".

2b Wie sagt man das auf Deutsch? Suchen Sie die entsprechenden Wörter bzw. Ausdrücke im Text.
   a to apply for
   b to look forward to
   c unemployment figures
   d unity
   e obsolete
   f future
   g to doubt
   h to suffer from

---

die Erzieherin (nen) – *professional childcarer (f.)*
die Berufsberatung – *careers advice*
das Vorstellungsgespräch (-) – *interview*
die Absage (n) – *rejection*
vergebens – *in vain*
die Wende – *the end of the communist East German regime*
konkurrenzfähig – *competitive*
die Minderwertigkeitsgefühle (pl.) – *feelings of inferiority*
eng verknüpft mit – *closely linked to*

Der Schatten der Arbeitslosigkeit

Die Jugendarbeitslosigkeit steigt. Immer weniger Betriebe bilden aus, immer mehr Jugendliche bewerben sich um immer weniger Arbeitsplätze. Nachdem Claudia die Realschule verließ, wollte sie als Erzieherin arbeiten. Als sie zur Berufsberatung ging, hat man sie informiert, dass es fast keine Ausbildungsplätze gab. Ihre Chancen sind besonders schlecht, denn sie hat einen Abschluss unter dem Durchschnitt. Inzwischen hat sie über 50 Bewerbungen verschickt, hat aber immer noch keine Stelle. „Ich bin schon ein paar Mal zum Vorstellungsgespräch eingeladen worden, aber meistens habe ich nur eine Absage bekommen", erklärt sie. „Es ist richtig deprimierend geworden. Ich freue mich gar nicht mehr auf die Post. Wenn man keinen wirklich guten Abschluss hat, kann man es fast vergessen."

Besonders in den neuen Bundesländern, wo die Arbeitslosenquote auch für Erwachsene sehr hoch ist, ist es schwierig etwas zu finden. Malte hat sich vergebens um einen Ausbildungsplatz als Elektriker beworben. „Vor der Wende hatte jeder einen Job", erklärt er, „aber die Einheit hat Arbeitslosigkeit mitgebracht, weil unsere Industrie immer noch veraltet ist. Unsere Firmen müssen sehr viel nachholen, bis sie konkurrenzfähig sind. Im Moment bedeutet das, dass es sehr wenig Arbeit gibt."

Obwohl es für ältere Leute besonders schlimm ist, ist es sehr schwierig, als Jugendlicher keine Perspektive zu haben. Malte arbeitet jetzt freiwillig in einer Elektrofirma, damit er bessere Chancen bei künftigen Bewerbungen hat. Das kann er nur machen, weil seine Eltern ihn finanziell unterstützen – nicht jeder hat so viel Glück. Die Folgen der Arbeitslosigkeit sind jedoch nicht nur finanzieller Art. Arbeitslose zweifeln oft an sich selbst und leiden unter Minderwertigkeitsgefühlen. Kriminalität und Drogenmissbrauch sind oft mit der Arbeitslosigkeit eng verknüpft.

2c Welche Satzhälften passen zusammen?

a Immer mehr Jugendliche
b Claudia möchte
c Man hat besondere Schwierigkeiten,
d Die Arbeitslosenquote in den neuen Bundesländern
e Die Industrie in den neuen Bundesländern
f Malte arbeitet jetzt freiwillig,
g Malte bekommt Geld
h Kriminalität ist eine Folge

1 wenn man keinen guten Abschluss hat.
2 um seine Berufchancen zu verbessern.
3 werden arbeitslos.
4 ist besonders hoch.
5 mit Kindern arbeiten.
6 ist oft veraltet.
7 von Arbeitslosigkeit.
8 von seinen Eltern.

3 Lesen Sie noch mal den Text und beantworten Sie die Fragen auf Deutsch.

a Warum hat Claudia Schwierigkeiten gehabt, einen Arbeitsplatz zu finden?
b Wie hat sie sich gefühlt, als sie keinen Erfolg hatte?
c Was möchte Malte werden?
d Welche Auswirkungen kann Arbeitslosigkeit haben?

Extra! 🔊 Hören Sie zu. Hier spricht man über Initiativen, die jungen Arbeitslosen helfen sollen. Machen Sie dann die Aufgaben auf Arbeitsblatt 21.

4 Was gehört in einen Bewerbungsbrief und einen Lebenslauf? Diskutieren Sie in der Klasse. Sie können nachher Arbeitsblatt 22 anschauen.

5 Machen Sie die Übungen auf Arbeitsblatt 22 und bewerben Sie sich dann um die folgende Stelle.

Schwarz Telecom   *ST*

bietet Ausbildungsplätze im folgenden Beruf:

Fachinformatiker

Bewerber sollen folgende Qualifikationen haben:
Abitur, Grundkenntnisse im Fach Informatik.

Herr Schwarz, Kleyerstraße 94, 60326 Frankfurt

Grammatik   ⇨ 169 ⇨ W74–5

Using conjunctions for style

A Compare these two extracts. Which one is more interesting to read and why?

Ich bin jeden Tag zum Arbeitsamt gegangen. Ich habe keine passenden Stellenangebote gesehen. Meine Aussichten waren sehr schlecht. Ich habe keinen guten Schulabschluss. Ich mache jetzt einen Kurs in Informatik an der Volkshochschule. Meine Berufsaussichten werden besser.

Obwohl ich jeden Tag zum Arbeitsamt gegangen bin, habe ich keine passenden Stellenangebote gesehen. Meine Aussichten waren sehr schlecht, weil ich keinen guten Schulabschluss habe. Ich mache jetzt einen Informatikkurs an der Volkshochschule, damit meine Berufssaussichten besser werden.

B Look again at *Grammatik* on p. 39. Re-read the text on p. 72, and list eight conjunctions.

C Now link these sentences with a suitable conjunction – sometimes there are two or three possibilities.

a Es ist schwierig, einen Arbeitsplatz zu finden. Man hat keinen guten Schulabschluss.
b Man muss sich bewerben. Man sieht das Stellenangebot.
c Jugendliche in den neuen Bundesländern haben es besonders schwer. Die Arbeitslosenquote ist sehr hoch.
d Die Lage ist besonders schlimm. Weniger Betriebe stellen Auszubildende ein.

6a Was für Fragen muss man in einem Vorstellungsgespräch beantworten? Welche Fragen soll man stellen? Verfassen Sie eine Liste in der Klasse.

6b 🔊 Hören Sie zu. Zuerst schreiben Sie alle Fragen auf, dann notieren Sie die Antworten.

7 Verwenden Sie die Fragen aus Übung 6 und spielen Sie das Vorstellungsgespräch für Ihren gewählten Beruf mit einem Partner/einer Partnerin.

Extra! Schreiben Sie Ihren eigenen Lebenslauf. Benutzen Sie dabei Arbeitsblatt 23.

Männer- und Frauenberufe

Sind Frauen jetzt am Arbeitsplatz gleichberechtigt? Wie vereinbaren sie Familie und Beruf?

1 Welche Berufe sind typische Männer- oder Frauenberufe? Machen Sie eine Liste in der Klasse.

2a Was meinen diese Jugendlichen dazu? Lesen Sie die Abschnitte unten.

2b Wer sagt:

a Bestimmte Berufe sind eher für Männer geeignet, weil körperliche Stärke notwendig ist.

b Männer interessieren sich nicht sehr für traditionelle Frauenberufe.

c Es ist schwierig für Frauen, in führende Positionen zu kommen.

d Einige Frauen interessieren sich für Berufe wie Mechaniker.

e Es gibt immer noch traditionelle Männer- und Frauenberufe.

3 Hören Sie die Interviews mit Franziska und Werner und schreiben Sie die Sätze zu Ende.

a Franziska arbeitet als _____ .

b Am Anfang haben die Männer sie nicht _____ .

c Sie kämpft immer noch um _____ .

d Frauen in Männerberufen müssen lernen, sich _____ .

e Als sie schwanger wurde, dachte ihr Chef, dass sie dann _____ .

f Werner arbeitet als _____ .

g Er hat diesen Beruf gewählt, weil _____ .

h Am Anfang fanden die Frauen seine Anwesenheit _____ .

i Er glaubt, dass es für Jungen wichtig ist, _____ .

j Andere betrachten seinen Beruf als _____ .

k Er bereut seine Berufswahl nicht, weil _____ .

4a Lesen Sie den Text.

4b Wie sagt man das auf Deutsch? Suchen Sie die entsprechenden Wörter bzw. Ausdrücke im Text.

a to do without   **e** to afford
b by law   **f** to make compromises
c parental leave   **g** a (bad) conscience
d to take advantage of **h** to reproach

Thomas: Ich glaube, dass mehr Frauen heute traditionelle Männerberufe wie z.B. Pilot oder so machen. Aber nur wenige Männer wollen traditionelle Frauenberufe machen – ich glaube, dass das noch als nicht richtig angesehen wird. In dieser Hinsicht haben Frauen schon mehr Fortschritte gemacht.

Arndt: Ich glaube schon, dass es teilweise noch die traditionelle Rollenverteilung gibt. Ich kenne keine Frauen, die auf einer Baustelle arbeiten möchten, eben weil sie körperlich schwächer sind.

Carsten: Ich arbeite in einer Autowerkstatt. Bei uns macht zur Zeit ein Mädchen eine Ausbildung und wir haben auch eine Chefin. Ich glaube schon, dass Frauen heutzutage dieselben Möglichkeiten wie Männer haben. Gleichberechtigung ist kein Thema mehr.

Eike: Es wird langsam besser für Frauen, aber die gläserne Decke besteht noch. Frauen haben Schwierigkeiten, die besten Jobs zu bekommen. Ich glaube, dass viele Leute lieber einen Chef als eine Chefin haben.

die Rollenverteilung – *allocation of roles*
schwach – *weak*
die gläserne Decke – *the glass ceiling*
bestehen – *to exist*

Die Qual der Wahl – Kinder oder Karriere?

Es gibt immer mehr gut qualifizierte Frauen in Deutschland, jedoch stehen Männer in den meisten Berufen noch an der Spitze. Der Grund? Für viele Frauen ist es immer noch schwierig, Kinder und Karriere zu verbinden. Wenn sie einmal Mutter werden, entscheiden sich viele für Teilzeitarbeit oder verzichten auf Beförderungen, die weniger Zeit für die Familie bedeuten würden. Wenn eine Frau Karriere und Familie kombinieren will, benötigt sie die Unterstutzung ihres Partners, was immer noch eine Seltenheit ist. Sabine Bayer hat nach der Geburt ihres Sohnes Max den gesetzlich garantierten Erziehungsurlaub von 36 Monaten in Anspruch genommen. „Dieser Erziehungsurlaub ist schon was Tolles", meinte sie. „Man weiß, dass man nach der Pause wieder den alten Arbeitsplatz bekommen kann. Jedoch war mein Sohn immer noch sehr klein. Bis er in den Kindergarten ging, war es sehr stressig, aber zum Glück habe ich eine wunderbare Tagesmutter gefunden." Hat sie je daran gedacht, die Karriere aufzugeben? „Nein, eigentlich nicht. Wir könnten es uns schon leisten, aber nur zu Hause bleiben, das ist nichts für mich. Jedoch stimmt es schon, dass man Kompromisse schließen muss, dass man in der Karriere nicht so weit kommen kann, weil man weniger flexibel ist. Auch hatte ich ab und zu ein schlechtes Gewissen, dass ich meinen Sohn vernachlässige. Niemand wirft aber Männern vor, schlechte Väter zu sein, nur weil sie arbeiten! Mein Mann und ich haben die Arbeit geteilt, abwechselnd Urlaub genommen, wenn Max krank war. Aber ich glaube, dass in den meisten Fällen Kinder immer noch als Frauensache angesehen werden."

4c Lesen Sie noch mal den Text. Richtig oder falsch?

a Es ist nicht einfach für Frauen, Familie und Beruf zu kombinieren.

b Frauen haben kein Recht auf Erziehungsurlaub.

c Sabine musste aus finanziellen Gründen wieder arbeiten.

d Sabine hat sich ab und zu Sorgen gemacht, dass sie sich nicht richtig um ihren Sohn kümmert.

e Sabines Ehemann kümmert sich viel um seinen Sohn.

5 Übersetzen Sie den Abschnitt „Es gibt … eine Seltenheit ist ". Schauen Sie dabei den *Tipp* auf Seite 67 an.

6 Sollen Mütter arbeiten? Hören Sie zu und notieren Sie die Meinungen von Peter, Susannah, Elke und Friedrich.

7 Spielen Sie die Rollen in der Klasse. Eine Gruppe findet es in Ordnung, dass Mütter arbeiten, die andere ist dagegen. Benutzen Sie Ideen und Vokabeln aus dem Text und Übung 2.

8 Schreiben Sie einen kurzen Artikel (150 Wörter) zum Thema „Sollen Mütter arbeiten?" Vergessen Sie dabei nicht, Konjunktionen und Ideen und Vokabeln aus dem Text und Übung 2 zu benutzen.

Grammatik ⇨ 153–4 ⇨ W11–13

Prepositions

◆ German prepositions always followed by the dative:

aus, bei, gegenüber, mit, nach, seit, von, zu

◆ German prepositions always followed by the accusative:

bis, durch, für, gegen, ohne, um

A Read the text again. Find all the examples of these prepositions.

B Look at the sentences below.

a Which case does each preposition take?

b Check the genders of the nouns.

c Refer to the tables of endings on pp. 151 and 155 and fill in the correct endings below.

1 Ohne d_____ Unterstützung des Ehemanns ist es schwierig für Frauen, Kinder und Karriere zu verbinden.

2 Nach d_____ Geburt des Kindes nehmen viele Frauen einen Erziehungsurlaub.

3 Sabine teilt die Verantwortung für d_____ Baby mit ihr_____ Ehemann.

4 Manche Frauen entscheiden sich jedoch, aus d_____ Berufsleben auszusteigen.

Der neue Arbeitsmarkt

Wie sieht der Arbeitsmarkt von heute aus? Gibt es immer noch sichere Arbeitsplätze?

1 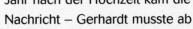Die Arbeitswelt hat sich verändert. Welche der folgenden Aussagen treffen auf die Arbeitswelt von heute zu? Diskutieren Sie in der Klasse.

a Man arbeitet das ganze Leben lang in einer Firma.

b Man muss mobil sein.

c Man braucht gute Computerkenntnisse.

d Man kann ohne Probleme in anderen Ländern arbeiten.

e Man kann von zu Hause aus arbeiten.

f Es ist leicht, einen sicheren Arbeitsplatz zu finden.

g Man muss ständig seine Kenntnisse erweitern.

h Es ist schwierig, den Beruf zu wechseln.

2b Finden Sie die entsprechenden Ausdrücke im Text.

a unter der Bedingung, dass

b haben gute Qualifikationen

c das Recht, in einem anderen Land zu leben

d ein Kurs, durch den man seine Kenntnisse vertieft

e ohne Erfolg

f hat etwas Schlechtes akzeptiert

g mit … Kontakt aufzunehmen

2a Lesen Sie die beiden Texte.

Weit weg …

Wer in Hamburg oder München keine Arbeit findet, bewirbt sich eben in Brüssel oder Amsterdam. Die EG bietet tolle Möglichkeiten, neue Berufe und super Karriereaussichten – vorausgesetzt Sie beherrschen Fremdsprachen, sind gut ausgebildet und auch mobil. Barbara Huber arbeitete als Rechtsanwältin in Hannover, als sie ein Stellenangebot in der Zeitung sah. Eine spanische Firma suchte jemanden mit guten Kenntnissen des deutschen Rechtssystems. Drei Monate später war Barbara in Barcelona. „Alles lief ganz unproblematisch, da EU-Bürger in jedem EU-Land Niederlassungsfreiheit haben. Natürlich ist es aber wichtig, gute Sprachkenntnisse zu haben. Mir gefällt es ganz gut hier, und ich habe vor, noch ein paar Jahre in Spanien zu bleiben. Und wenn ich dann nach Deutschland zurückkehre, werden sich meine Berufssaussichten verbessert haben, da ich jetzt ziemlich viel über das Rechtssystem in Spanien weiß."

… oder zu Hause

Katharina Eberhardt lernte ihren Mann in Brüssel kennen. Die 25-jährige Bankkauffrau machte dort eine Fortbildung über das europäische Finanzwesen. Ein Jahr nach der Hochzeit kam die Nachricht – Gerhardt musste ab September im Hauptbüro in Amsterdam arbeiten. Das Ehepaar wollte eigentlich nicht in ein anderes Land ziehen, aber Gerhard hatte keine Wahl. Katharina hat vergebens eine neue Stelle gesucht, und hat sich damit abgefunden, erst mal arbeitslos zu werden. Dann hat ihre Bank ihr einen Telejob angeboten. Katharina setzt sich also jetzt im Arbeitszimmer vor den Computer, um sich mit ihrem Büro in Verbindung zu setzen. Unterlagen bekommt sie per E-Mail. In Deutschland gibt es 800 000 Telearbeitsplätze, in Großbritannien und Skandinavien arbeitet jeder Zehnte schon von zu Hause aus. Was hält Katharina von dem Konzept? „Ich vermisse es schon, im Büro zu arbeiten. Es kann langweilig werden, den ganzen Tag alleine am Schreibtisch zu sitzen. Auf der anderen Seite bin ich froh, dass ich noch einen Arbeitsplatz habe. Außerdem habe ich sehr viel Flexibilität – ich kann arbeiten, wann immer ich möchte. Da wir daran denken, bald eine Familie zu gründen, ist das schon sehr vorteilhaft."

3 Lesen Sie noch mal den Text. Richtig oder falsch?

a Die EU hat es leichter gemacht, in einem anderen Land zu arbeiten.

b Leute, die bereit sind, in einem anderen Land zu arbeiten, können ihre Berufsaussichten verbessern.

c Barbara zweifelt, ob der Aufenthalt in Spanien ihr im Beruf geholfen hat.

d Katharina und Gerhard sind freiwillig nach Amsterdam gezogen.

e Katharina wollte gar nicht mehr arbeiten.

f Der Computer ermöglicht ihr den Kontakt zu ihrem Büro.

g Katharina findet es durchaus besser, zu Hause zu arbeiten.

4 🔊 Jens hat die beiden Texte gelesen und macht eine Umfrage dazu in der Schule. Was meinen Karl und Daniela? Schreiben Sie die Sätze zu Ende.

Karl

a Die EU hat viele _____

b Man kann jetzt überall in Europa _____

c Er möchte nicht _____

d Er findet es besser, das Berufsleben _____

Daniela

e Durch die EU können Ausländer _____

f Telejobs sind eine gute Idee für _____

g Ein weiterer Vorteil von Telejobs _____

5a 👥 Machen Sie eine Umfrage in Ihrer Klasse. Benutzen Sie diese Fragen:

♦ Möchtest du in der Zukunft in Europa arbeiten?

♦ Glaubst du, dass die europäische Einheit neue Chancen oder Probleme für den Arbeitsmarkt gebracht hat?

♦ Möchtest du zu Hause arbeiten?

5b Diskutieren Sie die Ergebnisse in der Klasse. Benutzen Sie die Hilfe-Ausdrücke.

Hilfe

wegen der europäischen Einheit

wenn man zu Hause arbeitet ...

man hat mehr Flexibilität

man verliert den Kontakt zu anderen Mitarbeitern

man kann seinen Tag selbst planen

Grammatik ⇨ 153–4 ⇨ W14–15

Prepositions with the accusative and dative

One group of prepositions can be followed by either the dative or the accusative case. These prepositions are:

an, auf, hinter, in, neben, über, unter, vor, zwischen

(A) Read the text '... oder zu Hause' again. Notice which case follows the prepositions listed.

♦ The accusative shows **movement in relation to** something:

Er geht ins Büro. – *He goes into the office.*
Er ist in die Stadt gefahren. – *He drove into town.*

♦ The dative shows **where something is**, or **is happening** (even movement):

Der Computer ist im Arbeitszimmer. – *The computer is in the study.*
Er ist in der Stadt herumgefahren. – *He drove around in town (i.e within).*

(B) Look at the sentences below.

a Which case should each preposition take?

b Check the genders of the nouns.

c Refer to the tables of endings on pp. 151 and 155 and fill in the correct endings below.

1 Er setzte sich auf d_____ Stuhl vor sein_____ Schreibtisch.

2 Es kann langweilig sein, den ganzen Tag vor d_____ Computer zu sitzen.

3 Angela hat sich um eine Stelle in d_____ Schweiz beworben.

4 Das Hauptbüro befindet sich in d_____ Stadtmitte zwischen d_____ Bahnhof und d_____ Dom.

5 Gehen Sie in d_____ ersten Stock und der Empfang befindet sich auf d_____ rechten Seite.

For less literal uses learn the case with the phrase:

Ich habe viel über das Rechtssystem gelernt. – *I learned a lot about the legal system.*

6 Fassen Sie Ihre eigenen Ideen von Übung 5 schriftlich zusammen. Seien Sie vorsichtig mit Präpositionen!

Zur Auswahl

1a Lesen Sie das Gedicht.

Lohnarbeit

900 Mark netto
davon gehen ab
290 Mark Miete
davon gehen ab
50 Mark für die Straßenbahn
davon gehen ab
500 Mark Wirtschaftsgeld
für die Frau und
die Kinder brauchen was
anzuziehen und
der Winter steht vor der Tür
davon gehen ab
20 Jahre meines Lebens
gehen davon ab

Manfred Eichhorn

1b Beantworten Sie die Fragen auf Deutsch.

a Was für einen Beruf hat der Mann im Gedicht Ihrer Meinung nach?

b Warum arbeitet er? Gefällt ihm die Arbeit?

c Finden Sie den Text deprimierend? Warum?

d Was erwarten Sie von Ihrem Berufsleben? Glauben Sie, dass es so sein muss wie im Gedicht?

Gut gesagt! S 💵

pf

2a Hören Sie zu und wiederholen Sie.

Krankenpfleger	Pfeffer
Pflanze	Wehrpflicht
verpflichtet	Rheinland-Pfalz
Pfarrer	Pflaster

2b Versuchen Sie jetzt, diesen Zungenbrecher aufzusagen.

Ein Pfarrer aus Rheinland-Pfalz hat sich verpflichtet, eine Krankenpflegerin aus Pfarrkirchen zu heiraten, die voll auf Pfeffer abfährt.

3a Sehen Sie sich die Zeichnung an. Was zeigt sie uns? Gibt es immer noch traditionelle Männer- oder Frauenberufe?

„Einen Mann als Erzieher haben wir
uns schon immer gewünscht!"

3b 👥 Arbeiten Sie zu zweit oder in kleinen Gruppen. Jede Gruppe wählt eine Frage aus und bereitet einen Vortrag von einer Minute darüber vor.

◆ Sind Frauen am Arbeitsplatz gleichberechtigt?

◆ Würden Sie gern an einem vom anderen Geschlecht dominierten Arbeitsplatz arbeiten? Warum?

◆ Was wird mehr akzeptiert – Frauen in Männerberufen oder Männer in Frauenberufen?

4 S 💵 Eva hat au pair in Frankreich gearbeitet. Hören Sie zu und beantworten Sie die Fragen.

a Wie lange dauert normalerweise eine Aupairtätigkeit?

b Warum wollte Eva au pair arbeiten?

c Wie hat sie die Stelle gefunden?

d Was sind die Arbeitsstunden eines Aupairmädchens?

e Was musste Eva in der Familie machen?

f Warum brauchte die Familie ein Aupairmädchen?

g Warum meint sie, dass sie mit der Familie Glück hatte?

h Wie kann eine Agentur helfen?

5 Schreiben Sie eine Bewerbung um eine Aupairstelle oder um einen Ferienjob auf einem Campingplatz in Deutschland.

Wiederholung Einheit 5–6

1a Lesen Sie den Text.

Und jetzt können wir feiern!

Abi-Streich 99 – so lautete das riesige Plakat an der Mauer des Gymnasiums. Mit dem Prüfungsstress hinter sich wollten die Schüler feiern. Schon am vorigen Abend hatten die Schüler der Klasse 13 die Schlüssel vom Hausmeister besorgt und sich in die Schule eingesperrt. Die ganze Nacht vor dem geplanten Abi-Streich hatten sie gearbeitet, um die Schule zu einem Himmel umzugestalten. Als die anderen Schüler und die Lehrer am folgenden Morgen ankamen, trafen sie überall auf Engel, Wolken und Sterne. Im Laufe des Morgens unterhielten die 13er den Rest der Schule. Der neue Einfall für dieses Jahr – Karaoke. „Wir hatten schon vorher Lieder ausgesucht, die zu bestimmten Lehrern gut passten", erklärte Schulsprecher Markus Renz. „Unsere Geschichtslehrerin ist Tina Turner sehr ähnlich und musste dann natürlich auch ein Lied von ihr singen." Anschließend tanzten alle zusammen in der Aula. Auch der Direktor Hans Busch fand den Abi-Streich gut, klagte aber über die Lautstärke: „Für mich ist das viel zu laut, aber sie müssen doch ihren Spaß haben." Er hatte sich aber nicht geweigert, als Erster auf die Bühne zu treten, um ein Lied von Bing Crosby zu singen!

1b Welche Vokabeln und welche Definitionen passen zusammen?

  a ein Fest machen
  b nein sagen
  c sich einschließen
  d sehr groß
  e sich beschweren
  f während

  1 sich einsperren
  2 klagen
  3 im Laufe
  4 feiern
  5 sich weigern
  6 riesig   *(6 Punkte)*

2a Bringen Sie die Ereignisse in die richtige Reihenfolge.

  a Die Geschichtslehrerin hat ein Lied von Tina Turner gesungen.
  b Die 13er haben die Schule geschmückt.
  c Die 13er haben die Schlüssel vom Hausmeister geholt.
  d Der Schulleiter hat gesungen.
  e Alle haben in der Aula getanzt.
  f Die anderen Schüler sind in der Schule angekommen.   *(6 Punkte)*

2b Beantworten Sie die Fragen.

  a Wann hat diese Feier stattgefunden?
  b Was haben die 13er die ganze Nacht getan?
  c Wie haben die Lehrer an der Feier teilgenommen?
  d Was haben die anderen Schüler gemacht?

                          (8 Punkte)

Wiederholung Einheit 5–6

3 🔊 Was sind die Traumberufe junger Deutscher? Welche Kompetenzen braucht man, um einen guten Beruf zu bekommen? Hören Sie zu, dann wählen Sie für jede Aussage die richtige Ergänzung.

a Jungen stehen _____ auf traditionelle Männerberufe.
immer noch/nicht mehr/nur teilweise

b Die beliebtesten Berufe bei Mädchen sind im Bereich _____ .
der Erziehung/des Theaters/der Medizin

c Berufe mit Computern sind dieses Jahr _____.
populärer/nicht so populär/genauso populär

d Die Kinder glauben, dass gute Schulleistungen_____ sind.
hilfreich/sehr wichtig/unwichtig

e _____ legen Wert auf Sprachkenntnisse.
Nur die Kinder/Nur die Geschäftsführer/Sowohl die Kinder als auch die Geschäftsführer

f Die Geschäftsführer suchen Mitarbeiter, _____ .
die selbstständig arbeiten können/die immer ihre eigene Meinung durchsetzen wollen/die mit anderen gut zusammenarbeiten

g Die Geschäftsführer suchen Mitarbeiter, _____ .
die Experten im eigenen Fachbereich sind/die eine Allgemeinbildung haben/die an nichts anderes denken, als an ihre Arbeit   ***(7 Punkte)***

4 👥 Diskutieren Sie die folgenden Fragen mit einem Partner/einer Partnerin:

a Welche Unterschiede gibt es zwischen den Schulsystemen in Deutschland und Großbritannien?

b Welches System finden Sie besser und warum?

c Glauben Sie, dass es eine gute Idee ist, in der Oberstufe viele Fächer zu studieren?

d Was halten Sie von der Berufsschule? Sind Lehren eine gute Idee?

e Werden Sie in der Zukunft auf die Uni gehen? Würden Sie lieber eine Lehre machen?

f Sollten Studenten Gebühren zahlen?

g Welchen Beruf möchten Sie in der Zukunft ausüben und warum?

h Welche Qualifikationen und Charaktereigenschaften braucht man dazu?

i Wie sehen Sie die Arbeitswelt der Zukunft?

j Möchten Sie in der Zukunft im Ausland arbeiten?

5 🔊 Hören Sie die vier Meinungen über Studiengebühren und beantworten Sie die Fragen auf Englisch.

a Why is Professor Lenz against fees for students?
(2 Punkte)

b How does he think the government should save money?   *(1 Punkt)*

c What is Anne-Marie's financial situation?
(2 Punkte)

d What does she think will happen if fees are introduced and why?   *(2 Punkte)*

e What does she find particularly unfair?   *(1 Punkt)*

f What financial prospects do students have in Sara's opinion?   *(2 Punkte)*

g What does she not want to do?   *(1 Punkt)*

h What is Alfred's attitude to the proposed fees?
(1 Punkt)

i What angers him about the behaviour of some students?   *(2 Punkte)*

j What compromise does he suggest?   *(2 Punkte)*
(16 Punkte insgesamt)

6 Was werden Sie in der Zukunft machen? Werden Sie studieren oder eine Lehre machen? Begründen Sie Ihre Wahl. Schreiben Sie 150 Wörter.   ***(36 Punkte)***

Die Medien

By the end of this unit you will be able to:

- Discuss the way that advertising influences us
- Compare different types of newspaper
- Discuss the role of the press in society
- Discuss violence on television
- Compare the Internet with older media

- Use the conditional tense
- Recognize the subjunctive in reported speech
- Use the genitive case
- Write a newspaper report
- Produce a longer piece of structured writing

1 Machen Sie diese Umfrage und vergleichen Sie die Ergebnisse in Ihrer Klasse.
   a Wie oft lesen Sie eine Zeitung?
   b Wie lange verbringen Sie jeden Tag vor dem Fernseher?
   c Wie lange hören Sie jeden Tag Radio?
   d Wo hören Sie Radio?
   e Haben Sie in letzter Zeit etwas gekauft, weil Sie die Werbung dafür gesehen haben?
   f Haben Sie das Internet zu Hause?
   g Haben Sie schon etwas im Internet gekauft?

2 Finden Sie die Namen von:
   a Drei deutschsprachigen Zeitungen oder Zeitschriften.
   b Drei deutschsprachigen Fernsehsendern.

Die Werbung

Was nutzt uns die Werbung? Welche Wirkung hat die Werbung auf uns? Sollte man sie verbieten?

1 👥 Diskutieren Sie in Ihrer Klasse.
  a Was haben Sie schon wegen Werbung gekauft?
  b Was ist Ihr Lieblingswerbespot und warum?

2a 👥 Sehen Sie die zwei Anzeigen an. Diskutieren Sie in der Klasse:
  a An wen sie sich richten (Männer? Frauen? Jugendliche?)
  b Womit das Produkt verbunden wird:
  mit Gesundheit – mit beruflichem Erfolg – mit Sexappeal – mit Qualität – mit Zuverlässigkeit – mit der Liebe – mit einem guten Lebensstil – mit der Familie

3 🎧 Hören Sie die vier Werbespots. Für welche Produkte wird hier geworben?

Extra! 🎧 Hören Sie noch mal zu und machen Sie die Aufgaben auf Arbeitsblatt 24.

4a Sollte man die Werbung verbieten? Lesen Sie, was drei Jugendliche dazu meinen.

> **Marianne:** Ich glaube, Werbung kann schon nützlich sein. Die Werbung informiert uns über neue Produkte oder über Sonderangebote. Aber ich finde schon, dass es teilweise zu viel Werbung gibt – besonders Werbung, die an Kinder gerichtet ist. Sie sind besonders leicht zu beeinflussen und wollen dann sofort die Produkte, die ihre Eltern sich oft nicht leisten können. Ich würde also alle Werbespots im Fernsehen verbieten, wenn Kindersendungen laufen.

> **Jessica:** Ich würde sehr gern Werbung im Fernsehen verbieten. Erstens stört es immer, wenn ich einen Film sehe. Ich möchte einmal in Ruhe fernsehen! Zweitens glaube ich, dass Werbung sehr gefährlich sein kann. Sie stellt ein ideales Weltbild dar und verführt uns zum Kauf, indem sie ein Produkt mit einem erstrebenswerten Lebensstil verknüpft. Sie ist nichts als Gehirnwäsche. Vor allem junge Leute stehen dann unter Konsumzwang.

> **Peter:** Ohne Werbung hätten Firmen Schwierigkeiten, uns auf Ihre Produkte aufmerksam zu machen. Wir leben in einer Konsumgesellschaft, daher ist Werbung unentbehrlich. Es wäre aber schon gut, den Inhalt von Werbespots besser zu kontrollieren. Es gibt immer noch zu viele Reklamen und Werbespots, die Stereotype verfestigen – beispielsweise Werbespots für Waschpulver. Ich würde gern solche Werbespots verbieten.

4b Finden Sie diese Vokabeln auf Deutsch im Text:
  a advertising which is aimed at …
  b easy to influence
  c to reinforce
  d advertising leads us to buy
  e pressure to buy

4c Wer sagt:
  a Werbung ist eine Art Manipulierung.
  b Eine freie Marktwirtschaft braucht Werbung.
  c Werbung informiert uns über neue Produkte.
  d Wegen Werbung fühlen wir uns gezwungen, Produkte zu kaufen.
  e Man sollte Werbung für bestimmte Produkte verbieten.
  f Werbung ist unrealistisch.

5 Was sind die Vor- und Nachteile von Werbung? Füllen Sie die Tabelle mit Hilfe der Texte aus. Fügen Sie Ihre eigenen Ideen hinzu.

Vorteile	Nachteile

6 Diskutieren Sie die folgenden Aussagen in kleinen Gruppen. Tauschen Sie anschließend Ihre Meinung mit dem Rest der Klasse aus. Benutzen Sie die Vokabeln von Übung 4 sowie Ihre eigenen Ideen.
  a Man sollte Werbung für Zigaretten und Alkohol verbieten.
  b Man sollte Werbespots zwischen Kindersendungen verbieten.
  c Werbespots sollten realistischer sein.
  d Man sollte den Anteil an Sex in Werbespots verringern.
  e Werbekampagnen können einen wichtigen Einfluss auf die Gesellschaft haben.

7 Wählen Sie dann zwei von diesen Aussagen und schreiben Sie je einen Abschnitt (70–80 Wörter), in dem sie Ihre Meinung dazu ausdrücken. Benutzen Sie das Konditional und die Hilfe-Ausdrücke.

Hilfe

Wir müssen … strenger kontrollieren
Ich bin fest überzeugt, dass …
Werbung übt … Einfluss aus
Die Werbung ermutigt uns, …
Die Werbung hat viele Vorteile/Nachteile

Grammatik  164 W58

The conditional

The conditional is used to say when you 'would' do something. To form it:

a form of *würde* + infinitive of the main verb

  Ich **würde** Werbespots **verbieten**.

  Wir **würden** Werbung, die an Kinder gerichtet ist, nicht **erlauben**.

For the full paradigm, see p. 164.

A Re-read the texts on p.82 and note examples of verbs in the conditional.

B Complete the sentences with the correct form of the conditional.
  a Renate _____ Werbung für Zigaretten _____ . *(verbieten)*
  b David und Maria _____ die Menge an Werbung _____ . *(verringern)*
  c Wir _____ die Qualität von Werbung _____ . *(verbessern)*.
  d Wie _____ du die Werbung _____? *(ändern)*

◆ With a few verbs the imperfect subjunctive (see p. 164) is commonly used instead of *würde* + infinitive:

ich könnte – *I could/would be able (be careful – do not confuse with* ich konnte*)*
ich müsste – *I would have to*
ich hätte – *I would have*
ich wäre – *I would be*
ich dürfte – *I would be allowed to*
ich möchte – *I would like (to)*

C Read the text again and note down any sentences where these phrases occur. Try to write a sentence using each one.

◆ Unlike in English, 'if' sentences use the conditional in both clauses:

Wenn ich im Lotto gewinnen **würde**, **würde** ich ein Haus kaufen.
Wenn ich viel Geld **hätte**, **würde** ich ein Auto kaufen.

Extra! Wie würde unsere Welt ohne Werbung aussehen? Schreiben Sie zwei Absätze darüber. Vergessen Sie nicht, das Konditional zu benutzen.

Was in der Zeitung steht

Was für Unterschiede gibt es zwischen Zeitungen? Wie schreibt man einen Zeitungsbericht?

1 [image] Machen Sie eine Umfrage und vergleichen Sie in Ihrer Klasse. Welche der Folgenden lesen Sie regelmäßig und warum?

  a eine regionale Zeitung

  b eine überregionale Zeitung

  c eine Boulevardzeitung

  d eine Zeitschrift

2 Was verbinden Sie mit einer seriösen und was mit einer Boulevardzeitung? Ordnen Sie diese Begriffe der richtigen Spalte zu. Machen Sie dann auch Ihre eigenen Vorschläge.

Boulevardzeitung	seriöse Zeitung

viel Sensationsmache	objektiv	nicht ausführlich
keine Argumentation	informativ	subjektiv
gute Auslandsberichte	viel „Sex und Crime"	
einfach geschrieben	politische Kommentare	
Klatsch und Tratsch	kompliziert geschrieben	

3 [image] Hören Sie diese vier Leute. Notieren Sie, welche Zeitung sie lesen und warum.

4a Lesen Sie die beiden Artikel unten.

4b Finden Sie die entsprechenden deutschen Ausdrücke im Text:

  a security forces   **d** to enjoy oneself

  b coincidental   **e** on duty

  c to arrange   **f** tank

4c [image] Welcher Artikel kommt aus einer Boulevardzeitung und welcher aus einer seriösen Zeitung? Wie sind Sie zu dieser Entscheidung gekommen? Diskutieren Sie in der Klasse.

1

Zwei englische Fußballfans in Istanbul ermordet

Berlin. – Nach dem Tod zweier Anhänger der englischen Fußballmannschaft Leeds United stehen den Sicherheitsbehörden schwere Zeiten bevor. Experten meinen, man könne eine Rachereaktion seitens der britischen Fußballfans nicht ausschließen. Es wird behauptet, eine Gruppe von Türken habe die beiden Briten am Abend vor dem Halbfinalspiel im Uefa-Pokal zwischen Galatasaray Istanbul und Leeds durch Messerstiche getötet. Die Nachrichtenagentur „Press Association" meinte, eine Gruppe von britischen Hooligans habe die Ausschreitungen schon im Voraus geplant, Freunde der beiden Ermordeten behaupteten jedoch, dass es bei einem zufälligen Aufeinandertreffen von Fan-Gruppen zu Ausschreitungen gekommen sei. Elf weitere Verletzte liegen im Krankenhaus, darunter sechs Briten. Die Polizei hat gestern zwei Türken festgenommen. Das Verhör wird morgen stattfinden. Es sei noch zu früh, meinte der Polizeisprecher, ein Urteil über die Ursachen des Vorfalls abzugeben. Alkohol könne man immerhin nicht ausschließen. Guido Tognoni, Leiter der Europäischen Fußball-Union Uefa, sagte, die Sicherheitsbehörden in Istanbul hätten alles Nötige veranlasst, um weitere Ausschreitungen zu verhindern, appellierte jedoch an Fußball-Fans Ruhe zu bewahren.

2

Die Blutnacht im Eurocup

UEFA-Cup-Halbfinale. Galatasaray Istanbul gegen Leeds United. Die Nacht davor. Die Fans vergnügen sich rund um den berühmten Taksim-Platz, viele sind alkoholisiert. Und so brechen die schwersten Ausschreitungen aus, die es je im türkischen Fußball gegeben hat.

Ein englischer Fan stirbt auf der Straße. Ein zweiter im Krankenhaus. Beide erstochen! Sechs sind verletzt – fünf Türken auch.

Wie konnte so etwas Schreckliches passieren? Die Nachrichtenagentur „Press Association": Die englischen Fans hatten die Ausschreitungen geplant. Die Leeds-Fans dagegen: „Die Türken kamen plötzlich aus den Läden und Cafés und griffen uns an." Gestern um 11 Uhr Krisensitzung der UEFA. Um 12.47 die Entscheidung: Das Spiel findet trotzdem statt. 1400 Polizisten sind im Einsatz. Vor dem Stadion sind Panzer aufgefahren.

5 Lesen Sie den ersten Artikel noch mal und lesen Sie dann die folgenden Aussagen. Wählen Sie jeweils die Ergänzung, die zu jeder Aussage am besten passt.

a Experten _____ eine Rachereaktion der britischen Fans.
befürchten/erwarten/hoffen auf

b Es wird behauptet, die Türken hätten zwei Briten _____ .
verletzt/verwundet/ermordet.

c Die Polizei hat zwei Türken _____ .
verhört/verhaftet/interviewt.

d Die Polizei hat den Grund für die Ausschreitungen _____ festgestellt.
schon/noch nicht/am selben Abend

e Guido Tognoni hat die Fans _____, ruhig zu bleiben.
gebeten/befohlen/gesagt

6a Welche Fakten erscheinen in beiden Artikeln?

6b Vergleichen Sie, wie diese Fakten in jedem Artikel beschrieben werden.

Tipp

Writing a newspaper report

♦ Structure: Decide which details to put in and how to balance facts, eye-witness accounts and personal reactions.

(1) Look at the first newspaper article.
   a What do we find out in the first two lines?
   b When do we find out further details?
   c Where do the individual reactions come?

♦ Register: You have seen how different the style of different newspapers is. Make sure your report is all in the same style.

(2) Look back at Übung 6. What do you notice about the difference in vocabulary and complexity?

♦ In newspaper articles you have to beware of stating things which may not be true! Use phrases like *es wird vermutet* (it is presumed) and *es wird behauptet* (it is claimed).

Grammatik    ⇨ 165 ⇨ W69

The subjunctive

Direct speech: 'I am scared,' said the football fan.
Reported speech: The football fan said he was scared.

You need to be able to recognise the subjunctive, which is used in reported speech in German. For the forms, see p. 165.

♦ The reported speech should be in the same tense as the direct speech:

   Direct: „Es **ist** zu früh", sagte die Polizei.
   Reported: Die Polizei sagte, es **sei** zu früh.

♦ However, many present tense subjunctive forms are the same as the normal (indicative) forms. In such cases, the imperfect subjunctive is used instead, so that the subjunctive shows. (See also p. 83.)

   Direct: „Wir **haben** keine Lust mehr auf das Fußballspiel", sagten die Fans.
   Reported: Die Fans sagten, sie **hätten** keine Lust mehr auf das Fußballspiel.

♦ Words such as the following are used, followed by the subjunctive, to report speech:

   sagen   behaupten   meinen   fragen, ob   erzählen

(A) Read the newspaper articles again and write down all the examples you can find of the subjunctive.

8 A ist Journalist(in), B war bei den Ausschreitungen in Istanbul. Machen Sie ein Interview. Diese Stichpunkte werden Ihnen dabei helfen:

Wo? Wann? Was gesehen? Gefühle?
Reaktion heute? Was jetzt?

9 Sie schreiben einen Artikel (130 Wörter) mit dem Titel „Frau und zwei Kinder von brennendem Haus gerettet". Schauen Sie den *Tipp* und das Grammatik-Kästchen an. Erwähnen Sie Folgendes:

Wo? Wann? Ursache? Wie gerettet?

Reaktion der Frau/der Kinder
Zeugenbericht der Feuerwehr

Extra! Machen Sie jetzt das Rollenspiel auf Arbeitsblatt 25.

Die Pressefreiheit

Es steht im Gesetz: „Jeder hat das Recht, seine Meinung ... frei ... zu verbreiten."
Geht die Presse jedoch zu weit?

1 🎤 Mit welchen der Folgenden sind Sie einverstanden? Diskutieren Sie in Ihrer Klasse.

Die Presse darf:

a jemanden nachspionieren

b Sensationsmache betreiben

c über Tatsachen berichten, die nicht bewiesen sind

d über das Privatleben einer berühmten Person berichten

e über das Privatleben eines Unbekannten berichten

f Telefongespräche abhören

g private Fotos veröffentlichen

h Bestechungsgeld anbieten

i persönliche Kommentare veröffentlichen

Welche Rolle spielt die Presse in der Gesellschaft? Glauben Sie, dass die Presse heutzutage zu viel Freiheit hat?

1 Die Presse hat die Aufgabe, uns über aktuelle Ereignisse zu informieren. Durch die Presse erfahren wir, was in der Welt passiert. Zeitungen bieten Kommentare über politische und gesellschaftliche Themen, die uns alle betreffen, und ermöglichen es uns, uns damit auseinander zu setzen. Die Presse kann zum Beispiel ihre Leser auf brennende gesellschaftliche Probleme wie Drogenmissbrauch oder Obdachlosigkeit aufmerksam machen. Journalisten haben auch das Recht, uns über Unrecht oder Korruption zu informieren. Es ist also klar, dass die Presse in dieser Hinsicht einen sehr wichtigen Dienst für die Gesellschaft leistet.

2 Auf der anderen Seite hat die Presse auch die Aufgabe, ihre Leserschaft zu unterhalten und leider ist es manchmal der Fall, dass die Presse ihre Freiheit missbraucht, um in die Privatsphäre des Einzelnen zu dringen. Manche Zeitungen berichten hauptsächlich

2 📷 Vier Leute werden befragt: „Hat die Presse zu viel Freiheit?" Hören Sie zu und füllen Sie die Tabelle aus.

	Ja	Nein	Grund
1 Gudrun			
2 Peter			
3 Jutta			
4 Manfred			

3a Lesen Sie den Text.

3b Welcher Untertitel passt zu welchem Abschnitt?

a Das Recht auf eine Privatsphäre

b Welche Rolle soll die Presse spielen?

c Die Presse als Informationsmedium

über Skandale im Leben von prominenten Personen. Es ist schon richtig, dass die Öffentlichkeit sich für berühmte Personen interessiert, jedoch sollte die Presse nicht zu weit gehen. Im Fall von Prinzessin Diana hat die Presse zu extremen Methoden gegriffen, um alle Einzelheiten ihres Privatlebens ausfindig zu machen. In solchen Fällen ist es klar, dass die Presse ihre Rolle als Informationsmedium missbraucht hat.

3 Es steht fest, dass eine freie Presse eine unentbehrliche Rolle in einer modernen Demokratie spielt. Es ist keineswegs wünschenswert, diese Freiheit so sehr einzuschränken, dass die Presse ihre Rolle nicht mehr erfüllen kann. Trotzdem kommt man zu dem Schluss, dass die Presse zu viel Freiheit hat. Meiner Meinung nach sollte man der Presse Grenzen setzen, um das Recht auf eine Privatsphäre zu erhalten.

3c In welchem Abschnitt liest man:

   a Wir können in der Zeitung über gesellschaftliche Probleme lesen.

   b Wir müssen die Privatsphäre des Einzelnen schützen.

   c Manche Zeitungen kümmern sich hauptsächlich um Klatsch und Tratsch.

   d Es ist in Ordnung, dass die Presse über berühmte Personen berichtet.

   e Die Presse informiert uns über Ereignisse in der Welt.

4a Suchen Sie drei weitere Ausdrücke im Text für „wichtig" und einen Ausdruck für „Grenzen setzen".

4b Suchen Sie ein Synonym im Text für diese Wörter und Ausdrücke:

   a die Ansicht

   b benachrichtigen

   c Details

   d lernen

   e erstrebenswert

4c Was passt zusammen?

trotzdem – es ist klar – jedoch – in dieser Hinsicht
auf der anderen Seite – in solchen Fällen –
man kommt zu dem Schluss

however – on the other hand – nevertheless –
in such cases – one comes to the conclusion that –
in this respect – it is clear

4d Wie sagt man auf Deutsch:

   a It is certainly justifiable

   b It is in no way desirable

5 Welche Rolle spielt die Werbung in der heutigen Gesellschaft? Glauben Sie, dass man die Menge an Werbung verringern sollte? Schreiben Sie mit Hilfe des *Tipps* 250 Wörter.

6 Hat die Presse zu viel Freiheit? Führen Sie eine Debatte in Ihrer Klasse.

Tipp

Writing a structured response

1 Look at the text on p. 86 and decide the purpose of each paragraph. Your answers to Übung 3 should help.

2 Look at each paragraph of the text and decide:

   a what idea is discussed in the paragraph

   b what examples are used

   c what is the purpose of the first and last sentence in the paragraph

   d which argument comes first – the one the writer agrees or disagrees with

For a structured response work through the following stages:

◆ **Study the question carefully.**

3 Look at Übung 5. Here you need to write about the purpose of advertising and its effects on consumers. You will then decide whether there is too much advertising around today or maybe a compromise – that certain types of advertising should be limited. Decide on your conclusion before starting to plan, so that you can structure your answer properly.

◆ **Plan a structure for your answer.**

4 For Übung 5, note what each paragraph will cover. Decide what kinds of advertising to write about and what the purpose of each is. Think how best to introduce each paragraph.

◆ **Note ideas and examples from the available material.**

5 For Übung 5, look at pp.82–3 and jot down examples to back up your opinion.

◆ **Think about the vocabulary you need.**

6 Make a list of useful vocabulary connected with the topic and structures you can adapt. Look at Übungen 4c and d for expressions you can use to emphasise your opinion or to show contrasting points of view.

◆ **Now write your response. Remember to:**

   – Stick to the plan.

   – Use the vocabulary and structures you've noted down.

   – Use a wide range of tenses, structures and vocabulary.

Ein bisschen Fernsehen?

Welchen Einfluss hat das Fernsehen? Zeigt es zu viel Gewalt?

1 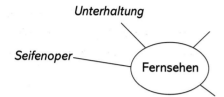 Was verbinden Sie mit dem Begriff „Fernsehen"? Schreiben Sie Ihre Ideen als Diagramm und vergleichen Sie in der Klasse.

Unterhaltung

Seifenoper — Fernsehen

2 Was sind Ihre Fernsehgewohnheiten? Wählen Sie die Aussagen, die auf Sie zutreffen. Tauschen Sie dann Ihre Antworten mit einem Partner/einer Partnerin aus.

a Ich sehe oft aus Langeweile fern.

b Ich sehe immer nur bestimmte Sendungen.

c Ich sitze vor dem Fernseher und suche, bis ich etwas Interessantes finde.

d Ich sehe mehr als zwölf Stunden pro Woche fern.

e Ich sehe fern, um mich zu entspannen.

f Ich spreche oft mit Freunden oder mit der Familie über den Inhalt von Fernsehsendungen.

g Ich sehe fern, um mich über Ereignisse in der Welt zu informieren.

h Ich sehe meistens alleine im Schlafzimmer fern.

i Ich sehe meistens mit der Familie zusammen fern.

3a Lesen Sie den Text „Die Invasion der Bilder".

3b Finden Sie diese Wörter oder Ausdrücke auf Deutsch im Text:

a around the clock

b at present

c addicted to TV

d the effects of watching too much TV

e to regard as a part of everyday life

4 Lesen Sie den Text noch einmal. Welche Aussage stimmt?

a In 32 Millionen deutschen Haushalten läuft der Fernseher ungefähr drei Stunden pro Tag.

b Die Auswahl an Fernsehkanälen wird sich bald vergrößern.

c Über 20% aller Kinder unter 14 haben einen Fernseher.

d Man kann vom Fernsehen abhängig werden.

Die Invasion der Bilder

Das Gerät läuft Tag für Tag durchschnittlich drei Stunden, 32millionenfach allein in Deutschland. Wer siebzig Jahre alt wird hat statistisch sieben Jahre rund um die Uhr ferngesehen. Zum gegenwärtigen Zeitpunkt lauern etwa dreißig Programme auf ihre Zuschauer, mit der Ankunft des digitalen Zeitalters werden es bald schon hundert oder sogar tausend sein. In Deutschland hat fast ein Fünftel aller Kinder unter 14 einen eigenen Fernseher, drei Viertel aller Kinder sitzen so gut wie täglich vor dem Fernseher. Laut Psychologen ist es möglich, fernsehsüchtig zu werden. Also – Fernsehen als Droge?

Die Auswirkungen von übermäßigem Fernsehkonsum sind zahlreich – Kinder sind weniger aktiv, weniger erfinderisch, finden es schwieriger, Kontakte mit anderen aufzubauen. Für Kinder, deren Phantasie besonders lebhaft ist, kann das Fernsehen sogar zum Ersatz für den eigenen Alltag werden. Genauso wichtig ist der Inhalt der Sendungen. Sogar Kindersendungen oder Zeichentrickfilme zeigen Aggressionen und Gewaltszenen – kein Wunder also, dass Kinder dann Mord und Totschlag als Teil des Alltags betrachten.

e Kinder, die viel fernsehen, werden passiver.

f Das Fernsehen kann Kindern helfen, Freundschaften zu schließen.

g Was die Kinder sehen ist nicht so wichtig als die Zeit, die sie vor dem Fernseher verbringen.

h Kinder können ohne Gefahr Kindersendungen sehen.

i Kinder finden Gewaltszenen normal.

5a 📼 Hören Sie den sechs Jugendlichen zu, die über das Fernsehen sprechen. Wer findet es positiv und wer findet es negativ?

Julia Martin Katrin Josef Andreas Silke

5b 📼 Hören Sie noch mal zu und entscheiden Sie sich, welche Meinung zu welchem Jugendlichen am besten passt. Passen Sie auf – es gibt drei Aussagen, die zu keinem passen!

a Gewalt wird oft verharmlost.

b Es gibt zu viele Kriegsfilme im Fernsehen.

c Wir brauchen weniger Kanäle, aber von besserer Qualität.

d Eltern sollen die Fernsehgewohnheiten ihrer Kinder genauer überprüfen.

e Es ist gut, dass das Angebot an Fernsehkanäle größer wird.

f Das Fernsehen kann auch eine Bildungsfunktion haben.

g Eltern sollen mit ihren Kindern zusammen fernsehen.

h Das Fernsehen kann für ältere Leute unentbehrlich sein.

i Das Fernsehen unterhält und informiert uns.

6 Fassen Sie eine Liste von den Vor- und Nachteilen vom Fernsehen zusammen. Schreiben Sie auch Ihre eigenen Ideen.

7 Lesen Sie die beiden Absätze rechts und notieren Sie die Hauptargumente.

8 👥 Debattieren Sie das Thema in der Klasse. Wenn Sie Hilfe brauchen, sehen Sie sich noch mal den *Tipp* auf Seite 55 an.

Hilfe

Ich bin regelmäßiger Zuschauer Ihres Fernsehkanals
Ich mache mir Sorgen um …
Ich bin mit … gar nicht zufrieden
Ich finde es erschreckend
Es ist nicht nötig
Ich interessiere mich nicht für …
Ich erwarte Sendungen von hoher Qualität

Sollen wir Gewaltfilme verbieten?

Pro: Durch Filme und Fernsehsendungen sehen wir Gewalt nicht mehr als eine Ausnahmesituation, sondern als einen Normalzustand und das hat ohne Zweifel einen Einfluss auf die ganze Gesellschaft. Die Statistiken weisen auf eine wachsende Kriminalität unter jungen Menschen hin – das hängt damit zusammen. Als erster Schritt sollte man Filme wie „Rambo", die Gewalt verherrlichen, nicht am Fernsehen zeigen.

Contra: *Gewalt ist eine Tatsache in der heutigen Gesellschaft, es wäre also unrealistisch, sie ganz aus dem Fernsehen zu verbannen. Es kommt darauf an, wie die Gewalt dargestellt wird. In Deutschland funktioniert der Jugendschutz gut. Filme, die Gewalt verherrlichen oder verharmlosen, werden bereits verboten. Filme, die Gewalt aus der Opferperspektive zeigen, können sogar die Aggressionsbereitschaft verringern, weil man mit dem Opfer Mitleid hat.*

9 Schreiben Sie einen Brief an einen Fernsehsender, in dem Sie sich über den Anteil an Gewalt in Fernsehen beschweren. Benutzen Sie die Hilfe-Ausdrücke.

Die neuen Medien

Welche Rolle spielt das Internet in Ihrem Leben? Ist es ein Fortschritt oder Zeitverschwendung?

1 Machen Sie eine Umfrage in der Klasse.
  a Wer hat das Internet zu Hause?
  b Wer benutzt das Internet regelmäßig (entweder zu Hause oder in der Schule)?
  c Wozu?

2 Hören Sie diese vier Leute. Was halten sie vom Internet?

Name	Wozu benutzt er/sie das Internet?	Meinung
Gerd		
Carola		
Frau Anders		
Herr Renz		

3a Lesen Sie den Text rechts.

3b Lesen Sie die folgenden fünf Sätze. In jedem Satz finden Sie ein falsches Detail. Korrigieren Sie die Details und schreiben Sie die Sätze richtig auf.
  a Man muss die Adresse von der Webseite in den Computer eintippen und nach einiger Zeit erscheint die Auskunft.
  b Die Anzahl an computergesteuerte Reservierungen war 2000 dreimal so groß als 1999.
  c E-Commerce hilft vor allem Reisebüros.
  d Christoph hat entdeckt, dass es einfacher ist zu telefonieren, als mit dem Computer zu arbeiten.
  e Im Internet ist das Angebot an Informationen geringer als in traditionellen Prospekten.

3c Füllen Sie die Lücken mit der richtigen Form eines Verbs aus der Liste unten aus.
  a Man kann seine Finanzen per Internet _____ .
  b Durch das Internet kann man zu Hause bleiben und _____ .
  c 1999 haben 108 000 Kunden Reisen per Internet _____ .
  d Christoph hat Theaterkarten im Internet _____ .
  e Christoph hat es nicht einfach gefunden, während des Arbeitstags zu _____ .
  f Per Internet hat man Christoph Auskunft über Veranstaltungen in London _____ .

> einkaufen   telefonieren   bekommen
> organisieren   kontrollieren   kaufen

Der Sieg des www.

Radio hören, Zeitung lesen, Kontostand überprüfen – egal was man machen will, man muss nur noch die Adresse in den Computer eintippen und sofort taucht die gewünschte Auskunft auf dem Bildschirm auf. Man hat nur noch wenig Grund aus dem Haus zu gehen – alles, was man braucht, kann man per Internet bestellen, vom Auto bis zu Lebensmitteln. Im Bereich Tourismus kann E-Commerce den Kunden besonders viele Vorteile bringen. 1999 hat die Internationale Tourismus-Börse 108 000 Buchungen getätigt, im Jahr 2000 waren es schon doppelt so viel. Christoph Marschollek hat seine Reise nach London über Internet organisiert – Flug, Hotelreservierung, sogar den Reiseführer und Karten für die Oper hat er online bestellt und mit Kreditkarte bezahlt. „Das war viel einfacher als überall anzurufen", meint er. „Erstens ist es oft schwierig, die gewünschte Telefonnummer zu finden, dann kann man oft nur in Geschäftszeiten anrufen, wenn ich selbst arbeite. Auch hat man im Internet viel mehr Auswahl – es gibt Fotos von Hotels mit Beschreibungen von den Zimmern. Man ist dann besser in der Lage, eine Wahl zu treffen. Die Bestellung der Opernkarten war besonders praktisch – wo kann man sonst herausfinden, was in London im Theater läuft?"

Extra! Diese Flüchtlinge aus Kosovo haben das Internet benutzt, um Verwandte ausfindig zu machen. Hören Sie zu und schreiben Sie ungefähr 60 Wörter auf Englisch. Notieren Sie dabei die folgenden Punkte:

◆ reasons for beginning the Internet service
◆ why it's particularly useful
◆ how it works
◆ use to date
◆ success

Die alten gegen die neuen Medien?

Man kann jetzt schon im Internet Radio hören und die Zeitung lesen. Bald können wir im Internet fernsehen. Brauchen wir die alten Medien noch?

Marianne: Ob das Internet die anderen Medien ersetzen wird? Nicht für mich. Ich habe keine Lust, immer vor dem Computer zu sitzen – auch kann das nicht sehr gesund sein. Ich glaube, dass man die Vorteile des Internets übertreibt. Erstens sind die Kosten eines Internetanschlusses viel höher als der Preis eines Radios oder einer Zeitung. Auch ist die Qualität des Tons und der Bilder noch nicht so gut.

Martin: Ich glaube nicht unbedingt, dass das Internet andere Medien gefährdet, aber durch das Internet werden viele Arbeitsplätze verloren gehen. Der Freund meiner Schwester hat neulich seinen Arbeitsplatz in einer Bank verloren – das Internet gefährdet die Existenzfähigkeit vor allem der Filialen in kleinen Dörfern.

Silke: Ich glaube nicht, dass das Internet Zeitungen ersetzen kann. Der Reiz einer Zeitung ist anders als der Reiz eines Computers. Es ist viel angenehmer, eine richtige Zeitung durchzublättern als vom Bildschirm abzulesen. Auch kann man die Zeitung mit sich herumtragen. Was gut ist, ist, dass ich bestimmte Seiten meiner Regionalzeitung lesen kann, wenn ich weg von zu Hause bin. Das kann für die Auflage nur gut sein!

4a Lesen Sie den Text oben.

4b Wer sagt das?

a Das Internet ist keineswegs so vorteilhaft wie es scheint.

b Das Internet ist teurer als die traditionellen Medien.

c Das Internet macht es einfacher, Nachrichten aus der Heimat zu bekommen.

d Wegen des Internets könnte die Arbeitslosenquote steigen.

e Es ist ungesund, zu viel Zeit vor dem Bildschirm zu verbringen.

f Die alten Medien können Bilder besser übertragen.

5 Lesen Sie die beiden Texte noch mal durch und machen Sie eine Liste von den Vor- und Nachteilen des Internets.

6 Machen Sie ein Rollenspiel. A will B überzeugen, einen Computer zu kaufen und sich das Internet anzuschaffen. B zweifelt an die Vorteile des Internets.

Hilfe

Das Internet braucht man unbedingt, wenn man …
Ohne das Internet ist es schwierig, …
Durch das Internet kann man einfach …
Wer … braucht ohne Zweifel einen Internetanschluss
An die Vorteile des Internets kann man nicht zweifeln.

Grammatik  ⇨ 155 ⇨ W16

The genitive

◆ **The genitive is used to show possession. The genitive form of the articles is:**

m.	f.	n.	pl.
des	der	des	der
eines	einer	eines	keiner

◆ **Masculine and neuter singular nouns add an *-s* in the genitive case: Die Vorteile des Internets.**

(A) Re-read the text on this page and find examples of the genitive.

(B) Translate these phrases into German.

a The advantages of radio

b The customers' wishes

c The circulation of a newspaper

d The price of a computer

e The quality of the TV channel

f The bank's problems

7 Schreiben Sie eine Werbebroschüre, in der Sie Vorteile des Internets beschreiben. Benutzen Sie einige der Hilfe-Ausdrücke – und das Genitiv.

Extra! Machen Sie die Übungen auf Arbeitsblatt 26.

Zur Auswahl

Also, ich finde die vielen Talkshows im Fernsehen toll! Da erfährt man doch was über das wirkliche Leben, über die wirklichen Probleme unserer Zeit!

Deshalb darf mein Lütter auch alle sehen. Damit er eine Ahnung vom Leben mitkriegt!

Sag mal dem Onkel Karl, was du in letzter Zeit alles gelernt hast.

Also... es gibt Transvestiten, Transsexuelle, Exhibitionisten, Dominas, Latexfetischisten, Schuhfetischisten, Voyeure, SM-Liebhaber, Natursekt, Kaviar, Bondage, Drill, Foltersklaven...

1 Sehen Sie sich die Zeichnung an und diskutieren Sie mit einem Partner/einer Partnerin.

a Wie verstehen Sie die Zeichnung?
b Sehen Sie oft Talkshows?
c Was für ein Weltbild wird von Talkshows vermittelt?
d Stellt das Fernsehen ein realistisches Weltbild dar?
e Können wir vom Fernsehen lernen?
f Was für einen Einfluss hat das Fernsehen auf Kinder?

2 Welche Vorteile bieten die neuen Medien wie das Internet? Sind sie nützlicher als die alten Medien, wie z.B. Zeitungen? Schreiben Sie 150 Wörter.

3 S Hören Sie die Nachrichten und beantworten Sie die Fragen auf Deutsch.

a Welches Problem gibt es in Bangladesch?
b Wie viele Menschen sind gestorben?
c Welche Krankheit breitet sich aus?
d Was ist in den bayerischen Alpen passiert?
e Was war die Ursache des Unfalls?
f Wie viele Kinder haben Peter und Melanie Esslinger bekommen?
g Wo sind die Kinder jetzt und warum?
h Wie fühlt sich Frau Esslinger?
i Wie wird das Wetter in Norddeutschland?
j Wie wird das Wetter in Süddeutschland?

Gut gesagt! S

b, d und g

4a Wie spricht man diese Wörter aus? Vergleichen Sie:

Bild	**ob**
bleiben	schreibt
Deutsch	gesund
dürfen	bald
gut	Tag
ganz	Erfolg

Man spricht die Konsonante b, g und d wie p, k und t aus, wenn Sie am Ende eines Wortes oder vor s oder t stehen.

4b Üben Sie diese Sätze:
Jeden Tag gesund essen – der gute Weg zum Erfolg!
Mein deutscher Freund wird bald kommen.
Ich weiß nicht, ob er lange bleibt.

Die Umwelt

8

By the end of this unit you will be able to:

- Discuss environmental protection
- Understand and discuss water pollution
- Discuss air pollution and its effects
- Discuss the pros and cons of atomic energy
- Discuss alternative sources of energy and their drawbacks

- Use demonstrative adjectives and pronouns
- Use the passive voice
- Write negative sentences
- Use the conditional perfect
- Check your work and correct your mistakes systematically
- Pronounce compound nouns accurately

1

2

3

4

5

6

a Greenpeace fordert: Fahrverbot für Fahrzeuge ohne Katalysator

b Wie sicher ist Sellafield?

c HILFE – WIR ERSTICKEN IM MÜLL!

d Anwohner protestieren: — ab 2006 sechsspuriger Verkehr auf dem Berliner Ring

e Wassermangel: Taten wichtiger als Geld Zusammenarbeit zur Sicherung der weltweiten Wasservorräte

f Umweltrat begrüßt Atomausstieg

1a Welche Überschrift passt zu welchem Bild?

1b Was sind für Sie die wichtigsten Umweltprobleme? Machen Sie eine Liste und vergleichen Sie mit der Gruppe.

Wir und unsere Umwelt

Umweltschutz ist ein Thema, das in Deutschland groß geschrieben wird. Was kann man also tun, um die Umwelt zu schützen?

1 Ordnen Sie den folgenden Wörtern die richtige Definition zu.

  a Abfalleimer
  b Verwertung
  c Sammelstellen
  d Glühbirnen
  e Umweltbewusstsein
  f abbaubar

  1 ein Platz, wohin man Abfälle zum Recyceln bringen kann.
  2 das Wissen, dass wir für die Welt verantwortlich sind
  3 Behälter für Müll und alte Dinge, die man nicht mehr braucht
  4 Man nimmt etwas als Material, um neue Produkte herzustellen.
  5 Sie hat die Form einer Birne und erzeugt Licht in einer Lampe.
  6 Man kann es in einfachere Moleküle zerlegen.

2a Lesen Sie den Text unten.

2b Wer macht was für die Umwelt? Wer macht nichts? Schreiben Sie eine Liste.
  Beispiel: Angela *Abfall in Container trennen, …*

Angela (17): Ich finde, jeder Einzelne sollte etwas für die Umwelt tun. Man kann schon bei sich zu Hause anfangen. Wir trennen zum Beispiel unseren Abfall zu Hause in verschiedene Container. Wir haben also einen Abfalleimer für Glas und die grüne Tonne für Papier. Durch diese gezielte Verwertung der Abfälle kann man eine Verminderung der Abfälle erreichen. In jeder kleinen Gemeinde gibt es diese Sammelstellen und unser wiederverwertbarer Müll wird einmal im Monat dorthin gebracht. Beim Einkaufen kaufen wir normalerweise Produkte mit dem grünen Punkt, denn diese Produkte kann man recyceln. Meine Mutter kauft auch immer Spül- und Waschmittel, die phosphatfrei sind. Diese Waschmittel sind nämlich bis zu 99% biologisch abbaubar.

Jens (18): Die Umwelt ist ein wichtiges Thema für mich, aber ich muss sagen, ich mache eigentlich nicht genug. Es wird ganz allgemein nicht genug gemacht, dabei könnte man leicht dieses und jenes tun. Ich bin seit Oktober Student und kaufe also für meine Seminararbeiten nur Recyclingpapier. Ich verwende auch energiesparende Glühbirnen und bringe meine alten Trockenbatterien zu den entsprechenden Stellen. Allerdings benutze ich die öffentlichen Verkehrsmittel kaum, mit dem Auto geht es manchmal einfach schneller. Aber wenn ich zur Uni fahre, nehme ich immer meine Freunde mit. Es gibt auch Mitfahrerzentralen, die Mitfahrgelegenheiten anbieten und vermitteln. Das finde ich eine echt gute Idee.

Claudia (17): Ich würde sagen, dass ich ziemlich umweltbewusst bin, während sich meine Geschwister überhaupt nicht um die Umwelt kümmern. Es ist doch wirklich kein Problem, sich öfter mal zu duschen und weniger oft zu baden. Oder sich auf das Rad zu setzen, anstatt sich von Mutter im Auto fahren lassen! Meine Schwester kommt immer mit diesen hässlichen Plastiktaschen vom Einkaufen zurück, obwohl es einfacher und billiger ist, eine Jutetasche, das ist eine Stofftasche, mitzunehmen. Dies ärgert mich, denn meiner Meinung nach sollte jeder die Umweltprobleme ernst nehmen. Es ist leicht zu sagen, dass der Staat oder die Regierung der Umweltpolitik mehr Priorität einräumen sollte. Der Staat sollte darauf achten, dass die Industrie umweltbewusster handelt. Aber wir sind alle für unsere natürlichen Ressourcen verantwortlich. Ich unterstütze auch Umweltorganisationen wie „Greenpeace" und den „Naturschutzverein". Diese Organisationen spielen eine wichtige Rolle. Sie sollten nicht ignoriert werden.

3a Lesen Sie Angelas Text noch einmal und ergänzen Sie die folgenden Sätze:

a Wenn man wiederverwendbare Abfälle gezielt verwertet, …

b Man bringt den wiederverwendbaren Müll …

c Es gibt viele Produkte mit dem grünen Punkt, die …

d Biologisch abbaubare Spül- und Waschmittel sind …

3b Lesen Sie die beiden anderen Texte noch einmal. Wer sagt was?

a Die Regierung sollte der Umweltpolitik mehr Priorität einräumen.

b Ich könnte mehr für die Umwelt tun.

c Ich fahre nicht oft mit dem Bus oder der Straßenbahn.

d Beim Einkaufen ist es besser, Stofftaschen zu verwenden als Plastiktaschen.

e Man sollte sich mehr um die Umwelt kümmern.

f Man kann auch Mitfahrerzentralen oder öffentliche Verkehrsmittel benutzen.

g Die Industrie sollte umweltbewusster handeln.

Grammatik   ⇨ 155–6 ⇨ W26

Demonstrative adjectives/pronouns

To say 'this/these' use *dieser/diese/dieses/diese* (pl).
To say 'that/those' use *jener/jene/jenes/jene* (pl).
To say 'every' use *jeder/jede/jedes*.

Diese Produkte kann man recyceln.
Jeder Einzelne sollte etwas für die Umwelt tun.
Man könnte **dieses** und **jenes** tun.

(A) Look at these sentences. Can you explain the changes in the endings?

a **Diese** Plastiktasche ist vom Supermarkt.

b Meine Schwester bringt **diese** Plastiktasche nach Hause.

c Sie kauft nur mit **dieser** Plastiktasche ein.

d Die Farbe **dieser** Plastiktasche ist hässlich.

e **Diese** Plastiktaschen sind nicht umweltfreundlich.

(B) Translate the sentences into English.

4a 🔊 Hören Sie einen Beitrag zum Thema Umweltpolitik und setzen Sie die fehlenden Wörter ein.

a Der _____ sollte auf etwa 10 bis 15% der Landesfläche absolut Vorrang haben.

b Bis jetzt wird zu viel _____ für den Wohnungs- und _____ verbraucht.

c Die _____ sind noch nicht genug zurückgegangen.

d Positiv sind die Bemühungen der Regierung um den _____ aus der Atomenergie.

4b 🔊 Hören Sie den Text noch einmal und entscheiden Sie sich dann für das richtige Wort.

a Die Wissenschaftler finden es _____, dass der Wohnungsbau reduziert wird.
wichtig/unmöglich

b Es ist nicht _____, dass das Ziel des Klimaschutzes erreicht wird.
sicher/klar

c Die Ökosteuer leistet einen wichtigen _____.
Betrag/ Beitrag

d Umweltfreundliche Energieträger wie Wasserkraft und Sonnenenergie sollten finanziell noch stärker _____ werden.
unterstützt/belastet

e Die Umweltpolitik der Bundesregierung ist nach Meinung der Wissenschaftler _____ .
ausreichend/nicht gut genug

5 Erarbeiten Sie eine „Fünf-Punkte-Strategie", was der Einzelne und der Staat für unsere Umwelt tun sollten, und präsentieren Sie sie Ihrer Klasse.

Hilfe

Jeder ist verantwortlich für …   Erstens … zweitens …
Man sollte/könnte/müsste …   … sollte Vorrang haben.
Die Regierung sollte … planen An erster Stelle steht …

6 Entwerfen Sie ein Flugblatt (ca.120 Wörter) zum Thema „Jeder ist für die Umwelt verantwortlich". Verwenden Sie dabei auch einige Demonstrativpronomen, sowie die Hilfe-Ausdrücke.

Extra! 👥 Machen Sie eine Umfrage unter Ihren Freunden zum Thema „Umweltverschmutzung – was können wir tun?"

Wie rein ist Vater Rhein?

Wasserverschmutzung ist auch heute noch ein Problem. Kennen Sie die Ursachen und Auswirkungen davon?

1 Schauen Sie sich die beiden Skizzen des Oberrheins an und beantworten Sie die folgenden Fragen. Benutzen Sie die Hilfe-Ausdrücke.

a Wie war die Wasserqualität in den 70er Jahren zwischen Karlsruhe und Mannheim, zwischen Straßburg und Basel und zwischen Basel und Konstanz?

b Was gab es im Fluss?

c Wie war die Wasserqualität zwischen Karlsruhe und Mannheim, Straßburg und Basel und Basel und Konstanz im Jahr 1998?

d Wie hat sich die Situation im Fluss verändert?

Hilfe

Im Vergleich zu den 70er Jahren gibt es in den 90er Jahren mehr Fische im Rhein.

Die **Strecke** zwischen Mannheim und Karlsruhe war in den 70er Jahren **teilweise** (oder **zum Teil**) sehr stark verschmutzt.

Während es in den 70er Jahren ..., gibt es 1998 ...
Die Gewässergüte ... hat sich verbessert.
Die Strecke zwischen ... ist weniger verschmutzt als ...

2a Lesen Sie den Text.

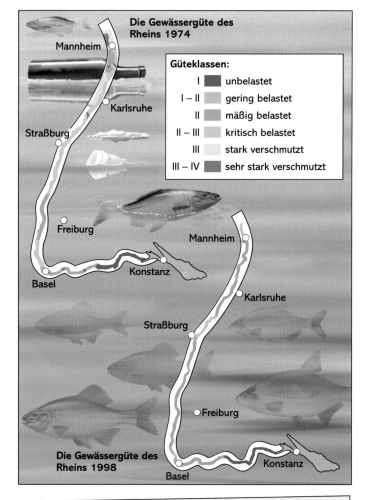

Die Gewässergüte des Rheins 1974

Güteklassen:

I	unbelastet
I – II	gering belastet
II	mäßig belastet
II – III	kritisch belastet
III	stark verschmutzt
III – IV	sehr stark verschmutzt

Die Gewässergüte des Rheins 1998

Neues Leben für den Rhein
In Deutschlands größtem Fluss gibt es wieder Leben

Mitte der 70er Jahre schien der Rhein nicht mehr zu retten. Der Rhein war ein sterbender Fluss, total verschmutzt. Kein Fisch konnte in seinem Wasser überleben. Der Rheinlachs war seit 30 Jahren ausgestorben und selbst das Baden im Fluss wurde als Selbstmordversuch bezeichnet. Die Ursache für diese katastrophale Situation waren die Abwässer von Chemiefirmen, die so oft „versehentlich" in den Rhein geleitet wurden. Die Bevölkerung wurde davor gewarnt, im Fluss zu fischen, zu baden, sogar vor Spaziergängen am Flussufer wurde abgeraten. Mit dem Versprechen, den Rhein bis zum Jahr 2000 soweit zu säubern, dass Wanderfische wieder überleben können, versuchten die Umweltminister der Rheinanliegerstaaten den Fluss zu retten.

Und wie es scheint mit Erfolg. Seit 20 Jahren ist Hartmut Vobis mit dem Messschiff „Max Honsell" auf dem Rhein und dem Neckar, einem Nebenfluss des Rheins, unterwegs. In seinem Labor werden Schlammproben studiert. Je dunkler eine Probe ist, desto weniger Sauerstoff gibt es unten auf dem Flussgrund. Vor einigen Jahren war der Schlamm hier noch schwarz und stinkend. Heute wird er meistens als ein mittleres Braun mit neutralem Geruch beschrieben. Ein Zeichen des Erfolgs: Empfindliche Pflanzen, Kleinlebewesen, Meerforellen und andere Fischarten sind zurückgekehrt. Der neue Rheinlachs wurde erfolgreich eingesetzt. Nun wimmelt es wieder im Vater Rhein – es wird auch wieder gefischt und gebadet.

2b Richtig oder falsch?

a Mitte der 70er Jahre begann man den Rhein zu retten.

b Chemiefabriken missbrauchten den Rhein für ihre Abwässer.

c Die Bevölkerung wollte im Rhein schwimmen oder angeln.

d Wenn der Schlamm schwarz ist, gibt es viel Sauerstoff im Fluss.

e Der Rheinlachs ist wieder zurückgekehrt.

3 Lesen Sie den Text noch einmal durch und ergänzen Sie die folgenden Sätze:

a Das Baden im Rhein wurde als Selbstmordversuch bezeichnet, weil …

b Die Ursache dafür war, dass …

c Von den Umweltministern wurde versprochen, …

d Im Labor des Messschiffs „Max Honsell" …

e Man weiß, dass die Situation heute besser ist, weil …

4a  Hören Sie den Bericht eines Umweltexperten zum Thema „Wasserverschmutzung". Notieren Sie:

a die Ursachen für die Verschmutzung von Flüssen und Meeren.

b die Auswirkungen der Wasserverschmutzung für Tiere, Pflanzen und Menschen

4b Fassen Sie den Hörbericht mit Hilfe der Punkte in 4a schriftlich zusammen. Denken Sie daran, das Passiv zu benutzen.

5 Eine Podiumsdiskussion: Wählen Sie aus Ihrer Klasse zwei „Umweltexperten" aus. Die übrigen Mitglieder der Klasse sind das Publikum und stellen den „Experten" Fragen. Ihr Lehrer/Ihre Lehrerin spielt den Diskussionsleiter.
Beispiele:
Wie stark sind die Flüsse verschmutzt?
Was sind die Ursachen der Wasserverschmutzung?

6 Schreiben Sie ungefähr 120 Wörter zum Thema „Wasserverschmutzung". Nennen Sie Beispiele und beachten Sie folgende Punkte:

♦ Ursachen

♦ Auswirkungen

♦ Prognosen für die Zukunft

Grammatik ⇨ 166 ⇨ W64

The passive voice

A Look at these four sentences. What do you notice about the subject of the passive sentences?

Wir bringen **unseren Abfall** einmal im Monat zur Sammelstelle. *(active, present)*
Once a month we take our rubbish to the collection point.
Unser Abfall wird von uns einmal im Monat zur Sammelstelle gebracht. *(passive, present)*
Once a month our rubbish is taken by us to the collection point.

In den 70er Jahren verschmutzten Abwässer **viele Flüsse**. *(active, imperfect)*
In the seventies industrial effluent polluted many rivers.
Viele Flüsse wurden in den 70er Jahren durch Abwässer verschmutzt. *(passive, imperfect)*
Many rivers were polluted in the seventies by industrial effluent.

♦ The passive is formed from: the appropriate tense of *werden* and the past participle of the main verb.

♦ See p. 166 for the use of *von* and *durch*.

B Translate the following sentences into English.

a Das Baden im Fluss wurde als Selbstmordversuch bezeichnet.

b Die Bevölkerung wurde davor gewarnt, im Fluss zu fischen.

c In seinem Labor werden Schlammproben studiert.

d Der neue Rheinlachs wurde erfolgreich eingesetzt.

C Find the German translation of the following phrases in the text, and find their subject:

a was described

b were channelled

c are studied

d is described

e was introduced

f is fished

g is bathed

D Put these active sentences into the passive:

a Industrieabwässer verschmutzen den Rhein.

b Chemikalien töteten die meisten Fische.

c Die Umweltminister tun mehr gegen die Flussverschmutzung.

Klimakatastrophe?

Das „Ozonloch": Die einen sagen, es wird größer, die anderen, es schrumpft.

Was sind die Ursachen der Luftverschmutzung und die Auswirkungen auf unsere Welt?

1 Welches Bild passt zu welchem Wort/Ausdruck?

   a Gletscher schmelzen

   b Sturmfluten

   c Waldbrände

   d schwere Regenfälle und Überschwemmungen

   e Dürren

2a Wie sagt man auf Englisch:

   a die Strahlen

   b die (Ozon)werte

   c die Belastung

   d schrumpfen

2b Lesen Sie den Text über das Ozonloch.

Forscher des Deutschen Ozon-Forschungsprogramms warnen vor Missverständnissen
Hier spricht ein Klimaforscher, Prof. Dr. Franz Dietrich, mit unserer Reporterin Susi Meier.

SM: *Herr Professor, wie ist das nun mit dem Ozonloch? Schrumpft es oder wächst es?*

  FD: Das Ozonloch ist ja eigentlich gar kein richtiges Loch, denn das Ozon, das unsere Erde vor den tödlichen UV-Strahlen schützt, verschwindet nicht total. Es handelt sich vielmehr um einen Ozonabbau von bis zu 50%. Das ist natürlich sehr gefährlich, besonders wenn man an die Folgen für uns Menschen denkt. Die Zahl der Hautkrebs-Erkrankungen ist weltweit gestiegen.

SM: *Gibt es nun ein oder zwei dieser so genannten „Löcher"?*

  FD: Es gibt ein Ozonloch über dem Südpol und das ist im letzten Jahr größer geworden, hat sich aber im November wieder geschlossen.

SM: *Wann ist das Ozonproblem am größten?*

  FD: Die Ozonwerte, die am Boden gemessen werden, sind im Sommer hoch und zwar wegen der Industrie- und Autoabgase.

SM: *Welche Auswirkungen hat der Klimakiller FCKW?*

  FD: Obwohl die FCKW-Belastung zurückgegangen ist, bleibt die Auswirkung mindestens bis zum Jahr 2050 erkennbar.

SM: *Wie sieht es mit dem Ozonloch im Norden aus?*

  FD: Das Ozonloch über dem Nordpol bewegt sich auf Nordeuropa zu. Man hat zum Beispiel im Frühjahr einen starken Ozonabbau über Deutschland gemessen.

SM: *Und was sind Ihrer Meinung nach die Folgen für uns?*

  FD: Am stärksten ist der Ozonabbau im Februar und März. Das heißt, man muss sich vor UV-Bestrahlung schützen, besonders Kinder und Jugendliche. Das gilt aber auch für Skifahrer, denn die Sonnenstrahlen werden auf der Schneeoberfläche sehr stark reflektiert.

2c Welche fünf Sätze fassen die Antworten des Professors am besten zusammen?

a Das Ozonloch schrumpft.

b Es handelt sich nicht um ein Ozonloch, sondern um Ozonabbau.

c Es gibt ein Ozonloch über dem Südpol.

d Wegen der Abgase sind die Ozonwerte im Sommer besonders hoch.

e Die Umweltbelastung durch FCKWs ist zurückgegangen.

f Es gibt auch ein Ozonloch über dem Nordpol.

g Im Frühjahr war der Ozonabbau in Deutschland am stärksten.

h Im Februar und März muss man sich vor der UV-Bestrahlung schützen.

i Skifahrer sind auch gefährdet.

j Besonders Kinder und Jugendliche sollten sich vor UV-Bestrahlung schützen.

3 Wie sagt man auf Deutsch:

a misunderstandings

b Is it shrinking or growing?

c It does not disappear totally.

d a breakdown of up to 50%

e skin cancer

f CFC pollution has been reduced

g snow surface

4 Lesen Sie das Interview und beantworten Sie folgende Fragen:

a Warum ist das Ozonloch kein richtiges Loch?

b Was macht das Ozon?

c Wie zeigt sich, dass der Ozonabbau gefährlich ist?

d Warum sind die Ozonwerte, die am Boden gemessen werden, im Sommer hoch?

e Warum ist das „Ozonloch" im Norden gefährlich für uns?

f Wann ist das Ozonproblem am gefährlichsten?

g Wer sollte sich besonders schützen?

5a Bevor Sie jetzt ein Interview mit einem Experten der Klimaforschung hören, überlegen Sie sich gemeinsam welche Fragen der Reporter stellen wird. Schreiben Sie Ihre Fragen auf.

5b 🔊 Hören Sie jetzt das Interview und notieren Sie die Fragen des Reporters. Welche stimmen mit Ihren Fragen überein?

6 🔊 Hören Sie das Interview noch einmal und füllen Sie die Lücken aus.

Die Tendenz der Klimaforschung zeigt, dass unser Klima ...**a**... wird. Es wird wärmere Sommer mit ...**b**... Regen und mehr ...**c**... im Frühjahr geben. In Süddeutschland muss man mit mehr ...**d**... rechnen und die ...**e**...gefahr nimmt zu. In Norddeutschland werden die Winter wärmer und es wird ...**f**... . Das kann zu ...**g**... führen. Um den Trend aufzuhalten, müssten die Emissionen des ...**h**...gases CO_2 verringert werden. Die ...**i**... sind ein stabilisierender Klimafaktor. Deshalb müssen wir sie retten und versuchen durch moderne Technologien ...**j**... zu sparen.

7 Beschreiben Sie die Ursachen und Folgen des Ozonlochs oder der Klimaveränderung (ca. 150 Wörter). Verwenden Sie, wenn möglich, das Passiv. Planen Sie Ihre Beschreibung:

a 🔊 Hören Sie das Interview über Klimaveränderung nochmals an und notieren Sie:

◆ Ursachen

◆ Folgen

b Lesen Sie das Interview zum Thema „Ozonloch" noch einmal und notieren Sie zusammenfassend ebenfalls:

◆ Ursachen

◆ Folgen

8a Erarbeiten Sie Fragen zum Thema „Ozonloch" oder „Wasserverschmutzung".

8b 👥 Machen Sie ein Interview mit Ihrem Partner/Ihrer Partnerin.

Extra! Lesen Sie den Text zum Thema „Waldsterben" auf Arbeitsblatt 27 und machen Sie die Übungen dazu.

Atomenergie – nein danke!

Kernkraft und Atomenergie waren und sind auch heute noch kontroverse Themen.
Welche Vorteile und Nachteile gibt es?

1 Diese Tabelle zeigt die Energieversorgung in Deutschland im Jahr 1997. Vergleichen Sie die Zahlen mit Hilfe der Ausdrücke auf Seite 43.

Mineralöl	Naturgas	Steinkohle	Braun-kohle	Kern/Atom-energie	Erneuerbare Energie
39%	21%	14%	11%	13%	2%

2a Lesen Sie den Text.

2b Suchen Sie alle Wörter im Text, die zum Wortfeld „Atom" gehören, und schreiben Sie diese in einer Mind-map auf. Schlagen Sie dann in einem Wörterbuch unter dem Begriff „Atom" nach und ergänzen Sie die Wörter, die zum Thema „Atomenergie" passen.

Keine Atomenergie für die Bundesrepublik

Die neue Bundesregierung will allmählich aus der Atomenergie aussteigen. Die Gründe für diese Entscheidung sind unter anderem die Gefahren und Risiken, die die Atomkraft mit sich bringt. Man will nichts riskieren.

Die Vorräte der fossilen Brennstoffe nehmen ab und sind auf Dauer nicht erneuerungsfähig. Zu den fossilen Brennstoffen zählen Kohle, Öl, Gas und Atomkraft. Zur Zeit decken die Deutschen ihren Energiebedarf vor allem mit Öl, Gas und Kohle. Die Atomkraft, die in 19 Kraftwerken zur Stromversorgung produziert wird, deckt rund ein Drittel des gesamten Strombedarfs.

Die Gefahren, die die Nutzung der Atomkraft mit sich bringt, sind Auswirkungen auf das Weltklima und das große Problem der Entsorgung. Dafür hat man bis heute noch keine sichere Lösung gefunden.

Ein weiterer Risikofaktor sind mögliche negative Auswirkungen auf die Gesundheit der Menschen, die in der Nähe eines Kernkraftwerkes wohnen und die so einer höheren radioaktiven Strahlung ausgesetzt sind. Niemand kennt zwar den Risikofaktor genau, aber Atomkraftwerke werden nie 100% sicher sein. Das hat der Atomreaktorunfall von Tschernobyl im Jahr 1986 deutlich gezeigt. Die Auswirkungen dieser Explosion waren katastrophal, besonders für Skandinavien, aber auch für England, denn noch zwölf Tage später wurde eine höhere Radioaktivität gemessen. Diesen Unfall wird man so schnell nicht vergessen.

Betrachtet man diese Risiken, dann scheinen die Vorteile recht gering. Und man fragt sich, ob die größere Effizienz der Atomkraft, ihr Ruf als „saubere Energiequelle" und die Tatsache, dass es Uranvorräte über viele Jahrzehnte hinaus geben wird, die Gefahren und Risiken übertreffen.

2c Ordnen Sie die richtige Definition zu:

a aus der Atomenergie aussteigen
b die Vorräte nehmen ab
c den Energiebedarf decken
d die Stromversorgung
e das Problem der Entsorgung
f radioaktiven Strahlen ausgesetzt sein
g einen Ruf haben

1 man weiß nicht, was man mit dem Abfall machen soll
2 genug Energie produzieren
3 andere Energiequellen, keine Atomenergie benutzen
4 Elektrizität liefern
5 der Bestand nimmt ab, es wird weniger
6 zu viel Radioaktivität aufnehmen
7 für etwas bekannt sein

3 Bringen Sie die Satzteile in die richtige Reihenfolge. Schauen Sie sich wenn nötig die Grammatik auf Seite 13 an:

a Gefahren Die Atomkraft und mit sich bringt Risiken
b der fossilen Brennstoffe nicht Die Vorräte regenerationsfähig sind
c bis heute keine noch gefunden sichere hat Man Lösung
d der Atomkraft den Risikofaktor Niemand kennt
e Wird hundert Jahren Uranvorräte noch in geben es?

4 [▣] Hören Sie das Gespräch zwischen einem Gegner und einem Befürworter der Nuklearindustrie an und notieren Sie:

a zwei Argumente für Atomkraft
b zwei Argumente gegen Atomkraft

5 [👥] Teilen Sie Ihre Klasse in „Atomgegner" und „Befürworter" und diskutieren Sie. Vergessen Sie nicht, die Hilfe-Ausdrücke auf Seite 56 zu verwenden.

6 Schreiben Sie einen Zeitungsartikel (ca. 120 Wörter) über die Gefahren der Atomenergie.

Extra! [▣] Machen Sie die Übungen zum Hörtext auf Arbeitsblatt 28.

Grammatik ⇨ 168–9 ⇨ W67

Negatives

A List the words that are used in the text on p.100 to make negative sentences.

♦ **The main negative adverbs are:**
nicht – *not*
nie – *never*

♦ **The main negative pronouns are:**
keiner, keine, keins – *none, not one, not any*
niemand – *no-one, nobody*
nichts – *nothing*

B [▣] Listen again to Übung 4. Complete the sentences with negative pronouns.

a _____ der 6000 Angestellten will seine Arbeit verlieren.
b Dieses größere Risiko will _____ auf sich nehmen.
c _____ darf diese Katastrophe vergessen.
d Man wird _____ riskieren, aber viel gewinnen.

♦ *Keiner, keine, keins* follows the same pattern as *einer, eine, ein(e)s.*

Man hat bis heute noch **keine** sichere Lösung gefunden. Es gibt **keine**.
Keinem ist es gelungen, eine sichere Lösung zu finden.

♦ *Niemand* adds *-en* in the accusative and *-em* in the dative.

Niemand kennt den Risikofaktor genau.
Atomgegner glauben **niemandem**, der für Atomenergie ist.

♦ *Nichts* is not declined, i.e. it does not change.

Man will **nichts** riskieren.

C Fill in the correct negative form.
a Meine Schwester tut _____ für die Umwelt.
b Vor fünfzig Jahren machte sich _____ um unsere Umwelt Sorgen.
c Jens ist bis jetzt noch _____ zur Mitfahrerzentrale gegangen.
d _____ kann ohne Energie leben.
e _____ unserer Politiker hat eine sichere Lösung.
f Ich verstehe _____, der Atomenergie gut findet.

Grüne Alternativen

Unser Energieverbrauch steigt, fossile Energieträger sind begrenzt. Bei den alternativen Energiequellen gibt es natürlich sowohl Vor- als auch Nachteile.

1 Ordnen Sie diese Begriffe den Bildern zu:
  a Windkraftanlagen
  b Solarzellen
  c Wasserkraftwerke

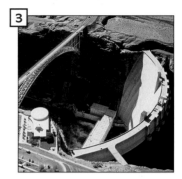

2a Lesen Sie den Text.

2b Suchen Sie die entsprechenden deutschen Ausdrücke im Interview.
  a if we want to avoid a major disaster
  b the main advantages over
  c as long as the solar system is there
  d to replace fossil energies
  e to promote independent 'green' enterprise
  f one should have started years ago
  g to meet 100% of the energy demand

Ein Interview über erneuerbare und fossile Energieträger

Hermann Scheer wurde 1999 mit dem Alternativen Nobelpreis ausgezeichnet. Unsere Reporterin befragte ihn über die Zukunft der Alternativen Energiequellen.

Rep.: Herr Scheer, wie wichtig werden die erneuerbaren Energien in diesem neuen Jahrhundert werden?
HS: Ohne Alternativenergien werden wir im 21. Jahrhundert keine Chance haben. Wenn wir eine Katastrophe vermeiden wollen, müssen wir auf alternative Energien bauen. Nach unserem heutigen Energieverbrauch reicht das gesamte Erdölangebot nur noch ungefähr 30 bis 40 Jahre.

Rep.: Was sind Ihrer Ansicht nach die größten Vorteile gegenüber traditionellen Energiequellen?
HS: Es gibt da drei ganz bedeutende Unterschiede zwischen Atomenergie und fossilen Energien auf der einen Seite und den erneuerbaren Energien auf der anderen. Erstens hat die Sonnenenergie keine Emissionen. Zweitens wird es Sonnenenergie geben, solange das Sonnensystem existiert. Das bedeutet, noch etwa fünf Milliarden Jahre. Und schließlich scheint die Sonne ja überall auf der ganzen Welt. Somit ist diese Energiequelle universal.

Rep.: Was muss nun geschehen, damit die erneuerbaren Energien die fossilen und atomaren Energien ablösen können?
HS: Die Politik muss neue, unabhängige „grüne" Unternehmen fördern. Nehmen Sie zum Beispiel den Häuserbau. In Freiburg gibt es die Schlierbergsiedlung. Hier werden die Häuser mit Solarstrom versorgt. Solche Projekte müssen überall entwickelt und gefördert werden. Man hätte damit schon vor Jahren anfangen sollen. Aber auch in der Landwirtschaft bieten sich Möglichkeiten, zum Beispiel die Produktion von Biomasse, mit der man theoretisch 100% des Energiebedarfs abdecken könnte.

Rep.: Das würde natürlich mehr Arbeitsplätze in der Landwirtschaft schaffen, nicht?
HS: Ganz sicher. Eine Studie von Eurosolar und der EU hat gezeigt, dass bis zum Jahr 2010 1,4 Millionen neue Arbeitsplätze geschaffen werden könnten, wenn man den Anteil der erneuerbaren Energien in der EU verdoppelte. Davon könnten 400 000 in der Landwirtschaft und 400 000 im Baugewerbe entstehen.

3 Beantworten Sie jede der folgenden Fragen in einem Satz. Vorsicht aber bei der Wortstellung!

   a Warum müssen alternative Energiequellen gefördert werden?

   b Welche Vorteile des Solarstroms erwähnt Herr Scheer?

   c Warum nennt er Solarenergie „universal"?

   d Was soll mit den alternativen Energien geschehen?

   e Wie sieht Herr Scheer die Rolle der Politik?

4a 🔊 Hören Sie vier junge Leute zum Thema „alternative Energiequellen". Welche Satzteile gehören zusammen?

   a Ich wäre nie ein Mitglied von „Panda" geworden,

   b Sie wäre lieber mit dem Rad gefahren,

   c Meine Eltern hätten den Stromverbrauch in ihrer Firma reduziert,

   d Sie hätten ein Haus mit Solarenergie gekauft,

   1 wenn sie mehr Geld gehabt hätten.

   2 wenn du mir nicht davon erzählt hättest.

   3 wenn es mehr Radfahrwege gegeben hätte.

   4 wenn es möglich gewesen wäre.

4b 🔊 Hören Sie die Unterhaltung noch einmal. Beantworten Sie die folgenden Fragen.

   a Was halten Wissenschaftler in der Zukunft für möglich?

   b Was ist die Basis für eine alternative Energieversorgung?

   c Was bedeutet die Entwicklung alternativer Energien für den Arbeitsmarkt?

   d Wie könnte man alternative Energien attraktiver machen?

   e Was sollte jeder Einzelne tun?

Grammatik ⇨ 165 ⇨ W61

Conditional perfect

The conditional perfect expresses actions which could have happened under certain conditions ('would have …').

It consists of: a form of *hätte* or *wäre* + past participle.

Ich **wäre** mit dem Rad **gefahren**, wenn es Radfahrwege **gegeben hätte**.
*I **would have cycled** if there **had been** cycle paths.*
See also Übung 4a.

Tipp

Checking and correcting your work

Do not:

   ◆ Copy sentences word for word

   ◆ Use lengthy quotations to illustrate your answers

Do:

Check the content, then the accuracy of your answers carefully. Allow yourself plenty of time to check the most frequent grammatical errors:

   ◆ Does each verb agree with the subject?

   ◆ Is the verb in the right position?

   ◆ Is the verb in the right tense?

   ◆ Are prepositions followed by the correct case?

   ◆ Are remaining cases and adjective endings correct?

   ◆ Have nouns got capital letters?

1 Answer the following questions, referring to the text on p. 102, in your own words. Look again at the *Tipp* on p. 87 first, and check your answer carefully.

   a Was sind die Unterschiede zwischen fossilen/atomaren Energien und alternativen Energiequellen?

   b Wie kann die Politik alternative Energien fördern?

   c Wie sieht die Zukunft für die Landwirtschaft aus?

5a  Schreiben Sie die Gegenargumente zu den folgenden Aussagen auf.

   a Alternative Energiequellen schaffen neue Arbeitsplätze.

   b Ohne Atomenergie hätten wir nicht genug Energie für unseren Stromverbrauch.

   c Atomenergie ist sauber.

   d Solarenergie ist sehr teuer.

   e Die Schließung von Atomkraftwerken bedeutet, dass viele Arbeiter/innen arbeitslos werden.

5b 💬 Diskutieren Sie in der Klasse über die Vor/Nachteile von Alternativen Energiequellen.

6 Schreiben Sie eine Zusammenfassung Ihrer Diskussion als Nachrichtenreportage (ca. 150 Wörter).

Zur Auswahl

1 S🔊 Hören Sie einen Text über die Umweltorganisation „Panda". Ergänzen Sie die Sätze sinngemäß mit den passenden Wörtern aus der Liste unten.

a Sie könnten Komplimente bekommen, weil Sie gut aussehen, wenn Sie dem _____ folgen.

b Die Produkte sind umweltfreundlich, da sie aus _____, _____ Naturfasern gemacht sind.

c Zum Programm gehören auch passende Taschen, _____, Accessoires und _____ .

d Um sich zu Hause richtig wohl zu fühlen, sind gesunde _____ wichtig.

e Die ausgezeichnete Qualität der Möbel und Heimtextilien zeigt sich daran, dass man sie _____ verwenden kann.

> Verarbeitung Schuhe Mode hautsympathischen Pandaprogramm schadstofffreien jahrelang Panda Materialien Schmuck.

2 👥 Sie sind entweder Mitglied der Umweltorganisation „Panda" oder einer anderen Umweltorganisation.

a Erarbeiten Sie eine Liste mit Argumenten, warum die Arbeit dieser Organisation wichtig ist.

b Versuchen Sie einen Partner/eine Partnerin in einem Gespräch als neues Mitglied für die ausgewählte Organisation zu gewinnen.

Extra! Machen Sie die Übungen auf Arbeitsblatt 29.

3 Schreiben Sie ungefähr 250 Wörter. Umweltverschmutzung ist ein großes Problem. Machen wir genug, um unsere Umwelt zu schützen? Glauben Sie, dass jeder Einzelne etwas tun sollte? In Ihrer Antwort könnten Sie folgende Punkte beachten:

◆ Im täglichen Leben

◆ In der Industrie

◆ In der Politik

◆ In Umweltorganisationen

Gut gesagt! S🔊
Zusammengesetzte Wörter

4a Zusammengesetzte Wörter werden auf dem Bestimmungswort betont. Hören Sie die folgenden Wörter an und sprechen Sie nach. Merken Sie sich das harte „b" in „Treibhaus" und „Abfall", genau als ob es noch am Wortschluss stehen würde.

Umwelt und Verschmutzung =
    Umweltverschmutzung
Atom und Kraft = **Atomkraft**
Klima und Veränderung = **Klima**veränderung
Kern und Kraft und Werk = **Kern**kraftwerk
wieder und Verwertung = **Wieder**verwertung

un und sicher = **un**sicher
ab und Fall = **Ab**fall
Energie und Quelle = **Energie**quelle
Treibhaus und Effekt = **Treib**hauseffekt
Umwelt und Organisation = **Umwelt**organisation

4b Reime und Sprichwörter sind besonders gut zum Üben geeignet. Hören Sie die folgenden an und sprechen Sie mit:

Blätterfall, Blätterfall
Gelbe Blätter überall

Weil Frankfurt so groß ist,
drum teilt man es ein
In Frankfurt an der Oder
Und Frankfurt am Main.

1a Lesen Sie den Text.

Verrückt nach Seifenopern!

Am Anfang war Seife! In den zwanziger Jahren kamen amerikanische Waschmittel-Produzenten auf die Idee mit Herz-Schmerz-Geschichten für Ihre Produkte zu werben. Die Soaps sind geboren – und boomen immer noch. Nicht nur Importe aus Amerika gibt es heute – in Deutschland hat fast jeder Kanal inzwischen seine eigene Soap. Hauptsache bei einer Seifenoper – kurze Szenen, damit der Zuschauer sich nicht zu lange konzentrieren muss, viele interessante Charaktere und Spannung. Soaps sind immerhin nicht alle nach demselben Modell geschnitten. „Verbotene Liebe" ist die einzige deutsche Soap nach dem amerikanischen Modell – zwei rivalisierende Familienclans mit viel Geld und jede Menge Intrigen. „Marienhof" auf der anderen Seite versucht etwas realistischer zu sein. Denise Jahn arbeitet bei der ARD in der Redaktion von „Marienhof": „Klar ist Unterhaltung der Hauptzweck einer Soap", meint sie, „aber die Zuschauer sollen sich mit den

Charakteren identifizieren können. Die Sendung ist populär, weil unsere Zuschauer ihr eigenes Leben darin erkennen. Wir versuchen auch aktuelle Themen wie Ausländerfeindlichkeit zu behandeln. In dieser Hinsicht haben Seifenopern die Macht, die Aufmerksamkeit der Zuschauer auf Brennpunkte der heutigen Gesellschaft zu lenken." Soziologin Andrea Hammer hat eine andere Erklärung: „Die Soaps ersetzen die sozialen Kontakte für die immer größere Anzahl an Menschen, die allein wohnen. Außerdem sind die eigenen Probleme gegenüber denen in der Serie nicht halb so schlimm!"

1b Beantworten Sie diese Fragen auf Deutsch.

a Wann und wo wurden die ersten Seifenopern ausgestrahlt? *(2 Punkte)*

b Was war der Zweck dieser Seifenopern? *(1 Punkt)*

c Was sind die typischen Eigenschaften einer Seifenoper? *(3 Punkte)*

d Wovon handelt „Verbotene Liebe"? *(2 Punkte)*

e Wie unterscheidet sich „Marienhof" von „Verbotene Liebe"? *(1 Punkt)*

f Warum ist „Marienhof" laut Denise Jahn erfolgreich? *(1 Punkt)*

g Welche wichtige Rolle spielen Seifenopern in der Gesellschaft ihrer Meinung nach? *(1 Punkt)*

h Wie erklärt Andrea Hammer den Erfolg von Seifenopern? *(2 Punkte)*

(13 Punkte insgesamt)

2a Denken Sie an eine Seifenoper, die Sie kennen, und machen Sie Notizen unter den folgenden Stichpunkten:

- An wen richtet sich die Seifenoper?
- Sind die Charaktere realistisch?
- Können Sie sich mit den Charakteren identifizieren?
- Welche aktuellen Themen hat die Sendung neulich behandelt?

Beschreiben Sie Ihre gewählte Seifenoper den anderen Mitgliedern der Klasse. Sie sollen erraten, welche Sendung Sie beschreiben.

2b Sind Sie mit Denise Jahn einverstanden? Haben Seifenopern viel Macht? Können sie eine nützliche Rolle erfüllen? Diskutieren Sie in Ihrer Klasse.

3 Fassen Sie die Aufgaben 2a und 2b schriftlich zusammen. Beschreiben Sie Ihre Lieblingsseifenoper und äußern Sie Ihre Meinung darüber. *(20 Punkte)*

4 [📻] Hören Sie das Radio-Interview mit Andreas Körner, der über das Thema Waldsterben spricht, und schreiben Sie dann die Sätze zu Ende. Manchmal müssen Sie mehr als ein Wort schreiben.

a Herr Körner arbeitet bei einer _____. *(1 Punkt)*

b Die Wälder dienen als _____ . *(1 Punkt)*

c Die Wälder produzieren _____ . *(1 Punkt)*

d Die Wälder beeinflussen _____ . *(1 Punkt)*

e Die Wälder beherbergen auch _____ . *(3 Punkte)*

f Ein Viertel des deutschen Waldes ist _____ . *(1 Punkt)*

g _____ und _____ töten die Bäume. *(2 Punkte)*

h Die Hauptursachen von Luftverschmutzung sind _____ und _____ . *(2 Punkte)*

i Es ist immer noch möglich, den Wald zu _____ . *(1 Punkt)*

j Die drei wichtigsten Maßnahmen, die den Wald schützen würden, sind _____ . *(3 Punkte)*

(16 Punkte insgesamt)

5 👥 Sehen Sie das Bild und die Zitate an und diskutieren Sie mit einem Partner/einer Partnerin.

Die Umwelt von heute – eine Weltkatastrophe
Recyceln Sie – der Umwelt zuliebe

♦ Was sind die größten Umweltprobleme heutzutage?

♦ Welches Problem finden Sie am wichtigsten?

♦ Wie kann man die Umwelt schützen?

♦ Was tun Sie persönlich für die Umwelt?

♦ Ist es eine gute Idee, Autos in großen Städten zu verbieten?

Ausländer in Deutschland

By the end of this unit you will be able to:

- Talk about the different groups of immigrants in Germany and their problems
- Discuss the problems of second- and third-generation immigrants
- Discuss the reasons for racism and its effects
- Discuss the integration of foreigners
- Use the pluperfect tense
- Use adjectival nouns
- Use strategies to extend your vocabulary
- Pronounce s, ß, st sounds more accurately

1 Schauen Sie sich die Bilder an und beantworten Sie die Fragen.
a Wer sind die Leute auf den beiden Bildern?
b Woher kommen sie?
c Warum sind sie in Deutschland?
d Warum sind sie glücklich/unglücklich?

Wer sind die Ausländer?

Wer sind die Ausländer in Deutschland?

1 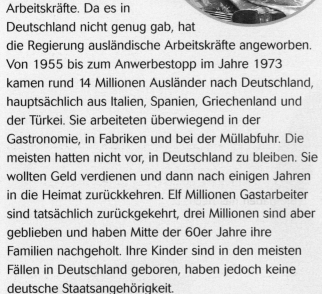 Gibt es viele Einwanderer in Ihrer Gegend? Aus welchen Ländern kommen sie? Warum sind sie ausgewandert? Diskutieren Sie in Ihrer Klasse.

2a Lesen Sie die drei Texte.

Die Gastarbeiter

In den 50er Jahren kamen die so genannten Gastarbeiter nach Deutschland. Damals, in der Zeit des deutschen Wirtschaftswunders, brauchte die Bundesrepublik viele neue Arbeitskräfte. Da es in Deutschland nicht genug gab, hat die Regierung ausländische Arbeitskräfte angeworben. Von 1955 bis zum Anwerbestopp im Jahre 1973 kamen rund 14 Millionen Ausländer nach Deutschland, hauptsächlich aus Italien, Spanien, Griechenland und der Türkei. Sie arbeiteten überwiegend in der Gastronomie, in Fabriken und bei der Müllabfuhr. Die meisten hatten nicht vor, in Deutschland zu bleiben. Sie wollten Geld verdienen und dann nach einigen Jahren in die Heimat zurückkehren. Elf Millionen Gastarbeiter sind tatsächlich zurückgekehrt, drei Millionen sind aber geblieben und haben Mitte der 60er Jahre ihre Familien nachgeholt. Ihre Kinder sind in den meisten Fällen in Deutschland geboren, haben jedoch keine deutsche Staatsangehörigkeit.

Die Aussiedler

Die Aussiedler kommen aus den ehemaligen deutschen Gebieten in Osteuropa. Sie wohnen oft seit dem Mittelalter dort, haben aber deutsche Siedlungen gegründet, wo sie die deutsche Kultur und die deutsche Sprache beibehielten. In den letzten hundert Jahren haben diese Deutschen wegen ihrer Nationalität viel gelitten. Vor allem während des zweiten Weltkrieges wurden sie aus ihren Dörfern vertrieben. Immerhin lebt eine deutsche Minderheit von zwei Millionen Menschen in Russland, weitere 500 000 leben in Polen. Seit dem Ende des zweiten Weltkriegs versuchen viele dieser Aussiedler nach Deutschland zurückzukehren und seit dem Zusammenbruch des Kommunismus liegen Hunderttausende von Ausreiseanträgen aus Russland, Polen und Rumänien vor. Die Aussiedler haben das Recht, in Deutschland zu leben, so lange sie bestimmte Bedingungen erfüllen. Sie müssen die deutsche Staatsangehörigkeit oder deutsche Volkszugehörigkeit beweisen. Die deutsche Volkszugehörigkeit liegt vor, wenn jemand sich zum Deutschtum bekannt hat, z.B. durch Sprache, Erziehung und Kultur.

Die Asylbewerber

„Politisch Verfolgte genießen Asylrecht." Dieser Satz aus dem deutschen Grundgesetz verspricht jedem, der in seiner Heimat aus politischen und religiösen Gründen verfolgt wird, Zuflucht in Deutschland. Deutschland hat das großzügigste Asylrecht in Europa. Deshalb nimmt die Bundesrepublik jedes Jahr etwa die Hälfte der Flüchtlinge auf, die in Westeuropa Asyl suchen. Wer als Asylbewerber nach Deutschland kommt, muss zuerst einen Asylantrag stellen. Bis der Antrag anerkannt wird, darf er nicht arbeiten und lebt auf Kosten des Staates, oft in einem Wohnheim. Wenn der Antrag anerkannt wird, darf er arbeiten. Sehr wenige Anträge werden anerkannt. Viele Flüchtlinge kommen nicht, weil sie in ihren Heimatländern in Lebensgefahr sind, sondern aus wirtschaftlichen Gründen, weil sie in Deutschland auf ein besseres Leben hoffen.

2b Was passt zusammen?

a	Gastarbeiter	**e**	Asylrecht
b	Anwerbestopp	**f**	Asylbewerber
c	Aussiedler	**g**	Asylantrag
d	Volkszugehörigkeit	**h**	Flüchtling

1 das Ende der Einstellung von ausländischen Arbeitnehmern

2 das Gesetz über politisches Asyl

3 die schriftliche Bitte um Asyl

4 eine ausländische Arbeitskraft

5 eine Person, die aus politischen Gründen ihre Heimat verlassen hat

6 ein Mitglied der deutschen Minderheiten in Osteuropa, das nach Deutschland umzieht

7 eine Person, die um Asyl bittet

8 das Bekenntnis zum Deutschtum

3 Welche Satzhälften passen zusammen?

a Deutschland hat die Gastarbeiter geholt,

b Die Gastarbeiter hatten

c Die Mehrheit der Gastarbeiter

d Die deutschen Aussiedler

e Viele dieser Aussiedler

f Um in Deutschland leben zu dürfen,

g Menschen, die in ihrer Heimat aus politischen oder religiösen Gründen verfolgt sind,

h Alle Asylanten müssen

i Die Mehrheit der Anträge

j Viele Flüchtlinge kommen nicht wegen Verfolgung nach Deutschland,

1 schlecht bezahlten Jobs.

2 haben die deutsche Sprache und Kultur bewahrt.

3 haben das Recht auf Asyl in Deutschland.

4 einen Asylantrag stellen.

5 weil es in der Bundesrepublik einen Mangel an Arbeitskräften gab.

6 sondern weil die Lebensbedingungen dort besser sind.

7 stammen aus deutschen Siedlungen in Osteuropa.

8 wird abgelehnt.

9 ist nach einigen Jahren in die Heimat zurückgekehrt.

10 müssen die Aussiedler die deutsche Staatsangehörigkeit oder Volkszugehörigkeit nachweisen.

4 🔊 Brigitte Nolde arbeitet beim Ausländeramt. Hier gibt sie Auskunft über Statistiken zum Thema Ausländer. Hören Sie zu und notieren Sie diese Informationen.

a Zahl der Ausländer in Deutschland

b Zahl der in Deutschland geborenen Ausländer

c Prozentsatz an Ausländern ohne Schulabschluss

d Prozentsatz der ersten Generation, die höhere Angestellte sind

e Prozentsatz der zweiten Generation, die höhere Angestellte sind

f Zahl der Menschen deutscher Abstammung in Osteuropa

g Zahl der Aussiedler letztes Jahr

h Größte Zahl an Asylanten, die in einem Jahr nach Deutschland gekommen sind

i Zahl der Asylanten, die 1999 nach Deutschland gekommen sind

j Prozentsatz der Asylanträge, die anerkannt werden

Hilfe

Es gibt drei Gruppen von Ausländern in Deutschland ...

... kommen aus ...

Die ... sind nach Deutschland gekommen, weil ...

Sie haben das Recht ...

Sie dürfen nicht ...

Extra! 👥 Verstehen Sie jetzt die Hauptvokabeln? Spielen Sie in kleinen Gruppen das Definitionsspiel auf Arbeitsblatt 30.

5 Fassen Sie die Hauptfakten über Ausländer in Deutschland zusammen. Schreiben Sie nicht mehr als 150 Wörter.

Aussiedler, Asylanten

Warum kommen die Ausländer nach Deutschland? Mit welchen Problemen werden sie konfrontiert?

1 Lesen Sie die Aussagen unten. Welche Aussagen betreffen eher Aussiedler, welche Asylanten? Diskutieren Sie in der Klasse.

a Sie sprechen ein veraltetes Deutsch.

b Sie sprechen oft kein Deutsch.

c Sie sind in ihrer Heimat verfolgt worden.

d Sie dürfen zuerst nicht arbeiten.

e Sie wohnen bei ihrer Ankunft oft in Sammelunterkünften.

f Manche haben Verwandte in Deutschland.

g Sie fühlen sich als Deutsche.

h Sie sind in Lebensgefahr.

2a Lesen Sie die Geschichte eines Asylanten unten.

2b Schreiben Sie eine Überschrift für jeden Absatz.

3a Lesen Sie den Text noch mal. Richtig oder falsch?

a Jenet wohnt seit vier Jahren in Deutschland.

b Die Familie wurde in Sri Lanka angegriffen.

c In Düsseldorf konnte die Familie sofort in eine Wohnung ziehen.

d Über den Asylantrag ist noch nicht entschieden worden.

e Jenet hat es nicht leicht gefunden, sich an das Leben in Deutschland zu gewöhnen.

f Vor ihrer Ankunft in Deutschland hatte Jenet schon begonnen, Deutsch zu lernen.

g Ihr Vater hat drei Jahre lang keinen Arbeitsplatz gehabt.

h Jenet hat schon Erfahrungen mit Diskriminierung gemacht.

i Jenet hat nicht vor, auf Dauer in Deutschland zu bleiben.

JENETS GESCHICHTE

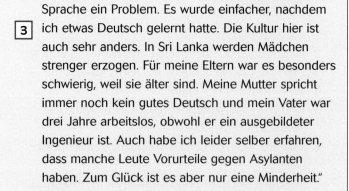

1 Vor vier Jahren ist Jenet mit ihrer Familie von Sri Lanka nach Deutschland gezogen. Für Jenet war die Ankunft in Deutschland ein Schock. „So viele hohe Häuser und weiße Menschen hatte ich noch nie gesehen." Jenet war mit ihren Eltern und vier Geschwistern vor dem Bürgerkrieg in ihrer Heimat geflohen. Seit Jahren werden Tamilen von der singhalesischen Mehrheit verfolgt und die Familie hatte in ihrer Heimat viele Probleme gehabt. „Mein Bruder wurde zusammengeschlagen und unser Haus wurde in Brand gesteckt", erklärt sie. „Eigentlich wollten wir unsere Heimat gar nicht verlassen, aber ein normales Leben war unmöglich."

2 In Berlin kam die Familie zuerst in ein Lager. Dann wurde sie nach Düsseldorf geschickt, wo sie ein Jahr lang in einem zweiten Lager wohnte. „Das war eine schwierige Zeit", erinnert sich Jenet. „Mein Vater durfte nicht arbeiten, weil wir noch auf die Entscheidung über unseren Asylantrag warteten. Meine Geschwister und ich hatten aber schon begonnen, die Förderklasse der Hauptschule zu besuchen und Deutsch zu lernen." Der Asylantrag der Familie wurde anerkannt und sie konnte schließlich in eine Wohnung in der Innenstadt ziehen.

3 Ist Jenet inzwischen integriert? „Ja, aber es hat eine Weile gedauert und ich habe mich wirklich anstrengen müssen, um mich hier anzupassen. Natürlich war die Sprache ein Problem. Es wurde einfacher, nachdem ich etwas Deutsch gelernt hatte. Die Kultur hier ist auch sehr anders. In Sri Lanka werden Mädchen strenger erzogen. Für meine Eltern war es besonders schwierig, weil sie älter sind. Meine Mutter spricht immer noch kein gutes Deutsch und mein Vater war drei Jahre arbeitslos, obwohl er ein ausgebildeter Ingenieur ist. Auch habe ich leider selber erfahren, dass manche Leute Vorurteile gegen Asylanten haben. Zum Glück ist es aber nur eine Minderheit."

4 Jenet ist jetzt 18 und macht eine Ausbildung als Erzieherin an der Berufsschule. Denkt sie daran, nach Sri Lanka zurückzukehren? „Nein, die Situation dort ist nicht besser geworden. Auch hatten wir vor unserer Ausreise unser Eigentum in Sri Lanka verkauft, um die Reise zu finanzieren."

3b Beantworten Sie die folgenden Fragen auf Deutsch.
  a Warum wurde die Familie verfolgt?
  b Welche Probleme haben sie in Deutschland gehabt?
  c Welche Unterschiede gibt es zwischen den Kulturen in Deutschland und Sri Lanka?
  d Glauben Sie, dass die Familie jetzt gut integriert ist? Warum?

4a 🔊 Hören Sie einen Bericht über einen Aussiedler. Bringen Sie die folgenden Sätze in die richtige Reihenfolge.
  a Thomas' Familie ist nach Deutschland gezogen.
  b Thomas' Vorfahren sind in die Ukraine gezogen.
  c Die deutsche Minderheit wurde verfolgt.
  d Thomas' Großeltern wurden deportiert.
  e Mehr als dreißig Jahre später hat Thomas' Familie die Ausreiseerlaubnis bekommen.
  f Die Familie wohnte in einem Übergangslager.
  g Die Familie ist nach Bayern gezogen.

4b 🔊 Welche Satzhälften passen zusammen?
  a Thomas' Familie wohnte
  b Nach dem Krieg wollten seine Großeltern
  c Seine Großeltern mussten über 30 Jahre
  d Die Familie hatte Personalakten,
  e Die Familie hat finanzielle Unterstützung
  f Thomas' Eltern konnten wegen mangelnder Qualifikationen
  g Deutschland war ganz anders
  h Die Aussiedler werden nicht

  1 nach Deutschland zurückkehren.
  2 von der deutschen Regierung bekommen.
  3 nur mit Schwierigkeiten Arbeit finden.
  4 bis Ende des zweiten Weltkriegs in der Ukraine.
  5 als die Familie es sich vorgestellt hatte.
  6 von allen Deutschen akzeptiert.
  7 auf die Ausreiseerlaubnis warten.
  8 die ihre deutsche Staatsangehörigkeit nachwiesen.

5 🔊 Lesen und hören Sie die beiden Geschichten noch mal. Welche Ähnlichkeiten gibt es in der Situation von Asylanten und Aussiedlern? Welche Unterschiede gibt es? Machen Sie eine Liste und diskutieren Sie in Ihrer Klasse.

Grammatik 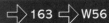 163 ➪ W56

The pluperfect

The pluperfect tense shows what had happened.

◆ It is formed from the imperfect tense of *haben* or *sein* with the past participle of the verb:

ich **hatte gesehen** – *I had seen*
sie **war geflohen** – *she had fled*

(A) Find examples of the pluperfect in the text on p.110.

(B) Put these sentences into the pluperfect.
  a Jenet ist mit ihrer Familie nach Deutschland gekommen.
  b Man hat die Familie in Sri Lanka angegriffen.
  c Jenet hat begonnen, Deutsch zu lernen.
  d Jenets Vater hat am Anfang keine Arbeit gefunden.
  e Jenets Familie hat in einem Lager gewohnt.

6 🔊 Hier spricht Brigitte Nolde über die Integration von Aussiedlern und Asylanten. Hören Sie zu und füllen Sie die Tabelle aus.

	Aussiedler	Asylanten
Gründe für die Anreise		
Gefühle Deutschland gegenüber		
Dauer des Aufenthalts in Deutschland		
Sprache		
Arbeit		
Geld		
Kultur		
Folgen dieser Probleme		

7 Benutzen Sie Ihre Antworten zu Übung 6, um 250 Wörter zu folgendem Thema zu schreiben. Schauen Sie noch mal den Tipp auf Seite 87 an.
„Warum kommen Aussiedler und Asylanten nach Deutschland? Welche Probleme erleben sie?"

8 👥 Machen Sie ein Rollenspiel. A ist Asylant(in) und B Aussiedler(in). Interviewen Sie sich gegenseitig. Machen Sie zuerst eine Liste von Fragen.
Warum sind Sie nach Deutschland gekommen? ...

Die zweite Generation

Welche Probleme haben die Kinder von Einwanderern?

1a Bevor Sie das Interview mit einem Gastarbeiter aus der Türkei anhören, lesen Sie die Fragen unten und versuchen Sie, die Antworten vorauszusehen.

a Seit wann wohnt Herr Suleiman in Deutschland?
b Warum ist er gekommen?
c Wo arbeitet er?
d Warum hat er sich entschlossen, in Deutschland zu bleiben?
e Hat Herr Suleiman deutsche Freunde?
f Inwiefern sind seine Kinder in die deutsche Gesellschaft integriert?
g Warum, meint Herr Suleiman, ist das Leben in Deutschland besser für seine Kinder?
h Was findet er schlecht daran?
i Was ist seine Meinung zur Ehe seiner Kinder?

1b Hören Sie jetzt zu und notieren Sie die richtigen Antworten.

2a Lesen Sie den Text „Zwischen zwei Welten" über Guljan, eine junge Türkin.

Zwischen zwei Welten

Ich habe die türkische Staatsangehörigkeit, bin in Berlin geboren und aufgewachsen. Meine Familie und ich wohnen in Kreuzberg, einem Stadtteil von Berlin, wo es viele türkische Familien gibt. Da wir moslemisch sind, besuche ich zweimal in der Woche die Koranschule, um über unsere Religion zu lernen. Meine Familie ist streng religiös und mein Vater legt viel Wert auf unsere Kultur und Tradition. Ich gehe auf das Gymnasium, wo es sehr wenig Türken gibt, und so habe ich viel Kontakt zu deutschen Mädchen und Jungen. Am Anfang war das kein Problem. Meine beste Freundin Anna ist eine Deutsche und ich durfte bei ihr übernachten. Dann, als ich in der neunten Klasse war, hat Annas Schwester ein Kind bekommen. Sie lebte mit ihrem Freund zusammen, war aber nicht verheiratet. Meine Eltern waren schockiert und ich durfte Anna nicht mehr besuchen. Wir mussten uns heimlich treffen. Von dieser Zeit an bekamen die deutschen Kinder auch mehr Freiheiten – sie durften ins Jugendhaus gehen oder Partys feiern. Meine Eltern haben mir alles verboten und ich wurde eine Außenseiterin in der Klasse. Dazu kam, dass die meisten meiner Freundinnen damals ihre ersten Freunde kennen lernten. Ich bekam auch Komplexe, weil ich keinen Freund hatte. Endlich habe ich meinen Vater dazu überredet, mich eine oder zwei Stunden auf die Feten zu lassen. Ich war immer die Erste, die ging, aber ich konnte wenigstens dabei sein. Mit Beginn der zwölften Klasse nahm ich mir noch mehr Freiheiten heraus. Irgendwann lernte ich meinen ersten Freund kennen –

das durften meine Eltern natürlich nicht wissen und ich begann zu lügen. Das Versteckspielen wurde uns zu viel und die Beziehung scheiterte. Jetzt planen meine Eltern, mich mit einem fremden Mann zu verheiraten. Das will ich nicht. Ich bin jetzt 18 – ich hoffe, dass ich meine Familie nicht verlassen muss, aber das werde ich tun, wenn sie mich zwingen, eine solche Ehe einzugehen.

Ich fühle mich überall abseits. Für die meisten Türken bin ich zu emanzipiert, für die Deutschen nicht emanzipiert genug. Egal wie sehr man versucht, sich anzupassen, man wird nie vollständig akzeptiert. Das Schlimmste ist, man wird nirgendwo als zugehörig betrachtet. Hier sind wir Ausländer, in der Türkei sind wir die „Deutschländer". Ich habe mein ganzes Leben lang in Deutschland gewohnt, habe aber die Staatsbürgerschaft eines Landes, das ich vielleicht fünfmal besucht habe. Es ist ein Leben zwischen zwei Fronten und niemand fragt uns, wie wir damit fertig werden.

2b Ergänzen Sie die folgenden Sätze. Sie brauchen nicht alle der unten angegebenen Wörter zu benutzen.

    a Guljans Vater hält Kultur und Tradition für sehr _____ .

    b Auf dem Gymnasium sind die Schüler _____ Deutsche.

    c Guljans Familie war _____ , als die Schwester ihrer Freundin ein _____ Kind bekam.

    d Guljan hat es ihren Eltern _____ , dass sie einen Freund hatte.

    e Das Versteckspielen setzte Guljans Beziehung unter _____ .

    f Es ist _____ für Guljan, sich sowohl in die deutsche als auch die türkische Kultur _____ .

---

ausschließlich gesagt schwierig wichtig
nebensächlich hauptsächlich uneheliches
einfügen verheimlicht einfach einzufügen
empört erfreut Druck

---

3 Die Sätze unten enthalten jeweils ein falsches Detail. Schreiben Sie die Sätze richtig auf.

    a In Kreuzberg wohnen nur türkische Familien.

    b Guljans Familie war von Anfang an gegen ihre Freundschaft mit Anna.

    c Guljan hat sich keine Sorgen gemacht, dass sie keinen Freund hatte.

    d Ab der neunten Klasse hat Guljan mehr Freiheiten bekommen.

    e Guljans erste Beziehung war sehr erfolgreich.

    f Guljan soll jetzt einen Bekannten aus der Türkei heiraten.

4 Machen Sie ein Rollenspiel mit einem Partner/einer Partnerin. A ist ein junger Türke/eine junge Türkin, der/die sich gegen seine/ihre Eltern auflehnt. B ist der Vater/die Mutter. Benutzen Sie dabei die Ideen auf Arbeitsblatt 30.

5 Stellen Sie sich vor, Sie sind eine junge Türkin. Schreiben Sie einen Problem-Brief (ca. 150 Wörter) an eine Zeitschrift, in dem Sie Ihre Probleme beschreiben und um Rat bitten.

Tipp

Extending your vocabulary

Some exam exercises require you to match up different sentences with the same meaning or to correct false details in a sentence. To do these successfully, you will need to build a wide vocabulary.

◆ **Word families** When looking up words in a dictionary, make a note of other words in the same family.
Example: Ausland, Ausländer, ausländisch

(1) Find some more words in these word families:
    a Staat **b** Wert **c** feiern

◆ **Synonyms/antonyms** Remember synonyms and antonyms (p. 51) when learning vocabulary – build word trees, so that you can vary your vocabulary.
Example: schockiert = entsetzt, empört

(2) Find synonyms and antonyms for these words from the text:
    a akzeptiert **b** scheitern **c** fremd

◆ **Compound nouns** In German you can often take two words and join them to form a third word.
Example: Ausländer + Hass = Ausländerhass

(3) Match up these words to make some new compound nouns – most are in this unit! Sometimes you need to add an extra *-s* between the two words.

Staat	Gesetz	Grund
Asylanten	Geld	Ausreise
Begrüßung	Antrag	Bürgerschaft
Mittel	Wohnheim	Alter

◆ **Prefixes** Prefixes adapt the meaning of a word. If you understand the root word, it is easy to understand the new word with the prefix:
gerecht – *fair*, **un**gerecht – *unfair*
verstehen – *to understand*, **miss**verstehen – *to misunderstand*

(4) What do you think these words might mean?
    a missbrauchen
    b unsicher
    c wiederkommen

Ausländerfeindlichkeit

Welche Vorurteile gibt es gegen Ausländer? Welche Auswirkungen haben diese Vorurteile?

1a Hier sind einige Vorurteile gegen Ausländer. Entscheiden Sie sich, welche Vorurteile wahrscheinlich am stärksten sind.

   a Die Ausländer nehmen die Arbeitsplätze weg.

   b Die Ausländer kosten viel Geld.

   c Die Ausländer nehmen Wohnungen weg.

   d Ausländer sind krimineller als Deutsche.

   e Die Ausländer tragen nichts zur Gesellschaft bei.

   f Wir brauchen die Ausländer nicht.

1b Hier ist aber die Wirklichkeit – welche Antwort passt zu welchem Vorurteil in Übung 1a?

   1 Die Ausländer wohnen oft in veralteten Wohnungen, die die Deutschen gar nicht wollen.

   2 Die Ausländer machen oft schmutzige Arbeit, die die Deutschen nicht wollen.

   3 Es stimmt, dass die Regierung viel Geld für die Lebenskosten von Asylanten ausgibt. Aber die ausländische Bevölkerung zahlt pro Jahr 15 Milliarden Euro an Steuern.

   4 Teilweise richtig – aber nur, weil Asylanten gegen das Einwanderungsgesetz verstießen; solche Verbrechen können deutsche Staatsbürger gar nicht begehen. Was Gewalttaten und Schwerverbrechen betrifft, sind die Ausländer keineswegs krimineller.

   5 In Deutschland gibt es fast 200 000 ausländische Unternehmen. Die größte Gruppe sind die 33 000 türkischen Firmen mit einem Umsatz von 13 Milliarden Euro pro Jahr.

   6 In München sind 50% der Arbeiter in Metallberufen und 70% der Arbeiter bei der Straßenreinigung Ausländer. Die Ausländer sind ein wichtiger Bestandteil der Wirtschaft.

2a Lesen Sie die beiden Texte „Ausländer rein" und „Ausländer raus".

1   Ausländer raus

Rostock, Hoyerswerda, Solingen, Mölln – einst waren sie nur Namen auf der Landkarte, heute sind sie vor allem mit schrecklichen Angriffen von Rechtsextremisten auf Ausländer und Asylanten verbunden. In Mölln wurde ein Haus, in dem eine türkische Familie wohnte, in Brand gesteckt. Eine Frau und ihre Tochter kamen ums Leben. In Rostock kam es eine Woche lang zu nächtlichen Ausschreitungen, als Rechtsradikale ein Asylantenheim angriffen. Nach offiziellen Angaben gibt es in der Bundesrepublik etwa 6400 Neonazis. Davon sind über 90% unter 30 Jahre alt. Fast alle sind männlich.

Warum greifen diese Jugendlichen also zur Gewalt? Vor allem in den neuen Bundesländern, wo die Arbeitslosenzahl sehr hoch ist, ist Ausländerhass gewachsen. Michael (18) ist Mitglied einer Neo-Nazi-Gruppe in Brandenburg: „Warum sollen die Fremden alles bekommen? Die Deutschen haben keine Arbeit, wir haben genug Probleme ohne sie." Diese Ansicht entspricht dem Hauptargument der meisten rechtsextremistischen Gruppen.

Ali wohnte zum Zeitpunkt der Angriffe in Rostock. „Jetzt habe ich Angst, alleine auf die Straße zu gehen", erklärt er. „Es kommt nicht in Frage, irgendwo in die Disko oder in eine Kneipe zu gehen. Das Schlimmste ist, dass ich vor Aggressionen in meiner Heimat geflohen bin. Jetzt erlebe ich dasselbe hier."

2   Ausländer rein

In den Monaten nach den schwersten Attentaten gegen Ausländer sind Millionen Menschen gegen Fremdenhass auf die Straßen gegangen. Mit Lichterketten setzten sie ein Zeichen der Solidarität mit Ausländern und bekundeten ihre Abscheu für die Gewalttaten. Überall in Deutschland wurden Initiativen gegen Fremdenhass gegründet. Christian und Günther, zwei Schüler aus Köln, nahmen an der Demonstration teil: „Wir wollen zeigen, dass Verfolgte und Vertriebene bei uns willkommen sind." Die Jungen haben während der Demonstration Flugblätter gegen Ausländerfeindlichkeit verteilt. Zwei junge Deutsche hielten auch ein Transparent mit einer ungewöhnlichen Bitte in die Höhe: „Liebe Ausländer, lasst uns bitte mit diesen Deutschen nicht alleine."

2b Welcher Satz fasst jeden Abschnitt am besten zusammen?

Abschnitt 1

a Ausländer im Osten leben immer noch in Angst.

b Jugendliche greifen Asylantenwohnheime an – manche Ausländer trauen sich nicht mehr auf die Straße.

c Rechtsradikale verlangen die Ausreise von allen Ausländern.

Abschnitt 2

d Die Kölner sagen: Zwei Ausländer sollen hier bleiben.

e Junge Deutsche verteilen Flugblätter gegen Fremdenhass.

f Millionen zeigen ihr Entsetzen über Angriffe gegen Ausländer.

3a Lesen Sie den Text noch mal. Richtig oder falsch?

a In Mölln sind drei Türkinnen bei einem Brand gestorben.

b In der ehemaligen DDR hat es besonders viele Angriffe auf Ausländer gegeben.

c Ali hat sich durch die Attentate nicht einschüchtern lassen.

d Christian und Günther finden es richtig, dass Flüchtlinge das Recht auf Asyl in Deutschland haben.

e Christian und Günther haben Broschüren gegen Fremdenfeindlichkeit gesammelt.

f Die Worte auf dem Transparent bitten die Asylanten, nach Hause zu gehen.

3b Beantworten Sie diese Fragen auf Deutsch:

a Was ist in Rostock passiert?

b Wie viele Rechtsradikale gibt es in Deutschland?

c Beschreiben Sie einen typischen Neo-Nazi.

d Wie haben die meisten Deutschen reagiert?

4a Lesen Sie die beiden Texte noch mal. Finden Sie Synonyme für:

a Neo-Nazis   **c** Ausländer

b Rassismus   **d** Angriff

4b Bauen Sie ein Wortfeld zum Thema Gewalt.
Beispiel: Gewalttat

5 Ist Deutschland ein fremdenfeindliches Land? Diskutieren Sie in Ihrer Klasse.

Grammatik ⇨ 152 ⇨ W6

Adjectival nouns

Nouns derived from adjectives are very common in German.

verfolgt – *persecuted*; der Verfolgte – *the persecuted person*

deutsch – *German*; der Deutsche – *the German person*

1 Find as many other examples as possible in the texts.

◆ These nouns take the same endings as normal adjectives.

Der Alte wohnt in diesem Haus.

Ich habe **den Alten** gestern gesehen.

Er kam mit **dem Alten**.

Das ist das Haus **des Alten**.

Die Alten wohnen in diesem Haus.

2 Work out how to say the following in German:

a the ill person   **b** the injured person

3 Add the correct endings onto these adjectival nouns.

a Ich habe eine enge Freundschaft mit einem Deutsch___ aus meiner Klasse.

b In Deutschland hat jeder Verfolgt___ das Recht auf Asyl.

c Viele Ausländer haben Angst vor den Rechtsradikal___.

d Die Neonazis meinen, dass die Fremd___ nach Hause gehen sollten.

6 Hören Sie einen Radiobericht über einen Angriff auf Asylanten. Fassen Sie den Bericht auf Englisch zusammen. Erwähnen Sie Folgendes:

◆ Details of the attack and the damage done

◆ The culprits

◆ Criticism of the police

◆ How the police are dealing with the incident

◆ The reactions of local residents

7 Machen Sie ein Rollenspiel. A ist Asylant(in) und war bei dem Angriff im Asylantenheim. B ist Journalist(in) und interviewt A.

8 Fassen Sie das Interview in Übung 7 schriftlich (in ca. 200–250 Wörtern) zusammen.

Mein Land ... dein Land?

Inwiefern ist Integration für Ausländer möglich? Was machen die Deutschen, um den Ausländern zu helfen?

1 Schreiben Sie in der Klasse eine Liste von allen Problemen, mit denen Ausländer konfrontiert sind. Welche möglichen Lösungen gibt es?

Problem	Lösung
Sprachprobleme	*besondere Sprachkurse für Ausländer*

2 Hören Sie Frau Nolde zum dritten Mal. Hier spricht sie darüber, was die Regierung tut, um den Ausländern bei der Integration zu helfen. Wählen Sie für jeden Satz die richtige Antwort.

a Die Sprachkurse für Ausländer sind _____.
umsonst/billig/subventioniert

b Die Asylanten wohnen oft in _____ .
Wohnungen/Sammelunterkünften/Baracken

c Asylanten dürfen _____ arbeiten.
nach einem Jahr/nach fünf Jahren/sofort

d Ausländer ohne die nötigen Qualifikationen können _____ .
sich weiterbilden/keine Stelle finden/nur einen schlechten Job bekommen

e Treffpunkte sollen den Ausländern die Integration _____ .
erschweren/ausschließen/erleichtern

f Die Regierung hat Rechtsextremisten _____ .
verziehen/verurteilt/gelobt

g Die Regierung hat _____ benutzt, um gegen Fremdenhass zu kämpfen.
Treffpunkte/Berater/die Medien

3a Lesen Sie die Aussagen dieser drei Jugendlichen gegen Fremdenhass.

Elisabeth, 17, macht mit ausländischen Kindern Hausaufgaben.
Mit einer Freundin zusammen betreue ich zweimal in der Woche Grundschüler in einem Asylantenheim. Die Nachfrage ist sehr groß – kein Wunder. Für Kinder, die kaum Deutsch sprechen, ist es sehr schwierig Hausaufgaben zu machen. Zuerst helfen wir bei den Hausaufgaben und dann singen oder spielen wir. Das macht am meisten Spaß. Es ist toll, wie fröhlich Kinder sein können, die gerade die Flucht hinter sich haben. Das gibt echt Hoffnung.

Miriam, 18, organisiert mit Freunden zusammen ein internationales Café.
Vor zwei Jahren habe ich eine Führung durch ein Asylantenheim mitgemacht. Da habe ich beschlossen, mit ein paar Freunden und interessierten Leuten einen „Entspannungspunkt" für Asylanten zu organisieren. Jetzt kommen jeden Donnerstag Ausländer und Deutsche zum „Café International" in einem Schülertreff zusammen. Es macht total viel Spaß miteinander zu kochen, Musik zu machen oder einfach zu klatschen. Teilweise haben sich auch schon richtige Freundschaften entwickelt.

Michael, 21, ist in einem Asyl-Arbeitskreis der katholischen Kirche.
Wir wollen die Öffentlichkeit auf Fremdenhass aufmerksam machen. Anfang November haben wir hier in München eine Großdemonstration organisiert. Dafür haben wir Transparente mit der Aufschrift „Setzt euch ein fürs Menschlichsein" gemalt. In einigen Münchner Kinos läuft auch ein kurzer Werbespot von uns. Das Motto: „Asyl ist Grundrecht – Toleranz ist selbstverständlich."

3b Ergänzen Sie die Sätze.

a Miriam ist auf die Idee gekommen, das Café zu _____ , nachdem sie ein _____ besucht hat.

b Das Café _____ Kontakte zwischen Asylanten und Deutschen.

c Das Café bietet eine gelassene _____ , wo sich Freundschaften entwickeln können.

d Elisabeth _____ _____ um ausländische Kinder, die in einem Asylantenheim wohnen.

e Wegen mangelnder _____ ist es schwierig für die Kinder, ihre Hausaufgaben zu machen.

f Elisabeth _____ die Kinder, weil sie trotz ihrer schlechten _____ so fröhlich sind.

g Michael _____ _____ in der Kirche gegen Ausländerfeindlichkeit.

h Er will das _____ der Öffentlichkeit auf das Thema Fremdenhass lenken.

i Seine Gruppe _____ auch im Kino für Toleranz.

kümmert sich   Asylantenheim   wirbt
engagiert sich   Interesse   Sprachkenntnisse
gründen   Atmosphäre   bewundert   ermöglicht
Erfahrungen

4 Was halten Sie von diesen Methoden, gegen Fremdenhass zu kämpfen? Diskutieren Sie in Ihrer Klasse.

◆ Tut die deutsche Regierung genug?

◆ Was könnte sie noch tun?

◆ Was halten Sie von den Aktionen der Jugendlichen?

◆ Glauben Sie, dass Werbekampagnen eine Wirkung haben?

◆ Was kann der Einzelne sonst gegen Fremdenhass tun?

◆ Wären Sie bereit, so was zu machen?

Extra! Schreiben Sie eine Broschüre gegen Fremdenhass.

Extra! Machen Sie die Übungen auf Arbeitsblatt 31.

5a Lesen Sie diesen Text über Staatsbürgerschaft und übersetzen Sie ihn auf Englisch.

Manche Gastarbeiter und ihre Familien wohnen seit zwanzig Jahren in Deutschland. Die Kinder sind oft hier geboren. Sie arbeiten hier, zahlen Steuern – dürfen aber nicht wählen, weil sie immer noch ausländische Staatsbürger sind. Ausländer, die länger in Deutschland wohnen und bestimmte Voraussetzungen erfüllen, können sich um die deutsche Staatsangehörigkeit bewerben. Das haben immerhin nur 1,1% der ausländischen Bevölkerung gemacht. Der Grund: Man muss die alte Staatsbürgerschaft aufgeben. Für die ältere Generation kommt das oft nicht in Frage. Und die zweite Generation will oft die Eltern nicht beleidigen, indem sie auf die alte Heimat verzichtet. Ist die doppelte Staatsbürgerschaft also die einzige Lösung?

5b Hören Sie jetzt die Meinung dieser vier Jugendlichen zum Thema „Doppelte Staatsbürgerschaft".

5c Wer sagt was? Marianne, Peter, Cornelius oder Karin?

a Die Ausländer haben viel für Deutschland getan.

b Die doppelte Staatsbürgerschaft wird die Probleme der Ausländer nicht lösen.

c Man sollte nur Bürger eines Staates sein.

d Die doppelte Staatsbürgerschaft könnte zur Integration der Ausländer beitragen.

e Die Gastarbeiter sollten das Recht haben, das politische Leben in Deutschland zu beeinflussen.

f Die doppelte Staatsbürgerschaft könnte bedeuten, dass Menschen bestimmte Pflichten in zwei Ländern erfüllen müssten.

6 Glauben Sie, dass die Ausländer die doppelte Staatsbürgerschaft haben sollten? Führen Sie eine Debatte in Ihrer Klasse. Sehen Sie dabei die Ideen aus Übung 5a, sowie den *Tipp* auf Seite 55 an.

7 Schreiben Sie einen Leserbrief an eine Zeitung, in dem Sie sich zum Thema äußern.

Zur Auswahl

Gut gesagt! S 🔊

s, ß, st, sp

1a Üben Sie mit diesen Wörtern:

Sonntag	sein
Stein	Straße
Fußball	Spaß
Sorge	Pass
Staatsangehörigkeit	Statistik

1b Üben Sie jetzt diesen Zungenbrecher:
Am Sonntag sitzt sein Sohn auf der Straße in der Stadt, sonst strickt er Socken, spielt Fußball und sammelt Steine.

2 Welche Gruppen von Ausländern wohnen in Deutschland und mit welchen Problemen werden sie konfrontiert? Wie kann man, Ihrer Meinung nach, diese Probleme lösen? Schreiben Sie ungefähr 250 Wörter.

Extra! Machen Sie die Übungen auf Arbeitsblatt 32.

3 👥 Sehen Sie sich die Bilder an und diskutieren Sie die folgenden Fragen mit einem Partner/einer Partnerin.

◆ Wie verstehen Sie die Bilder?

◆ Welche Einstellungen Ausländern gegenüber werden hier vertreten?

◆ Warum sind manche Deutsche gegen Ausländer?

◆ Was unternehmen die Deutschen gegen Ausländerfeindlichkeit?

4 S 🔊 Hören Sie zu und füllen Sie die Tabelle aus.

	Herr Bellanca	Herr Jeronimidis
Woher kommt er?		
Seit wann wohnt er in Deutschland?		
Warum ist er ausgewandert?		
Was ist er von Beruf?		
Beschreiben Sie seine Familie.		
Was ist seine Einstellung Deutschland gegenüber?		
Hat er schon Ausländerfeindlichkeit erlebt?		

Deutschland und Europa

By the end of this unit you will be able to:

- Discuss Europe without border controls
- Write a report on reasons for working or studying abroad
- Discuss the pros and cons of the euro
- Talk about the merits of regional European projects
- Give your opinion on the concept of European awareness

- Use weak nouns
- Use the future perfect tense
- Familiarise yourself with revision techniques
- Revise vocabulary

1 Machen Sie das Europaquiz.

1 Was bedeutet die Abkürzung EU?

2 Wie viele europäische Länder können Sie nennen?

3 Welche sind Mitglieder der EU?

4 Wie heißt die Hauptstadt eines deutschsprachigen Landes, das nicht in der EU ist?

5 Wie heißt die europäische Währung, die im Juli 2002 die DM ersetzt?

6 Wie heißt die größte Stadt Europas?

7 Aus welchem deutschen Adelshaus stammte Prinz Albert, der Ehegatte von Königin Victoria?
  - **a** Fürstenberg
  - **b** Hannover

8 Wie viel Millionen Einwohner hat die EU?
  - **a** 275 Millionen
  - **b** 375 Millionen
  - **c** 248 Millionen

9 Welches europäische Land gewann die Fußball-Europameisterschaft 2000?
  - **a** Italien
  - **b** Die Niederlande
  - **c** Frankreich

10 Wann wurde England Mitglied der EU?

11 Wer ist die größte Handelsmacht der Erde?
  - **a** Europa
  - **b** USA
  - **c** Japan

Wegweiser durch Europa

Was bedeutet „Europa"? Inwiefern können die europäischen Länder einander unterstützen?

Was sind wohl die wichtigsten Punkte, die die Deutschen zum Thema Europa nennen? Einer Umfrage nach sind es „Vielfalt, Freiheit, Zukunft und Fortschritt".
Über 60% sehen die Bedeutung der EU besonders darin, dass es nie mehr Krieg in Europa geben solle. Dreißig Prozent halten die EU aus wirtschaftlichen Gründen für wichtig.

Allerdings können sich nur 13% vorstellen, dass es einmal einen gemeinsamen europäischen Staat geben könnte. Was viele Deutsche an Europa besonders gut finden? Kulturelle Vielfalt, interessante Städte und verschiedenartige Landschaften.

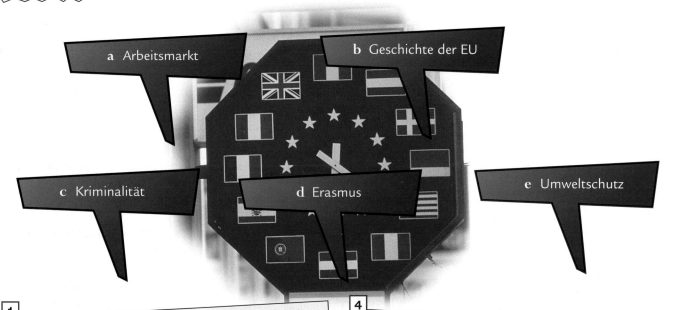

a Arbeitsmarkt

b Geschichte der EU

c Kriminalität

d Erasmus

e Umweltschutz

1
Wer an einem Austausch von Studenten interessiert ist, wendet sich am besten an das Erasmusprogramm. Seit 1987 wird dadurch Studenten die Möglichkeit gegeben, einen Teil ihres Studiums in einem anderen EU-Mitgliedsland durchzuführen.

2
Alle Bürger der EU können in einem anderen Mitgliedsland Arbeit suchen. Im Durchschnitt liegt die Arbeitslosenquote der EU bei etwa 11%. Dabei gibt es aber von Land zu Land große Unterschiede.

3
Die EU will mit verschiedenen Programmen und Vorschriften den Treibhauseffekt, das Ozonloch und sauren Regen bekämpfen. So will die EU bis zum Jahr 2005 die Kohlendioxidemissionen stark reduzieren.

4
Keine Personenkontrollen an Europas Grenzen. Seit 1994 überwacht Europol, das Europäische Polizeiamt, den Kampf gegen das organisierte Verbrechen und den Drogenhandel.

5
1951 wurde die Europäische Gemeinschaft für Kohle und Stahl gegründet. 1957 gründeten Frankreich, die Bundesrepublik Deutschland, Italien, Belgien, die Niederlande und Luxemburg im Römischen Vertrag die Europäische Wirtschaftsgemeinschaft (EWG). Mit der Errichtung des Europäischen Binnenmarktes 1973 traten das Vereinigte Königreich, Irland und Dänemark der EU bei. Im Jahre 1981 folgten Griechenland und Spanien. 1986 trat Portugal bei. Heute hat die EU 15 Mitgliedstaaten und ist mit 375 Millionen Einwohnern die größte Handelsmacht der Welt.

1a Lesen Sie die Texte und ordnen Sie jedem Wegweiser den passenden Text zu.

1b Lesen Sie die Texte nochmals und suchen Sie die entsprechenden deutschen Ausdrücke.

    a only 13% can imagine

    b would do best to turn to

    c on average

    d various programmes and regulations

    e to oversee the fight against crime

1c Suchen Sie Synonyme für die folgenden Wörter in den Texten:

    a wurde errichtet

    b Mitglied werden

    c Großbritannien

    d die Erde

2 Lesen Sie die Texte nochmals und beantworten Sie die folgenden Fragen.

    a Was ermöglicht das Erasmusprogramm?

    b Welchen Vorteil haben die Bürger der EU?

    c Was tut die EU für die Umwelt?

    d Wer ist für die Sicherheit an Europas Grenzen verantwortlich?

    e Was sind die wichtigsten Daten in der Entwicklung der EU?

3a Suchen Sie zu jedem deutschen Wort die entsprechende Definition.

    a die Verhütung

    b der Handel

    c die Fälschung

    d der Polizeieinsatz

    e die Unterstützung

    f die Strafverfolgung

    1 wenn Polizisten Verbrechen aufdecken

    2 Kriminelle verhaften und vor Gericht bringen

    3 kaufen und verkaufen

    4 Hilfe

    5 Dinge herstellen, die nicht echt sind

    6 etwas verhindern, was man nicht will

3b Hören Sie ein Gespräch mit einem Vertreter von Europol. Setzen Sie die folgenden Sätze in die richtige Reihenfolge.

    a Europol arbeitet an der Verhütung und Bekämpfung der international organisierten Kriminalität.

    b Durch die Arbeit von Europol kann Information über Kriminelle oder Verbrecher schneller ausgetauscht werden.

    c Der Begriff Europol steht für Europäisches Polizeiamt.

    d Europol gibt auch technische Unterstützung bei der Strafverfolgung.

    e Europol will die polizeiliche Zusammenarbeit zwischen den EU-Ländern verbessern.

    f Illegaler Drogenhandel, Terrorismus und Menschenhandel sind Beispiele für das Aufgabenfeld von Europol.

4a Hören Sie noch einmal zu. Welche Probleme werden erwähnt? Schreiben Sie mindestens fünf der acht Probleme auf.

4b Wie unterstützt Europol die Mitgliedstaaten? Schreiben Sie drei Bereiche auf.

5 Sie sind Grenzbeamter/beamtin an der deutsch-französischen Grenze. Ihr Partner/Ihre Partnerin ist Reporter(in) einer Zeitung und möchte Sie über Ihre Arbeit interviewen. Ihre Antworten zum Hörtext werden Ihnen dabei helfen.

6a Erarbeiten Sie mit einem Partner/einer Partnerin die Vor- und Nachteile eines Europas ohne Grenzen. Verwenden Sie Information aus den Übungen und den Texten auf diesen Seiten.

6b Führen Sie eine Diskussion in der Klasse zum Thema „Für oder gegen Europa ohne Grenzen".

6c Schreiben Sie einen kurzen Bericht über die Aufgaben von Europol (150 Wörter).

Extra! Erarbeiten Sie, wenn möglich mit Hilfe des Computers, eine Präsentation zum Thema: Wegweiser durch Europa.

Europass = Mobilität

Wer heutzutage im Berufsleben erfolgreich sein will, braucht nicht nur fachliches Wissen, sondern auch Kooperationsfähigkeit und vor allem Fremdsprachenkenntnisse.

1a Lesen Sie die beiden Texte.

Immer mehr Jugendliche wollen sich im Ausland weiterbilden

Die Mobilität unter jungen Menschen nimmt zu, so meint Bundesministerin Edelgard Bulmahn, und fördert die interkulturelle und berufliche Integration. Europas Jugend hat die Möglichkeit, ihre Ausbildung oder Weiterbildung in anderen europäischen Staaten zu machen und dabei europäische Qualifikationen zu erhalten. Der so genannte Europass hilft dabei. Er gibt Auskunft darüber, welche internationalen Qualifikationen ein Jugendlicher während seiner Ausbildung und im Ausland erworben hat. Der zweisprachige Europass erwähnt Ausbildungsergebnisse des Auslandsaufenthalts, die Dauer des Aufenthalts im Ausland und die Ausbildungseinrichtungen. Ziel dieses Europasses ist es, zu zeigen, wie nützlich Auslandsqualifikationen in Bildung und Arbeit sein können. Außerdem soll die Zusammenarbeit in der beruflichen Bildung in der Europäischen Union weiter entwickelt werden.

1b Suchen Sie die entsprechenden deutschen Ausdrücke in den beiden Texten.
  a to promote integration between cultures
  b to inform about
  c to have gained a qualification
  d further education/training institutions
  e European awareness

1c Ergänzen Sie die folgenden Sätze aus dem ersten Text.
  a Die Jugend in Europa kann …
  b Der Europass informiert über …
  c Ausbildungsergebnisse, die Dauer des Aufenthalts und Ausbildungseinrichtungen …
  d Der Europass zeigt einem Arbeitgeber …

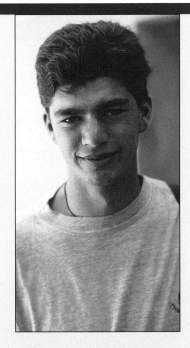

„Vor zwei Jahren hatte ich die Möglichkeit durch das EU-Bildungsprogramm ‚Sokrates' ein dreimonatiges Auslandspraktikum in Südengland zu machen. Ziel war es, europäisches Bewusstsein in Grundschulen zu fördern. Ich arbeitete mit mehreren Grundschullehrern/innen zusammen, half im Unterricht als Assistent, erzählte den Jungen und Mädchen von Deutschland, deutschen Geschichten und Märchen, Liedern und Festen. Und sie lernten ihre ersten deutschen Sätze. Ich war überrascht, wie wenig die Kinder über Deutschland wussten. Sie waren aber alle wirklich interessiert und sehr nett. Während der drei Monate wohnte ich bei einer der englischen Lehrerinnen. Sie war unheimlich freundlich und ich fühlte mich sehr wohl und voll in die Schulgemeinschaft integriert. Es war ein einmaliges Erlebnis und eine wertvolle Erfahrung, die ich nur jedem empfehlen kann. Ich bekam ein Stipendium von 609 Euro, das sind ungefähr 400 englische Pfund pro Monat, sowie einen Hin- und Rückflug nach England. Durch das Praktikum haben sich meine Englischkenntnisse verbessert und ich hoffe, meine Chance auf einen guten Arbeitsplatz auch."

2 Verbessern Sie die Sätze, die sich auf den zweiten Text beziehen.

   a Stefan verbrachte zwei Jahre in Südengland.

   b Er unterrichtete in Grundschulen.

   c Die Schüler sangen Lieder und lasen Märchen.

   d Wenige Kinder wussten etwas über Deutschland.

   e Er hatte so etwas schon öfter erlebt.

   f Durch das Praktikum bekam er einen guten Arbeitsplatz.

3 Lesen Sie die Texte noch einmal und beantworten Sie die folgenden Fragen zu den beiden Texten.

   a Welche Möglichkeiten haben europäische Jugendliche?

   b Wie hilft der Europass?

   c Was wird im Europass beschrieben?

   d Was will man durch den Europass erreichen?

   e Was machte Stefan während seines Englandaufenthaltes?

   f Was machte er in den Grundschulen?

   g Was war sein Eindruck?

   h Was sagte er über sein Auslandspraktikum?

4a 🔊 Hören Sie das Interview mit einer englischen Jugendlichen, die ihr Arbeitspraktikum in Deutschland gemacht hat.

   a Was bietet das Programm?

   b Wie heißt das Programm?

   c Was ist das Ziel?

   d Notieren Sie die positiven Erfahrungen.

   e Notieren Sie die negativen Erfahrungen.

4b 🔊 Hören Sie das Interview noch einmal an und fassen Sie es unter den folgenden Punkten auf Englisch zusammen:

   a Why did she want to work abroad?

   b What did she think of the experience?

   c What do you need if you are to succeed?

Extra! 🔊 Hören Sie sich das Interview noch einmal an und machen Sie die Übungen auf Arbeitsblatt 33.

5a 👥 Schreiben Sie eine Liste mit Vor- und Nachteilen von einem Arbeitspraktikum/Studium im Ausland.

5b 👥 Diskutieren Sie in der Klasse und begründen Sie Ihre Meinung.

Grammatik ➡ 153 ➡ W6

Weak nouns

A small group of masculine nouns are known as weak nouns. They include:

   der Assistent

   der Junge

   der Kollege

   der Mensch

   der Nachbar

   der Präsident

   der Psychologe

◆ They add an *-(e)n* ending in all forms except the nominative.

(A) Complete these sentences with the correct weak noun from the texts.

   a die Mobilität unter jungen _____

   b ich half im Unterricht als _____

   c ich erzählte den _____ und Mädchen

(B) Translate the following sentences.

   a Stefan lived with other assistants.

   b He had a very nice neighbour.

   c The president gave the assistant a book.

   d My colleague's dog doesn't like that boy.

6 Fassen Sie die verschiedenen Möglichkeiten im Ausland zu arbeiten oder zu studieren als Bericht zusammen und äußern Sie auch Ihre Meinung dazu.

Der Euro

„Euro", so heißt die einheitliche europäische Währung, die die DM ablöst. Ist der Euro die logische Konsequenz eines Europas ohne Grenzen?

Die „nationale" Seite der Euro-Münze

Durch Symbole wie Bundesadler, Eichenzweig und Brandenburger Tor auf den Euro-Münzen hatte die Bundesregierung versucht, die europäische Einheitswährung der deutschen Bevölkerung schmackhaft zu machen. Gemeinsam mit den Regierungen der anderen interessierten Mitgliedsstaaten hatte man beschlossen, dass jedes Land eine Seite der Euro-Münzen mit nationalen Symbolen gestalten kann. Auf der Vorderseite zeigen die 1- und 2-Euro-Münzen den Umriss Europas, die 10, 20 und 50 Cent-Münzen die Umrisse der einzelnen EU-Staaten, während die 1-, 2- und 5-Cent-Münzen einen Globus als Symbol Europas in der Welt zeigen.

Nicht nur für Touristen ist der Euro eine angenehme Sache, sondern auch für Industrie und Handel. So sieht der Euro-Countdown für Deutschland aus:

1. Januar 1999: Umrechnungskurs 1 Euro = 1,95583 DM

Ab 1. Januar 1999 bis 31. Dezember 2001: Verträge können in DM oder Euro abgeschlossen werden. Schecks können in Euro ausgestellt werden.

Ab 1. Januar 2002: Alle Verträge werden auf Euro umgestellt.

1. Januar bis 30. Juni 2002: Barzahlung sowohl in Euro als auch in DM möglich.

1. Juli 2002: Die DM wird ungültig. Der Euro ist alleiniges gesetzliches Zahlungsmittel.

1a Können Sie beschreiben, welche Symbole es auf englischen Münzen gibt?

1b Wie könnte der englische Euro aussehen?

2a Wie sagt man auf Deutsch?
  a exchange rate
  b contracts
  c to write a cheque
  d cash payment
  e invalid
  f means of payment

2b Fassen Sie die wichtigsten Punkte zum Euro und zum Euro-Countdown für Deutschland auf Englisch zusammen.
  a the euro coin
  b the euro-countdown in Germany

3a Lesen Sie die Aussagen a–k. Welche sind für, welche gegen den Euro und europäische Integration?

a Europa bietet viele berufliche Möglichkeiten für junge Leute.

b Als Student kann man an einer anderen europäischen Universität studieren.

c Wenn ein Land keine eigene Währung hat, verliert es seine Identität.

d Es ist mir egal, ob ich mit DM, Pfund, Schilling, oder Euro bezahle. Geld ist Geld.

e Es wird immer kulturelle Unterschiede geben. Genau das macht Europa interessant.

f Weil die europäischen Mitgliedsstaaten wirtschaftlich zusammenarbeiten, ist Europa eine bedeutende Wirtschaftsmacht und kann mit den USA konkurrieren.

g Es ist auch positiv, wenn die europäischen Staaten eine gemeinsame Umweltpolitik haben.

h Jedes Land hat andere Probleme. Europa sollte sich da nicht einmischen.

i Wenn ich in Ferien fahre, finde ich es toll, mit einer fremden Währung zu bezahlen.

j Als Tourist spart man Geld und Zeit, wenn man nicht mehr zur Bank zum Umtauschen gehen muss.

k Es sind doch nur die Politiker, die ein starkes Europa wollen.

3b Hören Sie eine Diskussion zwischen Anke, Thomas, Steve, Sven und Sonja über ihre Einstellung zur Europäischen Union. Wer sagt was? Übung 3a wird Ihnen dabei helfen.

4 Hören Sie die Diskussion noch einmal an und ergänzen Sie die fehlenden Wörter.

a Es sind doch nur die Politiker, die an der _____ Europas interessiert sind.

b Europäische Zusammenarbeit bedeutet nicht, dass die einzelnen Länder ihre _____ aufgeben müssen.

c Wenn es um eine gemeinsame _____ geht, kann die EU etwas erreichen.

d Europa kann als _____ mit Amerika konkurrieren.

e Wenn es eine einheitliche Währung gibt, braucht man sich nicht ums _____ kümmern.

f Die _____ eines Landes identifizieren sich mit der Währung.

g Wenn alles _____, werde ich für sechs Monate an einer italienischen Uni studieren

5 Lesen Sie diese Liste mit negativen Argumenten. Schreiben Sie nun die Gegenargumente dazu. Hören Sie den Hörtext noch einmal an, wenn nötig.

a Ein starkes Europa ist nur für die Politiker wichtig.

b Ohne eigene Währung verliert ein Land seine Identität.

c Jedes Land sollte sich um seine eigenen Probleme kümmern.

d Jedes Land sollte seine eigene Kultur haben.

6 Teilen Sie die Klasse in zwei Gruppen ein: die EU-Skeptiker und die EU-Befürworter. Machen Sie eine Liste mit den entsprechenden Argumenten und diskutieren Sie. Benutzen Sie die Hilfe-Ausdrücke.

Hilfe

ja, aber …

das stimmt auf keinen Fall

man darf das nicht so eng sehen

es kommt darauf an

betrachten Sie einmal die andere Seite/betrachte einmal die andere Seite

allerdings muss man sagen, dass …

ja, vielleicht schon, jedoch …

7 Machen Sie diese Umfrage zum Thema „Eine europäische Währung für die ganze EU?"

a Wie wichtig ist eine nationale Währung für Sie?

b Verliert ein Land seine Identität, wenn es keine eigene Währung hat?

c Welche Vorteile sehen Sie in einer einheitlichen Währung?

d Welche Nachteile sehen Sie darin?

8 Entwerfen Sie ein Poster, auf dem Sie das Ergebnis schriftlich zusammenfassen.

Extra! Eine weitere Folge des grenzenlosen Europas ist die Erweiterung des europäischen Schienennetzes. Lesen Sie wie Europa zusammenwächst und machen Sie die Übungen auf Arbeitsblatt 34.

125

Einheit und Vielfalt

Die Länder der Europäischen Union sind durch vielfältige Unterschiede und Eigenheiten gekennzeichnet. Die EU unterstützt verschiedene Regionen finanziell.

1 Ordnen Sie die Wörter (rechts) entweder dem Begriff „Einheit" oder dem Begriff „Vielfalt" zu.

> Grenze Mehrsprachigkeit Euro Infrastruktur
> Modellregionen grenzüberschreitend Europol
> Auslandsaufenthalt

2a Lesen Sie die beiden Texte.

1 Neue Arbeitsplätze für die Stadt Zeitz

Die Stadt Zeitz in Sachsen-Anhalt ist eine von fünf Modellregionen der EU. Hohe Arbeitslosigkeit und fehlende Arbeitsplätze waren charakteristisch für diese Region. Von Firmenschließungen, besonders in der Chemieindustrie, war die ganze Gegend betroffen. Neue Hoffnung brachte im Februar 1996 die Initiative „Vertrauenspakt für mehr Beschäftigung in Europa". Arbeitgeber, Gewerkschaften, Repräsentanten der Stadt, der Bildungseinrichtungen und der Kirchen arbeiteten alle zusammen.

Ziel der Initiative war es, ein lokales Netzwerk aller Beteiligten zu errichten. In Zusammenarbeit mit vier weiteren Modellregionen in England, Italien und Spanien wurden Erfahrungen ausgetauscht. Es gab Kurse für Leute, die kleine und mittelständische Unternehmen gründen wollten. Außerdem gab es Projekte, um die Ausbildungssituation der Jugendlichen zu verbessern. Man hat auch eine Netz-Infrastruktur aufgebaut, um den lokalen Unternehmen den Zugang zum Internet zu ermöglichen.

Der Erfolg des Projekts zeigte sich daran, dass ein großes Chemieunternehmen aus Italien in die Region investieren will. Auch gab es Unterstützung vom Verkehrsministerium, das für eine bessere Infrastruktur sorgte.

Das erfolgreiche Projekt bekam 200 000 ECU Finanzierungshilfe von der EU.

2 Avantis – der erste europäische Business-Park

Avantis heißt der erste grenzüberschreitende „European Science and Business Park".

Die Initiatoren sind die niederländische Stadt Heerlen und die deutsche Stadt Aachen.

Dieses binationale Projekt soll vor allem technologie-orientierte Unternehmen anziehen. Das Avantis-Gelände umfasst mehr als 100 Hektar. Wenn der Business-Park fertig ist, sollen bis zu 12 000 Menschen dort arbeiten. Insgesamt wurden 62 Millionen Euro in das Projekt investiert. Das Bundesland Nordrhein-Westfalen, die niederländische Provinz Limburg und die Europäische Union haben das Projekt finanziell unterstützt. Die ersten interessierten Konzerne, ein niederländisches Unternehmen und ein schwedischer Handy-Hersteller, haben bereits investiert.

Die Vorteile der Region sind die verkehrsgünstige Lage und die Mehrsprachigkeit.

2b Suchen Sie die entsprechenden Synonyme / Ausdrücke im ersten Text.
  a mehr Arbeitsplätze
  b Schulen, Berufsschulen, Universitäten
  c Teilnehmer
  d aufbauen
  e Firma, Geschäft

2c Wie sagt man auf Deutsch?

a closure of firms	**g** cross-border
b affected	**h** site
c pact of trust	**i** mobile phone
d trade unions	**j** manufacturer, producer
e access	**k** convenient for traffic
f to provide	

3a Die folgenden Aussagen sind durcheinander geraten. Ordnen Sie sie dem entsprechenden Text 1 oder 2 zu.
Beispiel: Ein Chemieunternehmen aus Italien will in die Region investieren. (1)

a Für Unternehmen, die an der Entwicklung neuer Technologie interessiert sind, ist das Projekt besonders attraktiv.

b Durch Schließung vieler Firmen gab es sehr viel Arbeitslosigkeit.

c Zugang zum Internet wird mit Hilfe einer Netz-Infrastruktur möglich sein.

d Die Infrastruktur ist in dieser Gegend besonders günstig.

e Nur in einem Europa ohne Grenzen ist dieses Projekt möglich.

3b Schreiben Sie die folgenden Sätze zu Ende.

a Die Initiative „Vertrauenspakt für mehr Beschäftigung in Europa" _____

b Mit vier weiteren Modellregionen in England, Spanien und Italien hat _____

c Man weiß, dass das Projekt erfolgreich war, weil _____

d Vor allem technologie-orientierte Unternehmen _____

e Bis zu 12 000 Menschen _____

f Die verkehrsgünstige Lage und die Mehrsprachigkeit _____

4a 🔊 Hören Sie einen Bericht über eine Druckgraphikschule im Internet. In welcher Reihenfolge hört man die folgenden Aussagen?

a 1997 haben fünf Ausbildungsstätten eine gemeinsame virtuelle Druckgraphikschule gegründet.

b Das erste Examen fand in Reykjavík statt und war „real", nicht virtuell.

c Johann Peter Baum, Dozent an der Offenbacher Hochschule für Gestaltung, ist von den technischen Möglichkeiten begeistert.

d Das achtzehnmonatige Programm wurde für Auslandsaufenthalte genutzt.

e Die Werke von Nicolaj Dudek erscheinen in der Homepage des Projektes.

f Das Programm heißt „European Printmaking Art & Research" und wurde von der EU finanziell gefördert.

4b 🔊 Beantworten Sie die folgenden Fragen:

a Welche fünf Hochschulen nehmen an dem Programm teil?

b Für welche Studenten ist das Programm gedacht?

c Wovon wurde das Examen begleitet?

d Worüber macht sich Johann Peter Baum Sorgen?

5a 🔊 Hören Sie noch mal zu. Schreiben Sie zwei positive und zwei negative Aspekte des Projekts auf.

5b Schreiben Sie Ihre eigene Meinung zu diesem Projekt auf (3–5 Sätze).

6 🔊 Hören Sie den Text noch einmal. Notieren Sie, welche Pläne für die Zukunft erwähnt werden.

a Johann Peter Baum wird _____

b Er wird hoffentlich _____

c Sie werden _____

Grammatik   ➪ 165 ➪ W81

Future perfect tense

Ⓐ Compare the following sentences with your answers to Übung 6. What is the difference?

a Bis 2004 wird Herr Baum die technischen Möglichkeiten des Programms weiter entwickelt haben.

b Er wird dann einen neuen Sponsor gefunden haben.

c Bis dahin werden sie mehr Kontakte mit den anderen Partnerschulen hergestellt haben.

The future perfect refers to events which will have happened before a certain point in the future.

Bis nächstes Jahr wird sich vieles verändert haben.
By next year a lot will have changed.

Ⓑ Translate sentences a–c into English.

7 👥 A ist Reporter(in), B leitet eines der drei EU-Projekte. Machen Sie ein Interview über die folgendenden Punkte.

a Aufgabe des Projekts   c Ziele

b Positive Auswirkungen   d Zukunftsaussichten

8 Wählen Sie eines dieser drei Projekte und beschreiben Sie es. Äußern Sie anschließend ihre Meinung dazu.

Multikulturelles Europa

Die Vielfalt der europäischen Länder zeigt sich in den unterschiedlichen Traditionen und den Eigenheiten jedes einzelnen Mitgliedstaates.

Kochen wie die Engländer

Auto fahren wie die Franzosen

Bescheiden wie die Spanier

1a Wird es wohl irgendwann einmal ein europäisches Bewusstsein, eine europäische Kultur geben? Wenn man sich diese Karikaturen ansieht, scheint es sehr unwahrscheinlich! Beschreiben Sie die Karikaturen.

1b Stimmen Sie diesen Karikaturen zu?

2a Suchen Sie zu jedem Wort die passende Definition.

a gründen
b stammen aus
c hohe Erwartungen haben
d verantwortungsbewusst
e Recht
f Volkswirtschaft
g es ist erforderlich

1 das Studium der Gesetze eines Landes
2 kommen aus
3 nur das Beste wollen
4 ein Projekt, eine Aufgabe beginnen
5 das Studium der Herstellung und Verteilung der Waren in einem Land
6 man weiß, was man tut, und akzeptiert die Konsequenzen.
7 man muss es haben

2b Lesen Sie den Text.

Das Europa-Kolleg in Brügge

1 Das Europa-Kolleg wurde 1949, lange bevor es die Europäische Union gab, in der belgischen Stadt Brugge gegründet. Die Idee der Gründer war es, durch eine europäische Ausbildung europäisches Bewusstsein zu fördern. „Wir bieten 260 jungen Akademikern die Möglichkeit nach ihrem Fachstudium noch ein weiteres Jahr zu ‚büffeln‘," so Otto von der Gablentz, Rektor des Europa-Kollegs.

2 Ziel ist, außer einer fachlichen Ausbildung auch die Erfahrung mit Studenten aus anderen Ländern im europäischen Alltag zusammenzuleben. Die Studenten wohnen auf dem Campus in kleinen Häusern zusammen. Die meisten Studenten kommen aus den Staaten der europäischen Union, aber es gibt auch viele aus den Ländern Ostmitteleuropas, aus Nordafrika oder Amerika. Die Studenten werden von ungefähr 100 Dozenten unterrichtet, die auch aus verschiedenen Ländern stammen und ihre nationalen und kulturellen Erfahrungen teilen.

3 Das Kolleg hat hohe Erwartungen an seine Studenten. Es sollen kompetente Europäer ausgebildet werden, die verantwortungsbewusst sind und europäisch denken und handeln können. Sie sollen über ihren nationalen Horizont hinausblicken und auf das Europa der Zukunft vorbereitet werden.

4 Was sind die Voraussetzungen? Ausgezeichnete Sprachkenntnisse und ein Fachstudium in Fächern wie Recht, Volkswirtschaft oder politische Wissenschaft sind erforderlich. Nach einem erfolgreichen Jahr bekommt man den Titel „Master of European Studies", der schon vielen Europa-Kolleg Studenten zu einer ausgezeichneten Karriere nicht nur in europäischen Institutionen, sondern auch in der privaten Wirtschaft verholfen hat.

2c Welche Überschrift fasst welchen Abschnitt am besten zusammen?

1 a 260 junge Akademiker studieren
  b Europäische Ausbildung für junge Akademiker
2 a Akademisches Studium und multikultureller Alltag
  b Studenten stammen aus verschiedenen Kulturen
3 a Auf den nationalen Horizont blicken
  b Vorbereitung auf das Europa der Zukunft
4 a Man kann Recht, Volkswirtschaft und politische Wissenschaft studieren
  b „Master of European Studies" und eine gute Karriere

3 Welche Satzteile gehören zusammen?

a Bevor es die EU gab,
b Die Studenten sollen eine fachliche Ausbildung,
c Auch die Dozenten des Kollegs
d Man erwartet von den Studenten,
e Die Studenten hoffen,
1 aber auch Erfahrungen eines multikulturellen Alltags bekommen.
2 dass sie europäisch denken und handeln lernen.
3 dass sie nach dem Studium am Europa-Kolleg gute Karrierechancen haben.
4 wurde das Europa-Kolleg gegründet.
5 kommen aus vielen europäischen und nichteuropäischen Ländern.

4 Schreiben Sie die Fragen zu den folgenden Antworten.

a Sie wollten jungen Akademikern die Möglichkeit geben, durch eine europäische Ausbildung ihr europäisches Bewusstsein zu stärken.
b Die Studenten stammen aus vielen verschiedenen Ländern.
c Kompetente Europäer, die europäisch denken und handeln können.
d Man bekommt den Titel „Master of European Studies".
e Eine ausgezeichnete Karriere in europäischen Institutionen oder der privaten Wirtschaft.

5 Wie zeigt sich, nach Meinung des Europa-Kollegs, ein „europäisches Bewusstsein"? Schreiben Sie drei Punkte auf.

6a Hören Sie ein Gespräch unter vier Jugendlichen zum Thema: „Wie realistisch ist eine europäische Kultur?" Wer sagt was?

Ben   Anke   Katja   Jean-Paul

a Das Interessante an Europa sind die vielen verschiedenen Kulturen.
b Es ist wichtig, dass jedes Land seine Eigenheiten und Besonderheiten behält.
c Ich bin Europäer, was aber nicht bedeutet, dass ich meine eigene Kultur aufgebe.
d Ich finde es interessant, zum Beispiel Ausstellungen von Künstlern aus anderen europäischen Ländern zu sehen.
e Europäisches Bewusstsein bedeutet für mich tolerantes Denken und Handeln.
f Ich würde mich nicht als Europäer bezeichnen.
g Europäische Fernsehkanäle, wie Arte, sind toll. Der bietet interessante Spielfilme und Dokumentationen in zwei Sprachen.
h Wenn man die europäischen Partnerschaften zwischen Städten und Schulen unterstützt, zeigt das europäisches Bewusstsein.
i Ausländische Filme sind total gut. Man sieht, wie andere europäische Leute denken oder worüber sie lachen.

6b Was bedeutet europäisches Bewusstsein für die vier Jugendlichen? Finden Sie Beispiele aus dem Hörtext.

7a Diskutieren Sie mit einem Partner/einer Partnerin, wie Sie zu der Idee einer europäischen Kultur stehen.

7b Schreiben Sie Ihre Ansichten auf. Die Argumente aus dem Hörtext können Ihnen dabei helfen.

8 Vergleichen Sie die verschiedenen Ansichten in einem Klassengespräch.

9 Schreiben Sie einen kurzen Bericht von 150 Wörtern. „Kann man europäisches Bewusstsein fördern?" Geben Sie vier Beispiele. Was ist Ihre Meinung dazu?

Zur Auswahl

Gut gesagt! S🔊

z, s, ts, tz, tion

1a Hören Sie genau zu und sprechen Sie nach.

so – **Zoo**
seit – **Zeit**
Siege – **Ziege**
Säule – **Zäune**

1b Versuchen Sie diesen Zungenbrecher:

Zwischen zwei Zügen flogen zweiundzwanzig Zeitungen.

1c Sprechen Sie bitte nach.

ni**chts**
re**chts**
kur**z**
Stur**z**
Wur**z**el
na**chts**
ma**cht's**
Ka**tz**e
Na**tion**

1d Und zum guten Schluss:

Zweifel zwischen zwei Nationen
Macht's nichts?
Kürzt die Ration der Nation!
So so, du warst im Zoo.

Tipp

General revision techniques

- Start revising two or three months before the exam.
- Stop for a ten-minute break every forty minutes.
- Do not revise more than two topics per day.
- A definite must: Switch off all distractions such as radio and TV.

Tipp

Revising vocabulary

A Choose the most common verbs such as *machen*, *gehen*, *sehen*, *nehmen*, and *geben*. Which of the following prefixes go with which verb? Use a dictionary to look up the meaning of any verb you are not sure of.

ab-
an-
auf-
ein-
mit-
über-
um-
ver-

- **Mind-mapping** This is a very good way to check you know the necessary vocabulary for the oral exam, listening and reading papers. You can do this activity for all your topics.

B Take the topic *Europa*. Write down all the nouns, adjectives and verbs you associate with this topic. Use colour-coding for the different types of words.

- **Summary** This is another good way of tackling vocabulary by topic area.

C Take *Europa* as a topic again. Look at the following headings and write as many keywords as possible under each heading. Use your notes to help you.

a Europa ohne Grenzen
b Arbeits-s/Studienplätze
c Europäisches Bewusstsein

Extra! There are more revision tips on Arbeitsblatt 35.

Wiederholung Einheit 9–10

1 Beschreiben Sie in jeweils fünf Sätzen die Situation und die Probleme der:

a Gastarbeiter

b Asylanten

c Aussiedler

Benutzen Sie Ihre Notizen dazu. *(30 Punkte)*

2a Lesen Sie die folgenden Informationen zum Thema „Ausländerintegration".

- ◆ Seit 1. Januar 2000 gilt neues Staatsangehörigkeitsrecht.
- ◆ Deutsche Staatsangehörigkeit für Kinder ausländischer Eltern, die in Deutschland geboren sind
- ◆ Ausländische Eltern müssen acht Jahre in Deutschland gelebt haben.
- ◆ Kinder können mit der Geburt die deutsche und eine weitere Staatsangehörigkeit erwerben.
- ◆ Mit 18 muss man sich jedoch innerhalb von fünf Jahren für eine Staatsangehörigkeit entscheiden.
- ◆ Erwachsene Ausländer müssen acht Jahre in Deutschland gelebt haben, bevor sie die deutsche Staatsbürgerschaft bekommen können.
- ◆ Voraussetzungen sind:
  - ◆ Eine Aufenthaltserlaubnis
  - ◆ Das Grundgesetz achten
  - ◆ Keine Straftaten begangen haben
  - ◆ Einen Arbeitsplatz und deutsche Sprachkenntnisse haben

2b Rollenspiel: Sie sind Ausländer(in) in Deutschland. Ihr Freund/Ihre Freundin ist Deutscher/Deutsche. Beschreiben Sie, wie sich Ihre Situation durch das neue Staatsangehörigkeitsrecht verändern wird.

2c Beschreiben Sie in einem Brief an eine Freundin/einen Freund in der Türkei die Veränderungen durch das neue Staatsangehörigkeitsrecht. Äußern Sie auch Ihre eigene Meinung dazu. *(30 Punkte)*

3 Die folgenden Wörter sind durcheinander geraten. Ordnen Sie sie unter diesen drei Überschriften: *(13 Punkte)*

Fremdenfeindlichkeit

Reaktionen der deutschen Bevölkerung

Reaktionen/Maßnahmen der Regierung

Interkulturelle Wochen

Antirassistische Bildungsarbeit

Verbot von rechtsextremistischer Propaganda

Lichterketten

Gewaltanschläge

Brandstiftung

Anschläge auf Asylantenheime

Protestdemonstrationen

Ausländer werden auf der Straße beschimpft

Beratungsstellen von kirchlichen Organisationen

Verbot rechtsextremistischer Gruppierungen

Finanzierung von Anti-Rassismus-Projekten

4 Hören Sie die Nachrichtenmeldung über einen Überfall durch Rechtsradikale. Lesen Sie die folgenden Aussagen und ergänzen Sie das Wort, das am besten passt, so dass die Aussagen mit dem Sinn des Berichts übereinstimmen.

a Die Polizei im Bundesland Thüringen hat zwei Rechtsradikale _____.
verhaftet/verletzt/verteidigt

b Die beiden Tatverdächtigen haben die Tat _____.
abgestritten/zugegeben/bestanden

c Die Opfer waren _____.
zwei Chinesen und ein Türke/ein Chinese, ein Österreicher und ein Türke/zwei Österreicher und ein Türke

d Die rechtsradikalen Täter hatten ihre Opfer _____.
täglich angegriffen/beschimpft/bedroht

(4 Punkte)

5a Was assoziieren Sie mit diesem Sternensymbol? Schreiben Sie so viele Stichwörter wie möglich zum Thema „Europa".

5b Warum hat man diese Symbole für den „deutschen" Euro gewählt?

5c Halten Sie einen kleinen Vortrag. Was verbinden Sie mit dem Thema „Europa"?

6 Lesen Sie Ihre Notizen durch und beantworten Sie die folgenden Fragen.

   a Welche Aufgaben hat Europol?   *(3 Punkte)*

   b In welchen Bereichen arbeitet die Polizei der einzelnen europäischen Länder zusammen?

                                      (3 Punkte)

   c Finden Sie ein Europa ohne Grenzen eher positiv oder eher negativ? Begründen Sie Ihre Antwort.

                                      (20 Punkte)

                            (26 Punkte insgesamt)

7 🔊 Hören Sie das Interview und notieren Sie möglichst viele Informationen zu den folgenden Überschriften.

   a Welche Möglichkeiten gibt es, wenn man im europäischen Ausland arbeiten will?   *(3 Punkte)*

   b Welche Möglichkeiten werden erwähnt, wenn man im europäischen Ausland studieren will? *(3 Punkte)*

                              (6 Punkte insgesamt)

8a Lesen Sie den folgenden Text.

Mehr von einander lernen

Das deutsch-französische Verhältnis wird oft als Motor des „Projekts Europa" angesehen. Doch gibt es auch unterschiedliche Meinungen, zum Beispiel über die Zukunft Europas. Während die Deutschen einer Öffnung Europas in Richtung Osten positiv gegenüberstehen, denken die Franzosen eher über die gegenwärtige Lage nach. Trotz dieser unterschiedlichen Vorstellungen, arbeitet man gemeinsam an wichtigen Fragen wie: Wird die EU im Kampf gegen die Arbeitslosigkeit helfen? Oder: Wird die EU die Integration der Einwanderer erleichtern? Städtepartnerschaften und die Arbeit des Deutsch-Französischen Jugendwerks haben sehr viel zu der deutsch-französischen Verständigung beigetragen. Und obwohl immer weniger Menschen die Sprache des Nachbarlandes lernen, sollte man versuchen, nach Englisch, der Weltumgangssprache, Deutsch und Französisch als zweite Fremdsprachen zu stärken. Der offene Dialog zwischen den beiden Ländern sowie Kompromissbereitschaft werden auch in Zukunft Wegweiser für ein starkes, erfolgreiches Europa sein.

8b 🔊 Fassen Sie den Text unter den folgenden Stichworten auf Englisch zusammen.

   ◆ common aims

   ◆ ways of strengthening a mutual understanding

   ◆ ways forward   *(30 Punkte)*

9 Die Europäische Union hat viele positive Projekte geschaffen und entwickelt. Geben Sie zwei Beispiele dafür. Was finden Sie gut daran und warum? Schreiben Sie ungefähr 150 Wörter.   *(36 Punkte)*

11 Hier spricht man Deutsch

By the end of this unit you will be able to:

- Talk about some German festivals
- Recognize some German dialects
- Summarise what led to the construction and fall of the Berlin wall
- Discuss some of the issues of the reunited Germany
- Use the appropriate verb tense
- Recognize the perfect tense of modals
- Write conditional clauses
- Pronounce *r* and *l* accurately

1 Was wissen Sie jetzt über die deutschsprachigen Länder? Arbeiten Sie mit einem Partner/einer Partnerin. Jedes Paar soll zwei Stichpunkte wählen und die Hauptaspekte aufschreiben. Benutzen Sie die vorigen Kapitel im Buch. Tauschen Sie dann Ihre Ergebnisse mit den anderen Schülern in Ihrer Klasse aus.

- geographische Einzelheiten
- Sprache
- Bevölkerung
- Geschichte
- Bildungssystem
- Medien
- Umweltprobleme
- Kultur

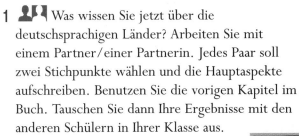

Wir feiern

Welche Feste und Feiertage gibt es in den deutschsprachigen Ländern? Wie werden sie gefeiert?

1 Welches Fest oder welcher Feiertag passt zu welchem Datum? Welche Feste gibt es auch in Großbritannien?

a	1. Januar	**1**	Ostern
b	Mitte Februar	**2**	Tag der deutschen Einheit
c	März/April	**3**	Weihnachten
d	Ende Mai	**4**	Neujahr
e	Oktober	**5**	Bundesfeier (Schweiz)
f	15. August	**6**	Silvester
g	1. August	**7**	Allerheiligen
h	November	**8**	Mariahimmelfahrt
i	25. Dezember	**9**	Pfingsten
j	31. Dezember	**10**	Fasching

Bier und Wein – ohne kann man kaum feiern, oder? In Deutschland haben viele Städte und Dörfer im Sommer ihre eigenen Bier- und Weinfeste. Das größte und berühmteste bleibt jedoch das Münchener Oktoberfest. Das Fest beginnt am dritten Samstag im September und endet am ersten Samstag im Oktober. Millionen von Besuchern kommen jedes Jahr um daran teilzunehmen und das Fest ist dadurch jedes Jahr gewachsen. Ein besonderes Bier wird für das Fest gebraut, Besucher können in großen Zelten sitzen und das Bier genießen. Wer nicht zu viel trinken will, muss aufpassen – das Bier wird nur in Maßkrügen serviert, das heißt, man bekommt einen ganzen Liter Bier. Draußen gibt es einen großen Rummelplatz mit Achterbahnen und Karussells. Abends spielen Volksmusikanten.

2a Lesen Sie jetzt die Texte über die Fastnacht, das Oktoberfest und die Love Parade in Berlin.

Fasching, Karneval, Fastnacht – drei Namen für ein Fest. Aber was ist die Fastnacht überhaupt? Das Fest hat seine Wurzeln in der Mythologie, als man versuchte, die bösen Geister des Winters zu vertreiben. Um sich vor den Dämonen zu verstecken und auch um sie zu verjagen, vermummte man sich mit grauenhaften Masken. Mit der christlichen Zeit hat die Fastnacht einen neuen Aspekt gewonnen – die Tage vor dem Beginn der 40-tägigen Fastenzeit, die erst am Karfreitag endet. Statt Dämonen herrschen während der Fastnachtszeit die Narren. Am Samstag vor Aschermittwoch übernehmen die Narren die Macht über die Stadt. In den darauf folgenden Tagen finden Umzüge, Veranstaltungen, Feste, Tänze statt – und alle müssen sich verkleiden. Am Rosenmontag gibt es einen großen Umzug und die Narren werden vertrieben – die Vernunft herrscht wieder. Am Aschermittwoch beginnt dann die Fastenzeit. Die Fastnacht wird heute vor allem im Rheinland, in Süddeutschland, in Österreich und in der Schweiz gefeiert. Fast alle Städte haben dort eine eigene Narrenzunft und einen Fastnachtsumzug, die Kinder haben Ferien, überall wird groß gefeiert.

Die Hauptstadt bebte: Mit rund 1,5 Millionen tanzenden Ravern hat die elfte Berliner Love Parade am Samstag alle Rekorde gebrochen. Unter dem Motto „Musik ist der Schlüssel" verwandelten schrill gekleidete Tänzer den Berliner Tiergarten in die größte Openair-Diskothek der Welt. Aufklebbare Sonnenblumen-BHs, Männerröcke und zu kleinen Hörnern frisierte Haare standen dabei hoch im Kurs. Das Fest bezeichnete der Gründer Dr. Motte als die größte Friedensdemonstration aller Zeiten. Jedoch kam zum ersten Mal in der Geschichte der Love Parade ein Mensch ums Leben. Ein 27-jähriger Mann aus Oranienburg wurde durch einen Messerstich ins Herz getötet. 649 Sanitäter leisteten erste Hilfe – sie versorgten 5421 Tänzer, vor allem wegen Kreislaufproblemen und Knochenbrüchen. Nach dem Ende der offiziellen Feier wurden bis zu 280 Partys in den Morgen weiter gefeiert – dann rückten 870 Mitarbeiter der Stadtreinigung an, um die rund 200 Tonnen Müll zu entsorgen.

2b Finden Sie ein Synonym im Text für die unten angegebenen Wörter.

a die Herrschaft

b während dieser Zeit soll man weniger essen und trinken

c größer werden

d eine Maske tragen, damit man nicht erkannt wird

e ein großes Glas, das einen Liter Flüssigkeit fassen kann

f hier gibt es Achterbahnen und Karussells

g sterben

h beseitigen

2c Richtig oder falsch? Verbessern Sie die falschen Sätze.

a Die Fastnacht ist ursprünglich ein christliches Fest.

b Die Fastnacht beginnt am Karfreitag.

c Während der Fastnacht sind die Narren an der Macht.

d Man soll sich verkleiden und eine Maske tragen, wenn man auf ein Fest geht.

e Das Oktoberfest zieht viele Touristen an.

f Es gibt ein spezielles Bier nur für das Oktoberfest.

g Man kann auf dem Oktoberfest auch ein kleines Bier bekommen.

h Außer Bier trinken, gibt es nichts zu tun.

i Die elfte Love Parade hat alle anderen übertroffen.

j Niemand wurde bei der Love Parade verletzt.

k Auffällige Kleidung war in Mode.

l Am nächsten Tag war die Stadtreinigung voll beschäftigt.

3 [🎧] Hören Sie jetzt das Interview mit Christian, der die Fastnacht und das Oktoberfest beschreibt, und beantworten Sie die Fragen.

a Was bekommen die Narren während der Fastnacht?

b Wer spielt die Rolle der Narren?

c Wie wird die Fastnacht gefeiert?

d Was passiert am Montag?

e Was findet Christian gut an der Fastnacht?

f Was hat Christian am Oktoberfest imponiert?

g Was hat ihm nicht so gut gefallen?

h Warum findet er sein eigenes Stadtfest besser?

Grammatik ⇨ W62–3, 70–1

Revision of tenses

A You have now covered all the tenses you need for your AS examination. Look at the three texts and listen to the interview again to find examples of the following tenses:

present – perfect – imperfect – future – conditional – pluperfect – present passive – imperfect passive

B Write a sentence in English for each tense explaining when to use it. Compare your answers with the rest of the class.

C Put the verbs below into the tense shown in brackets.

a Christian *(sein)* nur einmal auf dem Oktoberfest. *(perfect)*

b Christian *(vorhaben)* nicht, noch mal auf das Oktoberfest zu gehen. *(present)*

c In der Vergangenheit man *(sich verkleiden)*, um die Dämonen zu vertreiben. *(pluperfect)*

d Am Donnerstag *(bekommen)* die Narren die Schlüssel der Stadt. *(imperfect)*

e Nächstes Jahr *(besuchen)* Millionen von Touristen wieder das Oktoberfest. *(future)*

f Während des Oktoberfests *(trinken)* viel Bier. *(passive)*

4 Suchen Sie im Internet mehr Informationen über die Fastnacht, das Oktoberfest oder die Love Parade. Sie können die folgenden Web-Seiten benutzen: www.karneval.de, www.city-guide.de/koeln/karneval, www.oktoberfest.de, www.loveparade.de. Halten Sie dann einen Vortrag darüber in Ihrer Klasse.

5 Stellen Sie sich vor, Sie waren entweder bei der Fastnacht, auf dem Oktoberfest oder bei der Love Parade. Schreiben Sie einen Bericht darüber (150 Wörter).

Deutsch – was ist das?

Welche Dialekte gibt es in der deutschen Sprache? Soll man sie behalten?

1a Die deutsche Sprache hat viele Formen –
Hochdeutsch, Bayerisch, Plattdeutsch, Schwäbisch,
Sächsisch. In Österreich spricht man anders als in
Deutschland. Ordnen Sie nun ein paar typisch
österreichische Wörter den hochdeutschen
Ausdrücken zu.

Österreichisch

a Semmel   **b** Bub   **c** Erdäpfel   **d** Grüß Gott
e Jänner   **f** Servus   **g** Marille

Hochdeutsch

1 Guten Tag   **2** Junge   **3** Tschüs   **4** Brötchen
5 Aprikose   **6** Kartoffeln   **7** Januar

1b 🔊 Hören Sie jetzt zu und korrigieren Sie Ihre
Antworten.

Extra! Wenn Sie mehr über Österreich wissen wollen,
lesen Sie den Text und machen Sie die Aufgaben auf
Arbeitsblatt 36.

2a Lesen Sie jetzt die beiden Texte über Schwyzertütsch.

2

Hochdeutsch oder Mundart?

Dienstagmorgen, 8 Uhr im Regierungsratssaal zu Schaffhausen. Auf Schwyzertütsch plaudernd kommen die Regierungsräte in den großen Saal zu ihrer wöchentlichen Sitzung. Dann wird die Atmosphäre amtlich, genau dann, wenn der Regierungspräsident die Sitzung eröffnet. Er wechselt auf einmal zu einer förmlichen Sprache. Er eröffnet die Sitzung in Hochdeutsch. Zürich, Graubünden und Aargau werden mundartlich regiert, in Schaffhausen und St. Gallen ist aber Hochdeutsch die Amtssprache. Ist unsere Mundart also nicht deutsch und deutlich genug zum Behandeln wichtiger Geschäfte?

1

Heute versucht Mimi Steffen ihren Schülern die Subtilitäten der deutschschweizerischen Konjugationen näher zu bringen. Hierauf will Madame Steffen wissen, wie das Wort „sii" konjugiert wird. Schweigen im Saal. „Sii, gsii", sagt sie. Nun geht's ans Üben. „Herr Tille", sagt sie, „wo sind Si geschter gsii?" „Ich bi z Züri gsii", antwortet er artig.

Warum wollen die Französisch sprechenden Westschweizer also Schwyzertütsch lernen? Die Antwort ist klar: In der Schule geben sie sich Mühe, Hochdeutsch zu lernen, und stellen dann fest, dass sie die Sprache in der deutschen Schweiz oft gar nicht anwenden können, weil die Deutschschweizer lieber in Mundart oder auf Französisch oder Englisch antworten. Und weil die Deutschschweizer Medien mehr denn je auf Schwyzertütsch setzen, um sich von den ausländischen Konkurrenten abzusetzen.

In der Westschweiz wird deshalb offen die Frage gestellt, ob der Deutschunterricht in der heutigen Form eine Existenzberechtigung hat. Die einen fordern, die Kinder sollen die Chance haben, zwischen Deutsch und Englisch als erste Fremdsprache zu wählen, die anderen meinen, statt Hochdeutsch müsse künftig Schwyzertütsch gelehrt werden. Im Moment verlassen die meisten Westschweizer die Schule ohne auch jemals ein Wort über die Muttersprache der deutschschweizerischen Mitbürger gehört zu haben.

2b Wählen Sie die richtige Antwort.

a Mimi Steffen bringt _____ Schwyzertütsch bei.
Deutschen/Franzosen/Westschweizer

b Die meisten Westschweizer finden, dass
Hochdeutsch in der Schweiz _____ .
unentbehrlich ist/nutzlos ist/überall gesprochen
wird

c Die Deutschschweizer _____ .
verstehen kein Hochdeutsch/verstehen nur
Mundart/weigern sich oft, Hochdeutsch zu
sprechen

d Die Schweizer Medien _____.
benutzen immer mehr Schwyzertütsch/
benutzen ausschließlich Hochdeutsch/benutzen
nur Schwyzertütsch

e Manche Eltern meinen, _____.
es sei sinnlos, Hochdeutsch in der Schule zu
lernen/die Deutschschweizer müssen Französisch
lernen/man solle Schwyzertütsch abschaffen

f In der Schweiz ist die Amtssprache _____.
Hochdeutsch/Schwyzertütsch/
entweder Hochdeutsch oder Schwyzertütsch

g Der Verfasser des zweiten Artikels _____.
meint, man könne Schwyzertütsch genauso gut als
Amtssprache verwenden/meint, man sollte nur
Hochdeutsch als Amtssprache verwenden/
hat keine Meinung über das Thema.

3 Was ist besser – Hochdeutsch oder Mundart?
Hören Sie Bärbel, Rainer und Carola, die ihre
Meinung zu dem Thema äußern. Wer sagt:

a Am Arbeitsplatz soll man Hochdeutsch sprechen.

b Die Mundart drückt die Kultur einer Region aus.

c Mundarten können zu Missverständnissen führen.

d Dialektsprecher werden oft als ungebildet
angesehen.

e Man sollte versuchen, Wert auf Mundarten zu
legen.

f Ohne Mundarten wäre die Sprache uninteressant.

g Man sollte am Arbeitsplatz in Mundart sprechen
dürfen.

h Die Behörde in Schaffhausen hat die richtige
Entscheidung getroffen.

4 Stellen Sie sich vor, Sie gehen auf eine Schule in
der Schweiz. Es wird diskutiert, ob der Unterricht in
Schwyzertütsch oder in Hochdeutsch stattfinden soll.
Führen Sie dann eine Debatte in der Klasse. Benutzen
Sie die Hilfe-Ausdrücke.

Hilfe

Ich bin dafür/dagegen.

Wir müssen ... schätzen.

Ich bin empört

Es ist schon vorteilhaft, ...

Es ist nützlicher, ... zu sprechen, weil ...

Es ist eine Frage ...

5 Schreiben Sie einen Leserbrief, in dem Sie Ihre
Meinung äußern, ob man Hochdeutsch oder Mundart
als Amtssprache verwenden sollte. Schreiben Sie
ungefähr 150 Wörter. Schauen Sie noch mal die
Hilfe-Ausdrücke auf Seite 67 an.

Extra! Wenn Sie mehr über die Schweiz
erfahren wollen, hören Sie zu und machen Sie die
Aufgaben auf Arbeitsblatt 37.

Ick schnack im Norden.

I' red' in Bayern.

Ich plaudere in Sachsen.

I' schwätz ın Schwaben.

Ich spreche Deutsch
– aber wo?

Zweimal Deutschland

Die Berliner Mauer ist zum Symbol eines geteilten Landes geworden. Wie war es, den Mauerbau mitzuerleben?

1a Lesen Sie das Interview mit Frau Seghers.

Der Tag, an dem die Mauer kam

Int.: Frau Seghers, Sie waren am 13. August 1961 in Berlin, nicht wahr? Können Sie diesen Tag für uns beschreiben?

Frau S.: Ja, den Tag, an dem die Mauer errichtet wurde, werde ich nie vergessen. Ich war damals 16 Jahre alt. Der 13. August war ein Sonntag. Als wir aufgewacht sind, sahen wir, dass das Pflaster an den Verbindungsstraßen nach Westberlin aufgerissen worden war. Die Sektorengrenze zwischen Ost- und Westberlin war durch Stacheldraht abgesperrt. Niemand konnte in den Westen. Die Leute standen an der Grenze und winkten ihren Verwandten auf der anderen Seite der Grenze zu.

Int.: Und warum wurde diese Mauer überhaupt gebaut?

Frau S.: Es gab schon längere Zeit Probleme zwischen den Sowjets und den Alliierten, das hat man schon bei der Luftbrücke gesehen.

Int.: Die Luftbrücke? Was war denn das?

Frau S.: Das passierte, als ich noch ganz klein war. Nach dem Krieg war Deutschland in vier Sektoren aufgeteilt worden. Die Amerikaner, die Franzosen und die Briten verwalteten die Sektoren im westlichen Teil des Staats, der sowjetische Sektor befand sich im östlichen Teil. Die Hauptstadt Berlin lag im sowjetischen Sektor, wurde aber auch aufgeteilt. 1948 haben die Sowjets die Zugangswege nach Westberlin gesperrt. Die Alliierten haben per Flugzeug Millionen Tonnen Güter nach Westberlin transportiert. Die Luftbrücke dauerte fast ein Jahr bis Mai 1949. Kurz darauf wurde Deutschland offiziell geteilt.

Int.: Also, Deutschland wurde 1949 geteilt, aber die Mauer wurde erst 1961 gebaut. Was war der Anlass dazu?

Frau S.: Das eigentliche Problem war, dass so viele Leute die DDR verließen – die Mehrheit waren junge arbeitsfähige Leute. Bis 1961 hatten drei Millionen Leute die DDR verlassen. Die sowjetische Regierung hat diese Fluchtwelle verhindern wollen.

Int.: Und wie ging es nach dem 13. August weiter?

Frau S.: Soldaten haben in den nächsten Tagen begonnen, eine richtige Mauer aus Beton zu bauen. Manche U-Bahnstationen wurden zugemauert. Die Straßen, die direkt an der Mauer lagen, wurden ein Niemandsland. Die Bernauerstraße ist vielleicht die berühmteste Straße. Sie lag direkt an der Mauer und in den ersten Tagen haben manche Leute versucht, aus den Fenstern über die Mauer zu springen. Bald wurden aber die Fenster zugemauert.

Int.: Welche persönlichen Folgen hatte der Mauerbau für Sie?

Frau S.: Die Konsequenzen waren enorm. Auf ganz persönlicher Ebene, erstens hat meine Mutter nicht mehr arbeiten können, da sie in einem Kaufhaus in Westberlin arbeitete. Was natürlich viel schlimmer war, war dass wir den Kontakt zu anderen Familienmitgliedern verloren. Meine Tante wohnte in Westberlin, andere Familienmitglieder in der BRD.

Int.: Wann haben Sie sie das nächste Mal gesehen?

Frau S.: 1963 hat die Regierung Passierscheine eingeführt. Die Ostdeutschen haben dann für einen Tag nach Westberlin reisen dürfen, um Familienmitglieder zu besuchen. Das haben sie allerdings nur sehr selten machen dürfen. Mit der Zeit wurde es ein bisschen besser, aber nicht viel. Es war immer einfacher für die Westdeutschen hierher zu kommen, es galt aber der Zwangsumtausch, das heißt, die Westdeutschen haben jeden Tag eine bestimmte Summe in Ostmark umtauschen müssen.

Int.: War es nie möglich für Ostdeutsche nach Westdeutschland zu reisen?

Frau S.: Doch, aber es war sehr schwierig und nur in dringenden Familienangelegenheiten. Meine Mutter hat nach Westdeutschland fahren dürfen, als ihr Vater starb, ich habe jedoch hier bleiben müssen.

Int.: Damit sie zurückkam?

Frau S.: Genau.

1b Bringen Sie die Ereignisse in die richtige Reihenfolge:

  a Ostdeutsche durften nicht mehr nach Westberlin reisen.

  b Die Regierung entschied sich, die Fluchtwelle zu stoppen.

  c Der Passierschein wurde eingeführt.

  d Ostdeutsche durften unter besonderen Umständen in den Westen.

  e Tausende von Menschen verließen die DDR.

  f Soldaten bauten eine richtige Mauer.

  g Die Sektorengrenze wurde durch Stacheldraht abgesperrt und überwacht.

1c Welche Satzhälften passen zusammen?

  a Bis 1961 haben drei Millionen Menschen

  b Die Regierung hat alle Straßen nach Westberlin

  c In Westberlin gab es leere Arbeitsplätze,

  d Nach der Einführung des Passierscheins

  e Alle Reisende nach Ostberlin

  f Ostdeutsche, die in den Westen fahren wollten,

  1 weil die Ostdeutschen nicht mehr dahin fahren durften.

  2 durften Westdeutsche für einen Tag nach Ostberlin fahren.

  3 mussten eine gewisse Summe in Ostmark umtauschen.

  4 die DDR verlassen.

  5 durften keineswegs alle Familienmitglieder mitnehmen.

  6 über Nacht abgesperrt.

2 🎧 Hören Sie Lothar Meyer, der seine Jugend in der geteilten Stadt beschreibt. Richtig oder falsch?

  a Kurz vor dem Mauerbau hatte Lothars Großvater eigentlich vorgehabt, nach Ostberlin zu ziehen.

  b Der Lebensstandard in Westberlin war genauso hoch wie im Rest der BRD.

  c Während seiner Kindheit hat Lothar kaum an die Mauer gedacht.

  d Manche Flüchtlinge sind an der Mauer gestorben.

  e Lothar hat nie so richtig verstanden, was der Begriff „eiserner Vorhang" bedeuten soll.

  f Lothars Verwandte wohnten alle in der BRD.

  g Es gab gute Verkehrsverbindungen zwischen Westberlin und dem Rest der BRD.

  h Züge aus Westberlin hielten erst an, nachdem sie das Gebiet der DDR verlassen hatten.

Grammatik ⇨ 162 ⇨ W52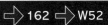

The perfect tense of modals

◆ Modals used without a second verb are no different from other verbs in the perfect tense:
  Das habe ich nicht gewollt. *I didn't want that.*

◆ However, when they are used with a second verb, the infinitive form is used instead of the past participle:
  Die Regierung hat die Fluchtwelle verhindern wollen.

◆ The modal verb always comes after the second verb.

◆ The imperfect of modal verbs is used more often than the perfect, but you should be able to recognise the perfect form.

A Look at the text on p.138. Find all the examples of modal verbs in the perfect tense.

B Translate the examples into English.

3 Entwerfen Sie einen Radiobericht vom 13. August 1961. Verwenden Sie die Hilfe-Ausdrücke. Wenn Sie mehr Auskunft wollen, benutzen Sie diese Websites: www.chronik-berlin.de, www.wall-berlin.org.

Hilfe

Liebe Zuhörer ...

Die Berliner haben heute Morgen festgestellt ...

Zeugen berichteten ...

Es ist noch nicht bekannt ...

weitere Entwicklungen

4 Stellen Sie sich vor, Sie waren am 13. August 1961 in Berlin. Schreiben Sie Ihr Tagebuch für diesen Tag. Schreiben Sie ungefähr 150 Wörter, nachdem Sie die Grammatik oben durchgearbeitet haben. Erwähnen Sie dabei die folgenden Punkte:

◆ wie der Tag begonnen hat

◆ wie Sie den Bau der Mauer erfahren haben

◆ was Sie im Laufe des Tages gesehen haben

◆ Ihre Gefühle

◆ welche Folgen die Mauer für Sie haben wird

◆ Ihre Ängste jetzt

Wieder zusammen

Welche Ereignisse führten zum Fall der Berliner Mauer?

1 🔊 Hören Sie diesen Bericht, der die Ereignisse bis zum Fall der Berliner Mauer beschreibt. Welches Ereignis passt zu welchem Datum?

a 19. August
b 10. September
c 30. September
d 7. Oktober
e 9. Oktober
f 1. November
g 4. November
h 8. November
i 9. November

1 700 Flüchtlinge aus den Botschaften in Warschau und Prag reisen in die BRD. In den nächsten Tagen kommen noch 15 000 Menschen.

2 Die SED feiert den 40. Jahrestag der DDR. Die Polizei geht brutal gegen demonstrierende Gruppen vor.

3 Rund eine Millionen Menschen demonstrieren in Ostberlin.

4 600 Menschen aus der DDR flüchten von Ungarn über Österreich in die BRD.

5 Die DDR öffnet die Grenzen. Die Mauer fällt.

6 DDR-Flüchtlinge in Budapest dürfen in die BRD reisen.

7 Die Regierung in Ost-Berlin tritt zurück.

8 70 000 Menschen gehen in Leipzig auf die Straßen und verkünden „Wir sind das Volk."

9 Die Tschechoslowakei hebt die Visumspflicht für die Nachbarn aus der DDR auf. Innerhalb von acht Tagen fliehen über 50 000 über die tschechische Grenze.

2a Lesen Sie den Text.

Wir waren dabei in Berlin

„Das gibt es nicht", „Das kann ich nicht glauben", „Dass ich das noch erlebe". Die Menschen aus Ost- und Westberlin fallen einander in die Arme, als am 9. November 1989 zum ersten Mal Löcher in die Mauer gerissen werden. Tränen von Freude und Überwältigung. Wie in Trance laufen am 9. November manche der Ostberliner durch ihre nun noch größere Stadt, die sie nur über die Mauer oder durch das Fernsehen kannten. Die Leute mustern sich gegenseitig. „So sehen sie also aus. Die wohnen auch in meiner Stadt." Fremde reichen sich die Hände. Blumen. Küsse. Wiedersehen.

Bereits wenige Stunden nachdem die Staatsführung der DDR am Abend des 9. November die freie Reise in den westlichen Teil Deutschlands zugelassen hat, hopsen über die Straßen Westberlins zahlreiche Trabis. Man winkt sich zu. Man hupt, in den Autos werden die Flaschen gehoben. Schon viele hundert Meter vor und hinter dem Grenzübergang stauen sich die Autos. Die Vopos stehen meist taten- und ratlos da, nur gelegentlich kontrollieren sie die Pässe der Nachtschwärmer. Unter dem Regendach an der Kontrollstelle hängt Alkoholduft, wieder knallt irgendwo ein Sektkorken.

Nach 28 Jahren zum ersten Mal Löcher in der Mauer. Und für viele junge Westberliner zum ersten Mal Geschichte zum Anfassen. „Wir waren dabei."

2b Füllen Sie jede Lücke mit einem Wort aus dem Kästchen aus.

a Für die Ost- und Westberliner war der 9. November ein Tag voller _____ .

b Sie waren _____, dass die Mauer plötzlich keine Barriere mehr war.

c Manche haben vor Freude _____ .

d Fast alle Ostberliner hatten nie vorher die Chance gehabt, den westlichen Teil der Stadt zu _____ .

e Ost- und Westberliner _____ sich die Hände und umarmten sich.

f Kurz nachdem die _____ der Grenzübergänge angekündigt wurde, fuhren viele Trabis durch Westberlin.

g Die Polizisten haben nur noch _____ .

h Viele junge Berliner werden an diese Zeit als _____ Geschichte zurückdenken.

Trauer   erstaunt   enttäuscht   schüttelten
kontrolliert   Freude   geweint   besuchen
geschrieen   küssten   zugeschaut   lebendige
interessante   Öffnung

3 A ist Journalist(in). B war am 9. November in Berlin. Machen Sie ein Interview. Die folgenden Stichpunkte werden Ihnen dabei helfen:

◆ Ereignisse

◆ zum ersten Mal gehört, dass die Mauer weg ist

◆ Gefühle / Reaktion

◆ Was gemacht?

4 Stellen Sie sich vor, Sie wohnten im November 1989 in Berlin. Schreiben Sie einen Zeitungsartikel über die Ereignisse, die zum Fall der Mauer führten.

5a Beschreiben Sie das Bild unten. Was, glauben Sie, ist passiert?

5b Hören Sie den Bericht über den Tag der deutschen Einheit und beantworten Sie die Fragen.

a Welche Bedeutung für die Deutschen hat der 3. Oktober 1990?

b Wie wurde die Einheit in Berlin gefeiert?

c Wer waren Kohl und von Weizsäcker?

d Was hat Kohl in seiner Rede versprochen?

e Wie wurde in Hamburg und Bonn gefeiert?

f Welche Folge hat die Einheit für Bonn?

Tag der deutschen Einheit

Die Deutschen – ein Volk?

Wie ist das Leben in Deutschland nach der Wende?

1 Welche Unterschiede gab es zwischen Ost- und Westdeutschland? Ordnen Sie die Begriffe der betreffenden Spalte zu.

BRD	DDR

moderne Technik – freie Marktwirtschaft

– keine Bananen – Haushaltstage für arbeitende Mütter

– altmodische Autos und Elektrogeräte

– keine Arbeitslosigkeit – Demokratie

– kostenlose Sozialeinrichtungen wie Kindergärten

– Reisefreiheit nur nach anderen Ostblockstaaten

Extra! Wenn Sie mehr über das Leben in der DDR wissen wollen, lesen Sie den Text und machen Sie die Aufgaben auf Arbeitsblatt 38.

2 Seit der Wende hat sich das Leben in den neuen Bundesländern drastisch geändert. Ist alles aber besser geworden? Hören Sie das Interview mit Thomas Schalke und beantworten Sie die Fragen.

a Welche Vorteile von der Wende erwähnt Thomas?

b Was war die Rolle der Stasi in der DDR?

c Was fand Thomas verwirrend in der Zeit unmittelbar nach der Wende?

d Warum hat man manche Städte und Straßen umbenannt?

e Was war der größte Nachteil der Wende für die DDR?

f Welche Probleme gibt es in der Beziehung zwischen den Ost- und Westdeutschen?

g Wie erklärt Thomas diese Schwierigkeiten?

3a Lesen Sie das Interview.

Wie groß ist die Barriere zwischen den alten und den neuen Bundesländern?
Nicole Prestle sprach mit Studenten aus der ehemalig ostdeutschen Stadt Freiberg.

Nicole: Bist du an diese Uni gekommen, weil du in den neuen Bundesländern studieren wolltest?

Katja (21, Wessi): Nein, nicht unbedingt. Altes Bundesland, neues Bundesland – das ist eigentlich kein Thema für mich gewesen. Ich bin nach Freiberg gekommen, weil die Uni sehr klein und übersichtlich ist und auch weil der Studiengang Geoökologie hier neu eingerichtet wird.

Thomas (23, Wessi): Ich wäre eigentlich schon lieber in der Nähe von meiner Familie geblieben, wenn ich einen Studienplatz bekommen hätte. Aber nur, weil es praktischer wäre, nicht weil ich etwas gegen die neuen Bundesländer habe.

Nicole: Sind die Wende und die Lebensumstände vor der Wende Themen, die euch untereinander beschäftigen?

Axel (28, Ossi): Die Meinung der Wessis über unser Leben vor der Wende war, glaube ich, schlechter als die Realität. Wenn das Leben hier wirklich so schlecht gewesen wäre, wie manche es sich denken, wäre ich schon längst geflüchtet! Wir hatten auch gute Sachen hier, z.B. keine Arbeitslosigkeit, Haushaltstage für arbeitende Mütter, gute Sozialeinrichtungen ... ich versuche immer zu betonen, dass nicht alles negativ war.

Eva (21, Ossi): Die Studenten aus dem Westen beschäftigen sich schon mit unserer Vergangenheit. Wir aus dem Osten haben mehr zu erzählen, weil sich für uns ja mehr verändert hat. Themen sind zum Beispiel Schule und Musik, aber auch das Anstellen von neuen Lebensmitteln wie Bananen.

Nicole: Stell dir mal vor, es wäre 1989. Würdest du die beiden Staaten gleich vereinigen?

Eva: Nein, ich würde ein paar Jahre warten. Die Ossis und Wessis hätten dann ein bisschen mehr Zeit, sich aneinander zu gewöhnen. Es ist alles zu schnell gegangen und man hatte damals zu hohe Erwartungen.

Thomas: Ich würde auch abwarten. Wenn ich an der Macht wäre, gäbe es eine Regierung in der DDR, die die Übergangsphase regeln sollte. Die Politiker hätten dann die Möglichkeit, zusammenzuarbeiten und über die nächsten Schritte richtig nachzudenken.

Axel: Ich würde die Wiedervereinigung so schnell wie möglich durchführen – so wie Kohl es eigentlich gemacht hat. Ja, die Probleme wären immer noch da – aber mir wäre es wichtiger, dass das Volk das Gefühl hätte, es gehörte jetzt wieder zusammen.

3b Wer sagt:

a Es war mir ziemlich egal, ob ich in den alten oder neuen Bundesländern studieren würde.

b Das System in der DDR hatte viele positive Aspekte.

c Studenten aus dem Westen interessieren sich schon für die Geschichte der DDR.

d Man hat die BRD und die DDR zu schnell vereinigt.

e Mein Studiengang hat bei meiner Entscheidung, nach Freiberg zu kommen, die Hauptrolle gespielt.

f Es war schon richtig, die beiden Staaten schnell zu vereinigen.

g Die Westdeutschen stellen sich das Leben in der DDR viel schlimmer vor, als es eigentlich war.

Grammatik   ⇨ 164–5 ⇨ W60

Conditional clauses

◆ In conditional (*wenn*) clauses the imperfect subjunctive is often used rather than *würde* + infinitive (see p. 83).

würde sein = wäre

würde haben = hätte

Other common examples are: *käme, gäbe, müsste, möchte, ginge, könnte, dürfte*.

For the forms see p. 164.

◆ For conditional clauses referring to the past, the conditional perfect is used:

hätte/wäre + past participle

◆ The pattern of conditional clauses is slightly different to English.

Wenn ich viel Geld gewonnen **hätte**, **wäre** ich nach Amerika gereist. *If I had won lots of money, I would have gone to America.*

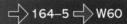

(A) Look at the text on p. 142 and find examples of *wenn* clauses using the imperfect and pluperfect subjunctive.

(B) Now imagine that you are living in the DDR in 1989. Write three conditional sentences saying what you would do if life were different.

4 📼 Wie sind die Verhältnisse zwischen Ossis und Wessis? Mario aus Lübeck und Sebastian aus Erfurt machen zusammen mit anderen Schülern aus ihren Klassen einen Austausch. Hören Sie das Interview und beantworten Sie die Fragen.

a Warum wollte Mario an dem Austausch teilnehmen?

b Was denken viele westliche Jugendliche über das Leben in der DDR?

c Welche negativen Folgen der Wende haben viele Westdeutsche erlebt?

d Was für einen Eindruck auf Sebastian haben die westdeutschen Touristen in Erfurt gemacht?

e Warum haben manche Ostdeutsche Minderwertigkeitsgefühle?

f Wie ist der Austausch zustande gekommen?

g Welche Vorbereitungen wurden im Unterricht getroffen?

h Wie haben sich Mario und Sebastian kennen gelernt?

i Was hat der Austausch Mario gebracht?

j Was hat der Austausch Sebastian gebracht?

5 👥 A kommt aus der DDR. B ist der Vetter/die Kusine aus der BRD. Erzählen Sie sich gegenseitig von Ihrem Leben.

6 Schreiben Sie als Ossi einen Brief an Verwandte in Westdeutschland und erklären Sie, wie sich Ihr Leben seit der Wende verändert hat. Schreiben Sie ungefähr 150 Wörter.

Zur Auswahl

Gut gesagt! S

l und r

1a Hören Sie und üben Sie die folgenden Wörter mit „r":

richtig **reisen** **reichen** **ratlos** **Schritt**

1b Und diese mit „l":

selbst **bald** **Bild** **Bildung** **Soldaten**

1c Jetzt beide zusammen:

Mit einem raschen Schritt erreichte der Soldat den Stacheldraht.

2a Entweder: Erklären Sie die Ereignisse, die
a zum Bau
b zum Fall
der Berliner Mauer führten. Schreiben Sie ungefähr 200 Wörter.

2b Oder: Entwerfen Sie eine Broschüre über Feste in Deutschland.

3 S Ab 1961 versuchten viele Ostdeutsche aus der DDR zu flüchten. Hören Sie den Bericht darüber und beantworten Sie die Fragen auf Deutsch.

a Wie viele Menschen sind über die Mauer geflohen?
b Warum mussten die Flüchtlinge erfinderisch werden?
c Welche ungewöhnlichen Verkehrsmitteln wurden benutzt?
d Was ist im Oktober 1964 passiert?
e Welche Bedeutung hat die Zahl 239?
f Wie ist Rudolf Urban ums Leben gekommen?
g Warum war der Tod Peter Fechters besonders schockierend?
h Wie starb Chris Gueffroy?

4 Erforschen Sie einen Aspekt des Lebens in der DDR und halten Sie einen Vortrag darüber in der Klasse. Sie können die folgenden Ideen benutzen:

◆ das Bildungssystem
◆ die FDJ
◆ die Stasi

Probetest – Unit 1

A

1

Total for this question: 5 marks

Sie hören einen Bericht über eine Polizeiaktion gegen Fußballrandalierer in einer deutschen Stadt. Lesen Sie die folgenden Aussagen. Wählen Sie jeweils das Wort, das am besten passt, so dass die Aussagen mit dem Sinn des Berichts übereinstimmen.

(a) Die Polizei hat einige Randalierer _____ .
interviewt/verhaftet/verhört *(1 mark)*

(b) Es gab unter den jugendlichen Fußballrandalierern angeblich sowohl _____ als auch Deutsche.
Ausländer/Türken/Engländer *(1 mark)*

(c) Klaus hatte vor _____ eine Eintrittskarte gekauft.
einem Monat/zwei Tagen/sieben Tagen *(1 mark)*

(d) Klaus wurde von den Randalierern _____ und mit einen Messer bedroht.
erstochen/verraten/geschlagen *(1 mark)*

(e) An die Fußballrandalierer wird in Zukunft keine _____ mehr verkauft.
alkoholischen Getränke/Eintrittskarten/Messer *(1 mark)*

2

Total for this question: 5 marks

You will hear a report about a bank robbery. Summarise the item **in English**. Using the bullet points as a guide, mention:

- the extent of the robbery and when it happened.
- how the bank robber escaped
- what he looked like
- what the employees managed to do
- how successful the police search has been so far

3

Total for this question: 15 marks

Sie hören einen Bericht über eine Schneeparty im Schwarzwald. Beantworten Sie die Fragen (a)–(c) **auf Deutsch**. Ergänzen Sie auch den Lückentext (d).

(a) Was für Leute kamen zu der Party? *(3 marks)*

(b) Was war besser als im Vorjahr? *(3 marks)*

(c) Wovon waren die Fans besonders begeistert? *(3 marks)*

(d) Ergänzen Sie den folgenden Lückentext mit jeweils einem Verb aus der unten angegebenen Liste. **Schreiben Sie jedes Mal die richtige Verbform im Imperfekt.**

Ein Radiosender für junge Leute ...1... am Wochenende eine Gipfel-Party. Rund 8000 Musikfreunde ...2... man. Obwohl es schließlich nur 1000 Fans ...3..., war die Party ein Erfolg. Die meisten Fans ...4... ihr Essen und ihre Getränke selbst mit. Die Musikfans ...5... alle, dass die Atmosphäre, das Programm und natürlich der Schnee zum Erfolg ...6....

bringen organisieren finden beitragen erwarten kommen *(6 marks)*

B

4

Total for this question: 23 marks

Sie hören ein Interview über Angelikas Ausbildung. Beantworten Sie dann **in vollständigen Sätzen** die folgenden Fragen (a)–(g) **auf Deutsch**. Ergänzen Sie auch den Lückentext (h) auf Seite 146.

(a) Welche Pläne hatte Angelika nach ihrem Abitur? *(1 mark)*

(b) Wie versucht das Sofortprogramm der BRD den Jugendlichen zu helfen? *(1 mark)*

(c) Was ist des Besondere an der Firma Ökobau? *(2 marks)*

(d) Wer hilft den Jugendlichen bei Ökobau? *(3 marks)*

(e) Wie sieht die Hilfe aus? *(2 marks)*

(f) Was ist für manche Jugendliche sehr schwierig? *(2 marks)*

(g) Was wird über das Durchhaltevermögen einiger Jugendlicher gesagt? *(2 marks)*

(h) Ergänzen Sie den folgenden Lückentext mit jeweils einem Verb aus der unten angegebenen Liste. **Schreiben Sie jedes Mal die richtige Verbform.**

Angelika hatte schon fast alle Hoffnung aufgegeben, als die Firma Ökobau ihr im Rahmen des Sofortprogramms eine Ausbildungsstelle ...1.... Die Firma ...2... sowohl eine normale Lehre, als auch spezielle Förderung und Hilfe als Vorbereitung auf das Berufsleben. Sie ...3... zum Beispiel Jugendlichen, die hoch verschuldet ...4....

Der Geschäftsführer, die Projektleiterin und ein Sozialarbeiter wollen die jungen Arbeitslosen ...5.... Für viele ist es schwierig, ...6.... Sie haben vielleicht bereits ein Jahr ...7..., aber kaum Geld ...8.... Die Projektleiterin meint jedoch, „wenn sie ein Jahr ...9... haben, ...10... sie die ganze Ausbildung meistens."

durchhalten anbieten helfen unterstützen arbeiten bieten sein verdienen schaffen überstehen *(10 marks)*

C

5　　　　　　**Total for this question:** *12 marks*
Lesen Sie die Meinungen von Frau Meier und Frau Klein. Lesen Sie dann die sechs Sätze, die jeweils zwei falsche Details enthalten. Korrigieren Sie die falschen Details, indem Sie sechs Sätze richtig aufschreiben.

Arbeitende Mütter: ja oder nein?

Frau M. Ich finde es einfach nicht richtig, dass man als Frau arbeiten geht, wenn man kleine Kinder hat. Mein Partner und ich haben diese Frage lange diskutiert und ich bin zu der Überzeugung gekommen, dass es für mich und unsere kleine Tochter das Beste ist, wenn ich zu Hause bleibe. Zumindest bis sie sechs Jahre alt ist und in die Schule geht. Dann werde ich in meinen Beruf als Fremdsprachensekretärin zurückgehen. Ich habe einen interessanten Beruf und möchte meine Karriere nicht total aufgeben. Sobald meine Tochter in die Schule kommt, werde ich eine Halbtagsstelle suchen. Flexible Arbeitszeit ist wichtig für mich, damit ich zu Hause bin, wenn die Schule aus ist.

Frau K. Ich möchte auf keinen Fall meine Arbeit aufgeben. Ich arbeite als Designerin für einen kleinen Betrieb und wenn ich jetzt fünf Jahre Erziehungsurlaub nehmen würde, wäre meine Stelle weg. Mein Arbeitgeber kann meinen Arbeitsplatz nicht offen halten. Außerdem macht mir die Arbeit so viel Spaß. Ich bin natürlich auch gern mit meinem kleinen Sohn zusammen. Aber ich finde, dass es für Kinder gut ist, mehr als nur eine Bezugsperson zu haben. Während ich arbeite, ist mein Söhnchen in einem Kindergarten. Es gefällt ihm gut und er spielt gern mit den anderen Kindern dort.

(a) Frau Meier und ihr Partner haben nicht diskutiert, ob es für alle besser ist, wenn sie zu Hause bleibt. *(2 marks)*

(b) Wenn ihre Tochter mit sieben in die Schule kommt, wird sie eine Ganztagsstelle als Fremdsprachensekretärin suchen. *(2 marks)*

(c) Flexible Arbeitszeit ist nicht wichtig für sie, weil ihr Partner zu Hause ist, wenn die Schule aus ist. *(2 marks)*

(d) Frau Kleins Betrieb will, dass sie ihre Stelle aufgibt, aber kann ihre Stelle fünf Jahre lang für sie offen halten. *(2 marks)*

(e) Ihre Arbeit macht ihr mehr Spaß als mit ihrem Kind zusammen zu sein. *(2 marks)*

(f) Ihr Sohn mag den Kindergarten nicht, weil er dort mit anderen Kindern spielen muss. *(2 marks)*

6　　　　　　**Total for this question:** *18 marks*
Lesen Sie den folgenden Text.
Ergänzen Sie dann die Sätze (a)–(f) und beantworten Sie die Fragen (g)–(h) **auf Deutsch.**

Macht die Maus uns krank?

Geben wir es zu. Die meisten von uns sitzen heute vor dem Computer. Sei es aus Spaß und zur Unterhaltung oder bei der Arbeit. Oft sind es mehrere Stunden, die wir, manchmal sogar ohne Pause, vor dem PC verbringen. Nach Ansicht vieler Mediziner sind ständiges Internetsurfen oder pausenlose Computerspiele aber gar nicht gesund. So kann man nämlich nicht nur beim

Fortsetzung Seite 147

Probetest – Unit 1

Tennisspielen, sondern auch beim Computerspielen einen so genannten Tennisarm bekommen. Das ständige Benutzen der Maus und der Tastatur kann zu Entzündungen im Arm oder Handgelenk führen. Wenn man angespannt sitzt, verkrampfen sich Nacken und Rücken. Wenn man ein allzu aufregendes Computerspiel spielt, wird man außerdem noch nervös. Wer länger als zwei oder drei Stunden täglich vor dem Computer verbringt, bekommt müde, trockene Augen.

Viele dieser Symptome kann man aber ohne den Arzt behandeln. Wenn Sie sich an die folgenden Ratschläge halten, können Sie Ihre Symptome abbauen.

Der Abstand zwischen dem Computer und Ihren Augen sollte mindestens 40 Zentimeter betragen. Für Leute mit Seh-Schwierigkeiten gibt es besondere PC-Brillen. Achten Sie darauf, dass das Licht immer von der Seite kommt, kaufen Sie sich einen bequemen Stuhl mit hoher Rückenlehne und vergessen Sie nicht: Mach mal Pause.

(a) Wir sitzen vor dem Computer, weil … *(2 marks)*

(b) Viele Mediziner glauben, … *(2 marks)*

(c) Wenn man die Maus und die Tastatur ständig benutzt, … *(2 marks)*

(d) Die Augen werden müde und trocken, …*(1 mark)*

(e) Das Licht soll … *(1 mark)*

(f) Kaufen Sie einen Stuhl, der … *(1 mark)*

(g) Zu welchen Symptomen kann es kommen, wenn man zu lange am Computer sitzt? *(5 marks)*

(h) Was kann man gegen die Symptome machen? *(4 marks)*

7   **Total for this question: *6 marks***

Lesen Sie zuerst die Meinungen von sechs Jugendlichen über das Thema Schule und Bildung in der Liste A.
Lesen Sie dann die Ergänzungen in der Liste B.
Schreiben Sie jeweils die Nummer der Ergänzung von der Liste B, die am besten zu einem der Namen in der Liste A passt.

Liste A

Kai: Allgemeinbildung, das braucht man, wenn man im Leben erfolgreich sein will. Ich bin stolz auf mein Wissen. Mein Spezialwissen bekomme ich dann durch das gewählte Studium.

Annabella: Meiner Meinung nach müsste man sich viel mehr Fächer selbst auswählen können. Ich finde Fächer wie Chemie, zum Beispiel, unnötig.

Dominik: Also, Mathe und Fremdsprachen sind unbedingt notwendig. Das sollten Pflichtfächer für alle sein. Es gehört heute einfach dazu, dass man sich in mindestens einer Fremdsprache unterhalten kann.

Daniela: Bildung ist Gehirnjogging und gut für die „grauen Zellen". Manchmal erkennt man erst später, wie wichtig ein Schulfach war, auch wenn man es während der Schulzeit hasste. Informatik sollte auf jeden Fall Pflicht sein.

Mario: Alle sollten die Möglichkeit haben, das Gleiche zu lernen. Das ist Chancengleichheit und wichtig in einer Demokratie. Ich bin gegen diese Elite-Schulen oder Elite-Universitäten.

Lena: Bildung ist einfach Ansichtssache. Wenn einer viel weiß, okay. Wenn nicht, ist das auch nicht das Ende der Welt. Hauptsache, er ist sonst nett und hat Charakter.

Liste B

(1) … findet: Wenn man heutzutage im Trend sein will, muss man sich mit Ausländern unterhalten können.

(2) … glaubt, dass alle dieselbe Bildung als Ausgangsbasis haben sollten.

(3) … meint, es sollte weniger Pflichtfächer geben.

(4) … ist der Ansicht, dass bestimmte Fächer Pflicht sein sollten, auch wenn man ihren Wert erst in der Zukunft erkennt.

(5) … hält die Persönlichkeit eines Menschen für wichtiger als seine Bildung.

(6) … behauptet, dass Bildung und Erfolg einfach zusammengehören.

(6 marks)

Probetest – Unit 2

Die Medien

Schreiben Sie ungefähr **150** Wörter.

1 Was machen Werbespots, um uns zu interessieren? Wie finden Sie diese Methoden? *(36 marks)*

Schreiben Sie ungefähr **150** Wörter.

2 Welche Medien bieten die größten Vorteile Ihrer Meinung nach? Wie sehen Sie die Zukunft? *(36 marks)*

Schreiben Sie ungefähr **250** Wörter.

3 Welche Rolle spielen die Medien in unserer Gesellschaft? Haben die Medien zu viel Macht? In Ihrer Antwort könnten Sie die folgenden Punkte beachten:

- Information
- Zensur
- Bildung
- Manipulation
- Unterhaltung *(54 marks)*

Die Umwelt

Schreiben Sie ungefähr **150** Wörter.

1 Es gibt heutzutage viele Umweltprobleme. Geben Sie zwei Beispiele dafür. Erklären Sie, warum sie wichtig sind. *(36 marks)*

Schreiben Sie ungefähr **150** Wörter.

2 Was kann man tun, um die Umwelt zu schützen? Was sollten die Prioritäten sein, Ihrer Meinung nach? *(36 marks)*

Schreiben Sie ungefähr **250** Wörter.

3 Vergleichen Sie die verschiedenen Energiequellen. Was sehen Sie als die beste Energiequelle der Zukunft? In Ihrer Antwort könnten Sie die folgenden Punke beachten:

- traditionelle Energiequellen
- Kernkraft
- alternative Energiequellen
- Umweltverschmutzung *(54 marks)*

Ausländer in Deutschland

Schreiben Sie ungefähr **150** Wörter.

1 Warum sind die Gastarbeiter nach Deutschland gekommen? Inwiefern haben sie zur deutschen Gesellschaft beigetragen? *(36 marks)*

Schreiben Sie ungefähr **150** Wörter.

2 Erklären Sie den Hintergrund zur Ausländerfeindlichkeit in Deutschland. Wie ist dieses Problem zu lösen, Ihrer Meinung nach? *(36 marks)*

Schreiben Sie ungefähr **250** Wörter.

3 Welche Probleme hat es für Ausländer in Deutschland gegeben? Glauben Sie, dass sie gut integriert sind? In Ihrer Antwort könnten Sie die folgenden Punkte beachten:

- Sprache
- Rassismus
- Religion
- Staatsbürgerschaft
- Arbeit *(54 marks)*

Deutschland und Europa

Schreiben Sie ungefähr **150** Wörter.

1 Welche Bedeutung hat die Einführung des Euros? Sind Sie dafür oder dagegen und warum? *(36 marks)*

Schreiben Sie ungefähr **150** Wörter.

2 Die EU hat viel Positives gemacht. Geben Sie zwei Beispiele dafür. Was finden Sie gut daran und warum? *(36 marks)*

Schreiben Sie ungefähr **250** Wörter.

3 Welche Folgen hat die EU für die Mitgliedsländer gehabt? Halten Sie diese für gut oder schlecht? In Ihrer Antwort könnten Sie die folgenden Punkte beachten:

- Mobilität
- Zusammenarbeit
- Arbeitsmarkt
- Kriminalität
- Umweltschutz *(54 marks)*

Probetest – Unit 2

Hier spricht man Deutsch

Schreiben Sie ungefähr **150** Wörter.

1 Schildern Sie ein geschichtliches Ereignis aus der deutschsprachigen Welt. Warum finden Sie dieses Ereignis besonders interessant?   *(36 marks)*

Schreiben Sie ungefähr **150** Wörter.

2 Welche Feste aus der deutschsprachigen Welt kennen Sie? Welches Fest würden Sie am liebsten besuchen und warum?   *(36 marks)*

Schreiben Sie ungefähr **250** Wörter.

3 Inwiefern unterscheidet sich das Leben in der Schweiz vom Leben in Deutschland und Österreich? Was ist Ihrer Meinung nach der größte Unterschied und warum? In Ihrer Antwort können Sie folgende Punkte beachten:

- ◆ Landschaft
- ◆ Industrie
- ◆ Politik
- ◆ Tradition/Tourismus
- ◆ Alltagsprobleme   *(54 marks)*

Probetest – Unit 3

Karte A

Speaking task

Candidate's instructions

Look at the material and prepare your response to the questions given:

- ◆ Was zeigt dieses Bild?
- ◆ Finden Sie die Fitness interessant?
- ◆ Macht das Sport im Fitness-Studio wirklich Spaß? Warum nicht?
- ◆ Ist Fitness heutzutage besonders wichtig? Warum nicht?
- ◆ Was kann man sonst machen, um gesund zu bleiben?

FITNESS = SPASS!

Wollen Sie fit werden? Wollen Sie Stress vermeiden? Wollen Sie Spaß haben? Dann melden Sie sich bei uns: Fitness-Studio Katrin, täglich 0700–2300 Uhr geöffnet

Karte B

Speaking task

Candidate's instructions

Look at the material and prepare your response to the questions given.

- ◆ Was sehen wir hier?
- ◆ Warum will die Mutter nicht, dass die Kinder fernsehen?
- ◆ Wie reagieren die Kinder?
- ◆ Wie reagieren Sie persönlich?
- ◆ Sehen Kinder heutzutage Ihrer Meinung nach zu viel fern?

Was machen wir denn jetzt?

Grammar

1 Nouns and articles

1.1 Gender

Every German noun has a gender, masculine (**der Tisch**), feminine (**die Klasse**) or neuter (**das Telefon**). Some patterns make learning the correct gender easier.

1.1.1 Nouns which refer to masculine or feminine people will have the expected gender:

der Mann, der Arzt, der Großvater

die Frau, die Ärztin, die Tante

But: **das Kind** and **das Mädchen** are both neuter.

1.1.2 Nouns which end as follows are usually masculine:

-ant	der Demonstrant, der Passant
-er	der Computer, der Keller, der Ärger
-ich	der Teppich
-ig	der Honig, der König
-ing	der Lehrling
-ismus	der Sozialismus, der Tourismus
-ist	der Polizist, der Tourist
-or	der Mentor, der Doktor

1.1.3 Nouns which end as follows are usually feminine:

-e	die Karte, die Grenze, die Szene
-heit	die Schönheit, die Mehrheit
-ik	die Politik, die Hektik, die Panik
-in	die Freundin, die Polizistin
-ion	die Lektion, die Explosion
-keit	die Freundlichkeit, die Arbeitslosigkeit
-schaft	die Freundschaft, die Landschaft, die Gesellschaft
-ung	die Meinung, die Kleidung, die Umgebung

1.1.4 Nouns which end as follows are usually neuter:

-chen	das Mädchen, das Hähnchen
-lein	das Fräulein, das Bächlein
-um	das Gymnasium, das Datum, das Zentrum

Words which have come into German from other languages are also often neuter:

das Hotel, das Taxi, das Telefon

1.1.5 The gender of any compound noun is always the gender of the last noun in it:

der Zug ➔ der Personenzug, der Schnellzug

die Karte ➔ die Eintrittskarte, die Zugkarte

das Geld ➔ das Fahrgeld, das Taschengeld

1.2 Definite and indefinite articles

1.2.1 The definite article in English has one form: 'the'. In German the form varies with gender and case (see 1.1 and 2.1).

	masc	fem	neut	pl
nom	der	die	das	die
acc	den	die	das	die
dat	dem	der	dem	den
gen	des	der	des	der

1.2.2 The indefinite article in English is 'a' or 'an'. In German it is:

	masc	fem	neut
nom	ein	eine	ein
acc	einen	eine	ein
dat	einem	einer	einem
gen	eines	einer	eines

1.2.3 The equivalent of 'not a' or 'no' in German is **kein** and this also varies with gender and case. It takes the same endings as **ein**, with the addition of the plural endings:

nom	keine
acc	keine
dat	keinen
gen	keiner

Das ist **kein** Hund! *That's not a dog!*

Das ist **keine** gute Idee! *That's not a good idea!*

Du bist ja **kein** Kind mehr! *You're not a child any more!*

Bitte, **keine** Fragen. *No questions, please.*

1.2.4 In a number of places German uses the definite article where English does not:

♦ for abstract nouns:

Die Natur ist schön! *Nature is beautiful!*

Der Mensch hat viel zu lernen. *Mankind has a lot to learn.*

♦ with parts of the body in constructions where English uses the possessive adjective:

Er wäscht sich **die** Hände. *He washes **his** hands.*

Sie zerbrechen sich **den** Kopf darüber. *They're racking **their** brains over it.*

- with countries which are feminine:
  die Schweiz *Switzerland*
  die Türkei *Turkey*

- with proper nouns preceded by an adjective:
  der kluge Martin *clever Martin*
  das moderne Deutschland *modern Germany*

- in expressions of cost and quantity where English uses the indefinite article:
  Die Birnen sehen lecker aus. Was kostet **das** Kilo? *The pears look delicious. How much is **a** kilo?*

- with meals and in certain set phrases:
  nach **dem** Frühstück *after breakfast*
  in **der** Schule *at school*
  in **der** Regel *as a rule*
  in **die** Kirche gehen *to go to church*

1.2.5 In some places where English uses the indefinite article, German has *no* article:

- before professions, status or nationality:
  Sie ist Zahnärztin. *She is **a** dentist.*
  Ihr Vater ist Franzose. *Her father is **a** Frenchman.*

- in certain set phrases:
  Hast du Fieber? *Have you got **a** temperature?*
  Ich habe Kopfschmerzen. *I've got **a** headache.*

1.3 Forming plurals

To form the plural of most English nouns you add 's'. German nouns form their plurals in various ways and it is best to learn the plural with the noun and its gender. But some patterns are worth learning.

1.3.1 Most feminine nouns add **-n** or **-en** to form the plural.
die Karte – die Karte**n**
die Meinung – die Meinung**en**

1.3.2 Feminine nouns ending in **-in** add **-nen** to form the plural.
die Freundin – die Freundin**nen**
die Schülerin – die Schülerin**nen**

1.3.3 Many masculine nouns form their plural by adding an umlaut to the main vowel and **-e** to the end of the word.
der Stuhl – die Stühle
der Fluss – die Flüsse
der Pass – die Pässe

1.3.4 Many masculine or neuter nouns which end in **-el, -en, -er, -chen** or **-lein** do not change in the plural. A few add umlauts, but no ending.
das Unternehmen – die Unternehmen
der Einwohner – die Einwohner
das Mädchen – die Mädchen
der Garten – die Gärten

1.3.5 To make the plural of a neuter word ending in **-um**, remove **-um** and replace with **-en**.
das Datum – die Dat**en**
das Zentrum – die Zentr**en**

1.3.6 Many neuter words of foreign origin add **-s** to form the plural.
das Hotel – die Hotel**s**
das Taxi – die Taxi**s**

1.3.7 Most other neuter nouns form their plural by adding an umlaut to the main vowel and **-er** to the end.
das Haus – die Häus**er**
das Land – die Länd**er**
das Schloss – die Schlöss**er**

1.4 Adjectival nouns

Nouns can be formed from adjectives:
alt – der Alte   deutsch – die Deutschen

Like other German nouns, adjectival nouns have a capital letter, but they take the same endings as adjectives do according to the word that precedes them (see 3.3):

	masc	fem	neut	pl
nom	der Alte	die Alte	das Alte	die Alten
acc	den Alten	die Alte	das Alte	die Alten
dat	dem Alten	der Alten	dem Alten	den Alten
gen	des Alten	der Alten	des Alten	der Alten

	masc	fem	neut	pl
nom	ein Alter	eine Alte	ein Altes	Alte
acc	einen Alten	eine Alte	ein Altes	Alte
dat	einem Alten	einer Alten	einem Alten	Alten
gen	eines Alten	einer Alten	eines Alten	Alter

nom	**Ein Bekannter** von mir wird uns abholen. *An acquaintance of mine will pick us up.*
acc	Er hatte **den Fremden** noch nicht begrüßt. *He had not yet greeted the stranger.*
dat	Wir haben noch nicht mit **den Deutschen** gesprochen. *We haven't spoken to the Germans yet.*
gen	Das Büro **des Beamten** befand sich neben dem Fahrstuhl. *The official's office was situated next to the lift.*

1.5 Weak nouns

A small group of masculine nouns are known as weak nouns. They end in **-n** or **-en** in all cases except the nominative singular.

	sing	pl
nom	der Junge	die Jungen
acc	den Jungen	die Jungen
dat	dem Jungen	den Jungen
gen	des Jungen	der Jungen

They include:

der Assistent	the assistant
der Franzose	the Frenchman
der Held	the hero
der Junge	the boy
der Kollege	the colleague
der Kunde	the customer
der Mensch	the person
der Nachbar	the neighbour
der Präsident	the president
der Soldat	the soldier
der Student	the student

nom	**Dieser Franzose** spricht fantastisches Deutsch! *This Frenchman speaks fantastic German!*
acc	Ich habe **meinen Nachbarn** nicht mehr gesehen. *I haven't seen my neighbour again.*
dat	Das müssen wir alles mit **dem Kunden** besprechen. *We must discuss all that with the customer.*
gen	Wo sind die Bücher **des Assistenten**? *Where are the assistant's books?*

1.6 Mixed nouns

A few masculine nouns and one neuter noun add **-(e)n** like weak nouns, but also add **-s** in the genitive (2.6):

	sing	pl
nom	der Name	die Namen
acc	den Namen	die Namen
dat	dem Namen	den Namen
gen	des Namens	der Namen

Others include:

der Friede	the peace
der Gedanke	the thought
der Glaube	the belief
der Wille	the will
das Herz	the heart

2 Prepositions and cases

2.1 The German case system

In German four cases – nominative, accusative, dative and genitive – help show how a sentence fits together. They are shown by the endings or forms of articles, adjectives, pronouns and weak, mixed and adjectival nouns (see the relevant sections). There are also changes to some regular nouns in the genitive and dative (see below).

2.2 The nominative case

2.2.1 The nominative case is used for the subject of a sentence. Often the subject comes first, before the verb and object:

Der Vater hat immer Recht! *Your father is always right!*
Der Hund jagt der Katze nach. *The dog chases the cat.*

But it can come later, and the use of the nominative shows it is the subject of the sentence:
Knochen, Fleisch, Süßigkeiten – alles frisst **der Hund**!
Bones, meat, sweets, the dog eats everything!

2.2.2 The nominative case is always used after verbs like **sein**, **werden** and **bleiben**:

Er **ist ein kleiner Mann**. *He is a short man.*
Er **wurde ein reicher Mann**. *He became a rich man.*
Bleibt er immer **ein guter Freund**? *Does he remain a good friend always?*

2.3 The accusative case

The accusative case has three main uses.

2.3.1 It is used for the object of a sentence:

Kauft er **den Hund**? *Is he buying **the dog**?*
Ich habe **keine Ahnung**! *I have **no idea**!*
Er muss dringend **ein Hemd und eine Hose** kaufen. *He urgently needs to buy **a shirt and trousers**.*

153

2.3.2   It is used after the following prepositions:

bis	*until, to, as far as*
durch	*through, by*
entlang	*along (usually follows the noun. See example.)*
für	*for*
gegen	*against, towards*
ohne	*without*
um	*round*

Die Gruppe joggt **durch den Wald**. *The group is jogging through the wood.*
Was hast du **gegen den Lehrer?** *What have you got against your teacher?*
Er hat keine Zeit **für seinen Sohn**. *He has no time for his son.*
Sie gehen gern **den Fluss entlang**. *They like walking along the river.*

2.3.3   It is used in certain expressions of time and for length of time:

Ich fahre **jeden Samstag** nach Hause. *I go home every Saturday.*
Wo warst du **letzte Woche**? *Where were you last week?*
Er war **drei Jahre** in der Schweiz. *He was in Switzerland for three years.*

2.4   The dative case

Add **-n** to all plural nouns in the dative case, unless they already end in **-n** or **-s**.

zwei Jahre	➔ nach zwei Jahre**n**
die Brüder	➔ mit meinen Brüder**n**
die Klassen	➔ die Schüler von zwei Klassen
die Hotels	➔ in den Hotels

The dative case has two main uses.

2.4.1   The dative is used for the indirect object of a sentence, often translated into English as 'to'. Sometimes the 'to' is optional in English.

Ich gebe **dem Hund** einen Knochen. *I give **the dog** a bone* or *I give a bone **to the dog**.*
Schreibst du **der Schwester**? *Are you writing **to the sister**?*
Wem sagen Sie das? *To whom are you saying that?*
Wir müssen **dem Kind** alles erklären. *We must explain everything **to the child**.*

2.4.2   The dative is used after these prepositions:

aus	*out of / from*
außer	*except for*
bei	*'at' someone's (like **chez** in French) (bei + dem ➔ beim)*
dank	*thanks to*
gegenüber	*opposite (follows a pronoun and can follow a noun)*
mit	*with*
nach	*after, according to*
seit	*since (see 6.1.1)*
von	*from (von + dem ➔ vom)*
zu	*to (zu + dem ➔ zum; zu + der ➔ zur)*

Wie komme ich **aus der Stadmitte** heraus? *How do I get out of the town centre?*
Wann warst du das letzte Mal **beim Zahnarzt**? *When were you last at the dentist's?*

2.5   Dual-case prepositions

Nine prepositions take either the accusative case or the dative, depending on the circumstances. They are:

an	*on (vertically, e.g. hanging on a wall), at (an + dem ➔ am; an + das ➔ ans)*
auf	*on*
hinter	*behind*
in	*in (in + dem ➔ im; in + das ➔ ins)*
neben	*near, next to, beside*
über	*over*
unter	*under, below*
vor	*in front of, before*
zwischen	*between*

2.5.1   When these prepositions indicate the location of a thing or an action, they are followed by the dative case.

Er arbeitet **im Büro**. *He works in the office.*
Das Bild hängt **an der** Wand. *The picture is hanging on the wall.*
Sie spazieren **im** Park. *They're walking in the park.*

2.5.2   When they indicate the direction of a movement, they are followed by the accusative case.

Er geht **ins** Büro. *He goes into the office.*
Hängen Sie das Bild bitte **an die** Wand. *Please hang the picture on the wall.*
Sie gehen in den Park hinein. *They're going into the park.*

2.6 The genitive case

Masculine and neuter singular nouns add **-s** or **-es** in the genitive case:

der Titel **des** Buch**es** *the title of the book*
der Sohn **des** Mann**es** *the man's son*
die Stiefel **des** Spieler**s** *the player's boots*
die Filme **des** Jahrhundert**s** *the films of the century*

One-syllable words usually add **-es** and longer words simply add an **-s**.

The genitive case has two main uses.

2.6.1 The genitive is used to show possession and is usually translated into English by 'of the' or an apostrophe s ('s).

2.6.2 The genitive is used after certain prepositions, including:

außerhalb	*inside*	trotz	*in spite of*
innerhalb	*outside*	während	*during*
statt	*instead of*	wegen	*because of*

Sie wohnen etwas **außerhalb der Stadt**. *They live a little way out of the town.*
Was machst du **während der Pause**? *What are you doing during break?*
Wegen des schlechten Wetters bleiben wir lieber zu Hause. *We prefer to stay at home because of the bad weather.*
Trotz seines guten Rufes mag ich ihn nicht. *In spite of his good reputation, I don't like him.*

2.7 Nouns in apposition

Sometimes a noun is followed immediately by a second noun referring to the same person or thing. The second noun is 'in apposition', and is in the same case as the first one.

Das ist Herr Schulz, **mein Englischlehrer**. *That is Herr Schulz, my English teacher.*
Kennst du meinen Nachbarn, **den Franzosen**? *Do you know my neighbour, the Frenchman?*
Wir sprachen mit Frau Sauer, **der Tante** meines Freundes. *We talked to Frau Sauer, the aunt of my friend.*
Das ist das Auto meiner Schwester, **der Dolmetscherin**. *That's the car of my sister, the interpreter.*

3 Adjectives and adverbs

3.1 Possessive adjectives

Possessive adjectives are the words for 'my', 'your', 'his' etc.

ich	mein	*my*
du	dein	*your*
er	sein	*his/its*
sie	ihr	*her/its*
es	sein	*its*
man◆	sein	*one's (etc.)*
wir	unser	*our*
ihr	euer	*your*
sie	ihr	*their*
Sie	Ihr	*your*

◆ and other indefinite pronouns (see 4.6)

Possessive adjectives decline like **kein**:

	masc	fem	neut	pl
nom	mein	meine	mein	meine
acc	meinen	meine	mein	meine
dat	meinem	meiner	meinem	meinen
gen	meines	meiner	meines	meiner

Ist das **seine** Mutter? *Is that his mother?*
Gib mir bitte **deinen** Kuli. *Give me your pen please.*
Was macht sie mit **ihrem** Geld? *What does she do with her money?*
Das ist der Wagen **meines** Onkels. *That is my uncle's car.*
Sie haben nichts von **ihren** Kindern gehört. *They have heard nothing from their children.*

3.2 Demonstrative and interrogative adjectives

Demonstrative adjectives include:

dieser	*this*
jener	*that*
jeder	*each, every*

There is one interrogative adjective, used for asking questions:

welcher *which*

All four words follow the same pattern as the definite article.

	masc	fem	neut	pl
nom	dieser	diese	dieses	diese
acc	diesen	diese	dieses	diese
dat	diesem	dieser	diesem	diesen
gen	dieses	dieser	dieses	diese

Diese Stofftasche ist so praktisch! *This cloth bag is so practical!*

Gib das Grünglas in **jenen** Container. *Put the green glass in that container.*

Welchem Gemeinde gehört es? *Which local authority does it belong to?*

Die Rolle **dieser** Organisationen ist sehr wichtig. *The role of these organisations is very important.*

3.3 Adjective endings

3.3.1 Adjectives not in front of a noun do not add any endings:

Sie sind **klug**. *They are clever.*
Ich möchte **reich** sein. *I'd like to be rich.*

3.3.2 When an adjective is used before a noun it has particular endings. These depend on the word before the adjective, and on the gender and case of the noun.

There are three sets of adjective endings to learn:

Table A
Adjective endings after the definite article, **alle, dieser, jeder, jener, welcher**:

	masc	fem	neut	pl
nom	e	e	e	en
acc	en	e	e	en
dat	en	en	en	en
gen	en	en	en	en

Ich sprach mit dem großen Mann. *I spoke to the tall man.*

Table B
Adjective endings after the indefinite article, **kein** and the possessive adjectives.

	masc	fem	neut	pl
nom	er	e	es	en
acc	en	e	es	en
dat	en	en	en	en
gen	en	en	en	en

Das ist aber ein netter Mensch! *That is a nice person!*

Table C
Adjectives used without an article or other defining word, e.g. after a number:

	masc	fem	neut	pl
nom	er	e	es	e
acc	en	e	es	e
dat	em	er	em	en
gen	en	er	en	er

Ich mag heißen Tee. *I like hot tea.*

3.4 Adverbs

Adverbs tell you **how** something is done – well, efficiently, badly, etc. In English they usually end in '-ly', although there are exceptions such as 'well' and 'fast'.

3.4.1 In German any adjective can be used as an adverb. No alteration is needed:

langsam *slow* →
Er fuhr **langsam**. *He drove slowly.*

glücklich *happy* →
„Ach, ja", sagte sie **glücklich**. *'Ah yes,' she said happily.*

3.4.2 There are also adverbs of place, telling you where something happens:

hier	here	oben	up there
dort	there	unten	down there

3.4.3 Adverbs of time tell you when something happens:

haüfig/oft	often	selten	seldom
regelmäßig	regularly	sogleich	at once
nie	never		

3.4.4 There are also adverbial phrases such as:
mit Eile *quickly*
ohne Hast *without haste*

3.4.5 Interrogative adverbs ask 'when', 'where', etc. something happens:

wann	when	wie	how
wo	where	warum/wieso	why

3.5 Adjectives in comparisons

Comparatives are used to compare two things to say that one is big*ger*, *more* expensive or *better* quality than another.

Superlatives are used to compare three or more things to say which is big*gest*, *most* expensive or *best* quality.

3.5.1 To form the comparative of any regular adjective, add **-er** and the appropriate adjectival ending.

schmackhaft *tasty* ➔

schmackhaf**ter** (als) *tastier (than)*

Fertiggerichte sind schmackhaft, aber Naturkost ist schmackhaf**ter**. *Ready meals are tasty, but organic food is tastier.*

Haben Sie einen billi**geren** Pullover? *Have you got a cheaper pullover?*

To compare two things, use **als** in German for English 'than'.

Normales Gemüse ist **billiger als** biologisches Gemüse. *Ordinary vegetables are cheaper than organic vegetables.*

3.5.2 To form the superlative of an adjective, add **-(e)st** followed by the normal adjective endings.

billig *cheap* ➔

das billig**ste** *the cheapest (singular, referring to a neuter noun)*

schnell *quick* ➔

die schnell**sten** Autos *the quickest cars (plural)*

3.5.3 A number of adjectives add an umlaut when forming the comparative and superlative:

adjective	comparative	superlative
lang	länger	(das) längste
warm	wärmer	(das) wärmste
groß	größer	(das) größte
gesund	gesünder	(das) gesündeste

3.5.4 Some comparative and superlative forms are irregular:

adjective	comparative	superlative
gut	besser	(das) beste
hoch	höher	(das) höchste
nah	näher	(das) nächste

3.5.5 To say 'just as ... as' use **genauso ... wie** or **ebenso ... wie**. (Do not use comparative forms here.)

Bananen sind **genauso gesund wie** Orangen. *Bananas are just as healthy as oranges.*

To say 'not as ... as' use **nicht so ... wie**.

Hamburger sind **nicht so gesund wie** Karotten. *Hamburgers are not as healthy as carrots.*

3.6 Adverbs in comparisons

3.6.1 The comparative and superlative forms of adverbs follow a very similar pattern to those of adjectives:

schnell	schnell**er**	**am** schnell**sten**
quickly	*more quickly*	*most quickly*
einfach	einfach**er**	**am** einfach**sten**
easily	*more easily*	*most easily*

Ich fahre **schneller** als meine Schwester, aber unsere Mutter fährt **am schnellsten**. *I drive faster than my sister but our mother drives the fastest.*

3.6.2 Irregulars include:

adverb	comparative	superlative
gern	lieber	am liebsten
gut	besser	am besten
viel	mehr	am meisten
bald	eher	am ehesten

Meine Lieblingslehrerin erklärt den Stoff **besser als** alle anderen! *My favourite teacher explains the work better than all the others!*

Was machst du **am liebsten?** *What do you most like to do?*

4 Pronouns

4.1 Modes of address

4.1.1 Use **du** for people you know very well, your friends, other students, young people in general:

Kommst **du** heute Abend mit ins Kino? *Will you come to the cinema with me tonight?*

Was hältst **du** von diesem Vorschlag? *What do you think of this suggestion?*

4.1.2 Use **ihr** to address two or more people you know very well, e.g. your penfriend and his/her family:

Es ist nett von euch, dass **ihr** mich vom Flughafen abgeholt habt. *It is nice of you to pick me up from the airport.*

4.1.3 Use **Sie** to one or more people older than yourself and people in authority, such as your teacher or your boss:

Könnten **Sie** mir bitte erklären, was an diesem Ausdruck falsch ist? *Could you please explain to me what is wrong with this expression?*

4.2 Personal pronouns

The personal pronouns alter according to case.

	nom	acc	dat
I	ich	mich	mir
you (familiar – sing.)	du	dich	dir
he/it	er	ihn	ihm
she/it	sie	sie	ihr
it	es	es	ihm
we	wir	uns	uns
you (familiar – plural)	ihr	euch	euch
they	sie	sie	ihnen
you (polite)	Sie	Sie	Ihnen

nom/acc	Holst **du mich** bitte ab? *Will **you** pick **me** up?*
nom/dat	**Ich** schreibe **ihr** jede Woche. *I write **to her** every day.*
nom	Wo sind **sie?** *Where are **they?***
	Wo sind **Sie?** *Where are **you?***
nom/dat	**Ich** gebe es **euch** später. *I'll give it **to you** later.*

4.3 Reflexive pronouns

Reflexive pronouns are used with reflexive verbs (see 5.2) and to mean 'myself', 'yourself', 'himself' and so on. They are used in the accusative and the dative cases.

	acc	dat
ich	mich	mir
du	dich	dir
er/sie/es/man♦	sich	sich
wir	uns	uns
ihr	euch	euch
sie	sich	sich
Sie	sich	sich

♦ and other indefinite pronouns (see 4.6)

Sie waschen **sich**. *They are getting washed.*
Ich muss **mir** bald die Haare waschen. *I must wash my hair soon.*

4.4 Relative pronouns

Relative pronouns mean 'who' or 'which/that' and are used to join simple sentences together:
The computer is the latest model. It is available at your dealer's. → *The computer, which is available at your dealer's, is the latest model.*

The German equivalent is:
Der Computer ist das neueste Modell. Es ist beim Fachhändler erhältlich. → Der Computer, der beim Fachhändler erhältlich ist, ist das neueste Modell.

4.4.1 There are relative pronouns for each gender and case.

	masc	fem	neut	pl
nom	der	die	das	die
acc	den	die	das	die
dat	dem	der	dem	denen
gen	dessen	deren	dessen	deren

The relative pronoun:
- agrees in number and gender with the noun to which it refers
- takes its case from its role within the relative clause
- must have a comma before it
- sends the verb to the end of the clause (8.5.1)

In a sentence beginning 'the man who …', the relative pronoun must be masculine singular because it refers back to 'man'. But it could be in any of the four cases, depending on its role within its own clause:

Die Deutschen, **die** ihre Ferien im Inland verbringen, fahren an die Ostsee. (*nom. pl.*) *The Germans who spend their holidays in Germany go to the Baltic.*
Ich fahre am liebsten mit einem Freund weg, **den** ich schon gut kenne. (*masc. sg. acc.*) *I prefer to go away with a friend I know really well.*
Die Familie, mit **der** wir am liebsten Zeit verbringen, kennen wir schon lange. (*fem. sg. dat. after preposition*) *We have known the family we most like spending time with for a long time.*
Die Touristen, **deren** Auto wir gestern gesehen haben, wohnen in diesem Hotel. (*gen. pl.*) *The tourists whose car we saw yesterday are staying in this hotel.*

4.4.2 The relative pronoun can be missed out in English, but not in German.

Das Haus, das ich kaufte, ist nicht groß genug.
Either: *The house I bought isn't big enough.*
Or: *The house **which** I bought isn't big enough.*

4.4.3 After **alles, viel, manches, nichts, allerlei** and superlatives, the relative pronoun **was** is used instead of **das**.

Er hat **alles** aufgegessen, **was** er auf dem Teller hatte. *He ate everything he had on his plate.*

Es gibt **nichts, was** ich lieber mag als faulenzen. *There is nothing I like better than lazing around.*
Der Skiurlaub war **das Beste, was** er je erlebt hatte. *The skiing holiday was the best thing he had ever experienced.*

4.4.4 If the relative pronoun refers to the whole of the other clause, **was** is used again:

Die meisten Deutschen fahren nach Spanien, **was** mich überhaupt nicht überrascht. *Most Germans go to Spain, which doesn't surprise me at all.*

4.4.5 For some other kinds of relative clause, see 8.5.

4.5 Possessive pronouns

Possessive adjectives (3.1) can be used as pronouns, i.e. without a noun. The forms are the same as for possessive adjectives, except that the masculine ends in **-er** in the nominative, and the nominative and accusative neuter end in **-es**.

A possessive pronoun takes its gender from the noun to which it refers and its case from the part which it plays in the clause or sentence.

Dein Vater ist älter als **meiner**. *Your father is older than mine.*
Ich mag mein Haus lieber als **deines**! *I like my house better than yours!*

4.6 Indefinite pronouns

Indefinite pronouns stand in place of nouns, but don't refer to anything definite (e.g. 'someone', 'no-one').

jemand	*someone*
niemand	*no-one*
einer	*one*
keiner	*no-one*
jeder	*each, everyone*

4.6.1 **Jemand** and **niemand** add **-en** in the accusative and **-em** in the dative, while the other three decline like **dieser** (3.2).

Ich kenne **niemanden** hier. *I don't know anyone here.*
Es gibt für **jeden** etwas. *There is something for everyone.*

4.6.2 The indefinite pronoun **man** (one) is widely used, but only in the nominative.

Man kann hier experimentelles Theater sehen. *You can see experimental theatre here.*

4.6.3 There are two more indefinite pronouns which are indeclinable, that is do not change whatever case they are used in. They are:

| etwas | *something* |
| nichts | *nothing* |

Etwas muss geschehen! *Something must happen!*
Er weiß **nichts**! *He knows nothing!*

4.7 Interrogative pronouns

4.7.1 The interrogative pronoun **wer** (who) declines like this:

nom	wer
acc	wen
dat	wem
gen	wessen

Wer war dabei? *Who was there?*
Wen kennst du hier? *Who(m) do you know here?*
Von **wem** ist der Brief? *From whom is the letter?/Who is the letter from?*
Wessen Tochter ist das? *Whose daughter is that?*

4.7.2 These pronouns refer to people. When referring to things, use:

nom	was
acc	was or wo-/wor- + preposition, e.g. wodurch, woran
dat	wo-/wor- + preposition, e.g. womit, worauf
gen	wessen

Was ist dir wichtig? *What is important to you?*
Was hast du da? *What have you got there?*
Worüber denkst du nach? *What are you thinking about?*
Womit zahlst du? *What are you paying with?*
Wovon träumst du? *What do you dream of?*

5 Verbs – The basics

5.1 Weak, strong, mixed and auxiliary verbs

5.1.1 Weak verbs are regular and all tenses can be formed from the infinitive.

infinitive:	**mach**en
present tense:	ich **mache**
imperfect tense:	ich **mach**te
perfect tense:	ich habe ge**macht**

5.1.2 Strong verbs are irregular. They often have a vowel change in the different tenses, and they use different endings to weak verbs in the imperfect tense and the past participle.

infinitive:	**trink**en
present tense:	ich **trinke**
imperfect tense:	ich **trank**
perfect tense:	ich habe ge**trunk**en

5.1.3 Mixed verbs have a vowel change in some tenses and take endings of the weak verbs to form tenses.

infinitive:	**denk**en
present tense:	ich **denke**
imperfect tense:	ich **dach**te
perfect tense	ich habe ge**dacht**

5.1.4 The auxiliary verbs **haben**, **sein** and **werden** can be used in their own right or to help form tenses. Their forms are listed under all the tenses below.

5.2 Reflexive verbs

Reflexive verbs are verbs used with the reflexive pronouns (4.3). Many verbs are reflexive in German which are not in English, e.g.

sich waschen *to have a wash*
sich die Zähne putzen *to clean one's teeth*

Many are to do with actions done to yourself, but this need not be the case, e.g.

sich etwas überlegen *to consider something*
sich weigern *to refuse*

Reflexive verbs normally take the accusative reflexive pronoun, but use the dative pronoun if there is another direct object in the sentence:

accusative:	ich wasche **mich**
dative:	ich bürste **mir** die Haare

5.3 Impersonal verbs and verbs with a dative object

5.3.1 Some verbs are often used with **es** as a kind of indefinite subject, and are known as impersonal verbs.

Gefällt es dir hier? *Do you like it here?*
Es gibt ... *There is/are*
Es kommt darauf an, ob ... *It depends whether...*
Es geht ihm gut. *He is well.*
Es geht ihr schlecht. *She is not well.*
Hat es geschmeckt? *Did you enjoy it (the food)?*
Es tut mir Leid. *I am sorry.*
Es ist mir kalt. *I'm cold.*
Es gelingt ihm, ... zu + *infinitive He succeeds in ...ing ....*

5.3.2 Many idiomatic verbs, including some impersonal expressions, take a dative object (see 4.2) rather than an accusative one. Sometimes that object would be the subject in the equivalent English expression, so take care with translation.

Es fehlt mir sehr. *I really miss it.*
Das Bein tut mir weh. *My leg hurts.*
Das Kleid steht Ihnen gut. *The dress suits you.*
Die Hose passt ihm nicht. *The trousers don't fit him.*
Das Buch gehört meiner Mutter. *The book belongs to my mother.*
Das Bild gefällt ihm. *He likes the picture.*

5.4 Separable and inseparable verbs

5.4.1 A few prefixes in German are always inseparable and cannot be split up from the verb. These are:

be-	ent-	ge-	ver-
emp-	er-	miss-	zer-

The stress in these verbs is on the second syllable.

Meine Freundin und ich **be**halten Geheimnisse für uns. *My friend and I keep secrets to ourselves.*
Die Klasse **ent**scheidet selbst, welche wohltätige Organisation sie unterstützen will. *The class decide themselves what charity they want to support.*
Sie hat uns früher immer vom Krieg **er**zählt. *She always used to tell us about the war.*
Das Fernsehen **zer**stört meiner Meinung nach das Familienleben. *In my opinion, television destroys family life.*

5.4.2 Most other prefixes are separable and go to the end of the clause. In the infinitive the prefix is stressed.

auf   **auf**/stehen

In den Ferien stehen wir nie vor zehn Uhr **auf**.
During the holidays, we never get up before 10 o'clock.

statt   **statt**/finden

Wo finden die nächsten Olympischen Spiele **statt**?
Where will the next Olympic games take place?

vor   **vor**/haben

Habt ihr diesen Monat etwas Besonderes **vor**?
Are you planning anything special this month?

5.4.3 A few prefixes are separable in some verbs and not in others. Learn each verb separately

durch	um	unter	wider
über	unter	voll	wieder

Die Polizei durchsucht das Zimmer. *The police are searching the room.*
Meine Eltern sprechen ihre Probleme durch. *My parents are talking over their problems.*

5.5 Modal verbs

There are six modal verbs in German. They usually go with the infinitive of another verb, which goes to the end of the sentence.

dürfen	*to be allowed to*	**müssen**	*to have to*
können	*to be able to*	**sollen**	*to be supposed to*
mögen	*to like*	**wollen**	*to want to*

Note:

ich **muss** nicht *I don't need to*

ich **darf** nicht *I mustn't*

Jeder volljährige Deutsche **muss** zur Musterung. *Every adult German man has to have an army medical.*
Mädchen können Zivildienst leisten, wenn sie das **wollen**. *Girls may do community service if they wish.*
Man **darf** dabei **nicht** vergessen, dass die jungen Deutschen dadurch ein Jahr verlieren können. *One **must not** forget here that young Germans may lose a year by doing this.*
Man **muss nicht** unbedingt Dienst mit der Waffe leisten, ein Sozialjahr geht auch. *You **do not have to** do armed service, a year's community service is also allowed.*

6   The main tenses

6.1   The present tense

The present tense is used for actions happening in the present, or happening regularly now, or in the future (6.5).

6.1.1 It is also frequently used for an action or state which started in the past and is still carrying on now. This is especially the case with an expression describing length of time with **seit** (2.4.2) or **lang**, and can happen in clauses with **seit(dem)** (8.4.2). Notice that this is different to English usage.

Er **wohnt seit** drei Jahren in Norddeutschland. *He **has lived** in Northern Germany for three years.*
Seine Großeltern **leben** schon **jahrelang** in Österreich. *His grandparents **have lived** in Austria for years.*
Seitdem er beim Bund **ist, sieht** er die Welt mit anderen Augen. *Since he **has been** in the army he **has seen** the world differently.*

6.1.2 Most verbs of all groups have the same endings in the present tense.

schreiben *to write*	
ich schreibe	wir schreiben
du schreibst	ihr schreibt
er/sie schreibt	sie/Sie schreiben

6.1.3 With many strong verbs, the main vowel changes in the **du** and the **er/sie** forms: **a → ä, e → i** or **ie**:

fahren *to travel*	ich fahre, du fährst, er/sie fährt
essen *to eat*	ich esse, du isst, er/sie isst
lesen *to read*	ich lese, du liest, er/sie liest

6.1.4 The verb **wissen** (to know) is a special case:

ich weiß	wir wissen
du weißt	ihr wisst
er/sie weiß	sie/Sie wissen

6.1.5 Auxiliary verbs form their present tense like this:

sein	**haben**	**werden**
ich bin	ich habe	ich werde
du bist	du hast	du wirst
er/sie ist	er/sie hat	er/sie wird
wir sind	wir haben	wir werden
ihr seid	ihr habt	ihr werdet
sie/Sie sind	sie/Sie haben	sie/Sie werden

6.1.6 Modal verbs form their present tense as follows:

dürfen	können	mögen
ich darf	ich kann	ich mag
du darfst	du kannst	du magst
er/sie darf	er/sie kann	er/sie mag
wir dürfen	wir können	wir mögen
ihr dürft	ihr könnt	ihr mögt
sie/Sie dürfen	sie/Sie können	sie/Sie mögen

müssen	sollen	wollen
ich muss	ich soll	ich will
du musst	du sollst	du willst
er/sie muss	er/sie soll	er/sie will
wir müssen	wir sollen	wir wollen
ihr müsst	ihr sollt	ihr wollt
sie/Sie müssen	sie/Sie sollen	sie/Sie wollen

6.2 The perfect tense

The perfect tense is used in speech and in colloquial passages. It can be translated into English with either the simple past (I did) or the perfect (I have done).

6.2.1 Most verbs, including reflexives, form their perfect tense with the present tense of the auxiliary verb **haben** and a past participle. **Haben** takes the normal position of the verb, and the past participle goes to the end of the sentence.

◆ For weak verbs, the past participle is formed from the usual verb stem with the prefix **ge-** and the ending -**t** (*gemacht*, *gekauft*). For mixed verbs and modal verbs (see 6.2.3), the stem is often different and has to be learnt, but the prefix and ending are the same (**bringen** – *gebracht*, **denken** – *gedacht*).

◆ The past participles of strong verbs often have a changed stem, and take the **ge-** prefix and an -**en** ending (*gegessen*, *gesungen*, *getrunken*).

◆ The past participles of the auxiliaries are:
  sein: gewesen
  haben: gehabt
  werden: geworden

◆ Verbs with *separable prefixes* insert **ge** after the prefix (**ein**ge**kauft**, **auf**ge**schrieben**, **nach**ge**dacht**) and verbs with *inseparable prefixes* do not use **ge** at all (**bekommen, erreicht, missverstanden, verbracht**).

Meine Oma **hat** nie alleine **gewohnt**. *My grandmother has never lived alone..*

Jugendliche **haben** damals vor der Ehe nicht **zusammengelebt**. *In those days young people did not live together before marriage.*
Opa **hat** seit seiner Jugend sein eigenes Geld **verdient**. *Grandpa has earned his own money since his youth.*

6.2.2 Certain verbs with no object use the auxiliary verb **sein** to form the perfect tense. These are:

◆ Verbs expressing motion:
gehen:	ich **bin** gegangen	*I went*
fahren:	ich **bin** gefahren	*I travelled*
aufstehen:	ich **bin** aufgestanden	*I got up*

◆ Verbs expressing a change in state or condition:
aufwachen:	ich **bin** aufgewacht	*I woke up*
werden:	ich **bin** geworden	*I became*
wachsen:	ich **bin** gewachsen	*I grew*
einschlafen:	ich **bin** eingeschlafen	*I fell asleep*

◆ The following verbs:
bleiben	ich **bin** geblieben	*I stayed*
sein	ich **bin** gewesen	*I was/I have been*

6.2.3 Modal verbs have these past participles:
dürfen:	gedurft	müssen:	gemusst
können:	gekonnt	sollen:	gesollt
mögen:	gemocht	wollen:	gewollt

Er hat zum Militär **gemusst**. *He had to do his military service.*

However, when modal verbs are used with another verb in the infinitive, the perfect tense is formed with the infinitive of the modal verb rather than the past participle.

Er hat sich bei den Behörden vorstellen **müssen**. *He had to present himself to the authorities.*

6.2.4 Certain other verbs behave like modal verbs and use the infinitive in the perfect tense if there is already another infinitive in the sentence. These are: verbs of perception (**sehen, hören**) and **lassen**.

Er hat seine Freunde **feiern hören**. *He heard his friends celebrating.*
Ich habe ihn nur ein Glas Wein **trinken sehen**. *I only saw him drink one glass of wine.*
Meine Eltern haben mich nicht nach Mitternacht **ausgehen lassen**. *My parents did not let me stay out after midnight.*
Sie hat ihr altes Auto **reparieren lassen**. *She had her old car repaired.*

6.3 The imperfect tense

The imperfect tense tends to be used more in writing for narrative, reports and accounts. With certain verbs the imperfect tense is more commonly used than the perfect tense, even in speech, e.g. **sein – ich war, haben – ich hatte**.

6.3.1 Regular or weak verbs form their imperfect tense by adding the following endings to the stem of the verb (the infinitive minus **en** ending):

ich -te	wir -ten
du -test	ihr -tet
er/sie -te	sie/Sie -ten

telefonieren *to phone*	abholen *to collect*	arbeiten *to work*
ich telefonierte	ich holte ab	ich arbeitete
du telefoniertest	du holtest ab	du arbeitetest
er/sie telefonierte	er/sie holte ab	er/sie arbeitete
wir telefonierten	wir holten ab	wir arbeiteten
ihr telefoniertet	ihr holtet ab	ihr arbeitetet
sie/Sie telefonierten	sie/Sie holten ab	Sie/sie arbeiteten
I telephoned	*I collected*	*I worked*

If the stem of the verb ends in **-t** (**arbeit-**) or several consonants (**trockn-**) an extra **-e** is added: **arbeitete, trocknete**.

6.3.2 Strong verbs change their stem in order to form this tense. Each has to be learnt separately. The following endings are then added to this imperfect stem:

ich (no ending)	wir -en
du -st	ihr -t
er/sie (no ending)	sie/Sie -en

gehen *to go*	trinken *to drink*	lesen *to read*
ich ging	ich trank	ich las
du gingst	du trankst	du last
er/sie ging	er/sie trank	er/sie las
wir gingen	wir tranken	wir lasen
ihr gingt	ihr trankt	ihr last
sie/Sie gingen	sie/Sie tranken	sie/Sie lasen
I went	*I drank*	*I read*

6.3.3 Mixed verbs change their stem, like strong verbs, but add the same endings as weak verbs.

bringen:	ich brachte
nennen:	ich nannte
denken:	ich dachte

6.3.4 Modal verbs also add the same endings as weak verbs, but mostly change their stem:

dürfen:	ich durfte	müssen:	ich musste
können:	ich konnte	sollen:	ich sollte
mögen:	ich mochte	wollen:	ich wollte

6.3.5 The imperfect tense of the auxiliaries is:

sein	haben	werden
ich war	ich hatte	ich wurde
du warst	du hattest	du wurdest
er/sie war	er/sie hatte	er/sie wurde
wir waren	wir hatten	wir wurden
ihr wart	ihr hattet	ihr wurdet
sie/Sie waren	sie/Sie hatten	sie/Sie wurden

6.4 The pluperfect tense

The pluperfect tense is used to express that something *had* happened before something else. It is often used in **nachdem** clauses. It is formed from the past participle of the verb and the auxiliaries **haben** or **sein** in the imperfect tense.

sprechen *to speak*	fahren *to travel*
ich **hatte** gesprochen	ich **war** gefahren
I had spoken	*I had travelled*
etc.	

Nachdem die Aussiedler einen Ausreiseantrag **gestellt hatten**, mussten sie lange auf eine Genehmigung warten. *After the German settlers **had made** an application for repatriation, they had to wait a long time for permission to leave.*
Man brachte die Asylanten in einem Übergangslager unter, kurz **nachdem** sie in Deutschland **angekommen waren**. *They housed the asylum seekers in a transit camp shortly after they **had arrived** in Germany.*

6.5 The future tense

6.5.1 The present tense is often used to describe future events, especially if there is an expression of time that clearly indicates the future meaning.

Guljan **heiratet nächsten Sommer** einen Bekannten aus der Türkei. *Guljan is going to marry an acquaintance from Turkey next summer.*

Use the future tense to be more precise or to give particular emphasis to the future aspect of a statement.

6.5.2 The future tense is formed from the present tense of **werden** (6.1.5), followed by the infinitive, which goes to the end of the sentence.

Ich **werde** mich bei verschiedenen Universitäten **bewerben**.
I shall apply to various universities.

7 Verbs – some extras

7.1 The conditional tense

The conditional tense is used to say what would happen in certain circumstances – in conditional sentences (7.2). The imperfect subjunctive (7.3) is often used as an alternative, especially for modal and auxiliary verbs.

The conditional consists of a form of **werden** (actually the imperfect subjunctive – see 7.3) followed by an infinitive.

ich würde	wir würden
du würdest	ihr würdet
er/sie würde	sie/Sie würden

Ein Alkoholverbot bei Fußballspielen **würde** viele Probleme **lösen**. *A ban on alcohol during football matches would solve many problems.*
Wir **würden** mehr Zeit vor dem Fernseher **verbringen**. *We would spend more time in front of the television.*

7.2 Conditional sentences

Conditional sentences say what would happen under certain circumstances. They include clauses with **wenn** (= 'if'). In German two different verb forms can be used in conditional sentences, the conditional (7.1) and the imperfect subjunctive (7.3).

Either the conditional tense or the imperfect subjunctive must be used in *both* parts of a conditional sentence in German (unlike in English).

Wenn Eltern ein bisschen konsequenter **wären**, **würden** Kinder nicht tagtäglich stundenlang vor dem Fernseher **hocken**. *If parents were a little more consistent, children would not sit in front of the TV for hours, day in day out.*
Wenn sie ein bisschen mehr Zeit für ihre Sprößlinge **hätten**, **würde** das einen positiven Einfluss auf das Familienleben **ausüben**. *If they had a little more time for their offspring, it would have a positive influence on family life.*

There are also conditional sentences with the conditional perfect tense (7.4).

7.3 The imperfect subjunctive

The imperfect subjunctive is used as an alternative to the conditional tense (7.1) in conditional sentences (7.2). This occurs most commonly with modal and auxiliary verbs. It is also used in indirect speech (7.6).

7.3.1 The imperfect subjunctive of modal verbs is like the imperfect indicative except that the main vowel takes an umlaut wherever possible:

dürfen:	ich **dürfte**	*I would be allowed to, I might*
können:	ich **könnte**	*I would be able to, I could*
mögen:	ich **möchte**	*I would like to*
müssen:	ich **müsste**	*I would have to*
sollen:	ich **sollte**	*I should*
wollen:	ich **wollte**	*I would want to*

7.3.2 The imperfect subjunctive of auxiliaries is also based on the imperfect indicative with the addition of umlauts and, for **sein**, the same endings as the other two verbs.

	sein	**haben**	**werden**
ich	wäre	hätte	würde
du	wärest	hättest	würdest
er/sie	wäre	hätte	würde
wir	wären	hätten	würden
ihr	wäret	hättet	würdet
sie/Sie	wären	hätten	würden

7.3.3 The imperfect subjunctive of weak or regular verbs is the same as the imperfect indicative, i.e. the ordinary imperfect tense of the verb:
arbeiten: ich **arbeitete** *I worked, I would work*
abholen: ich **holte ab** *I fetched, I would fetch*

7.3.4 The imperfect subjunctive of strong or irregular verbs is formed from the same stem as the imperfect indicative, but with similar endings to the weak verbs. The main vowel also takes an umlaut if possible.

gehen	**fahren**	**kommen**
ich ging**e**	ich führ**e**	ich käm**e**
du ging**est**	du führ**est**	du käm**est**
er/sie ging**e**	er/sie führ**e**	er/sie käm**e**
wir ging**en**	wir führ**en**	wir käm**en**
ihr ging**et**	ihr führ**et**	ihr käm**et**
sie ging**en**	sie führ**en**	sie käm**en**
Sie ging**en**	Sie führ**en**	Sie käm**en**
I would go	*I would travel*	*I would come*
etc.	*etc.*	*etc.*

7.3.5   The imperfect subjunctive of mixed verbs is also based on the normal imperfect, with some changes to the main vowel, e.g.:

bringen:	ich **brächte**	*I would bring*
denken:	ich **dächte**	*I would think*
kennen:	ich **kennte**	*I would know*
wissen:	ich **wüsste**	*I would know*

7.4   The conditional perfect

The conditional perfect (or pluperfect subjunctive) is used in conditional sentences (7.2) and indirect speech (7.6).

7.4.1   The starting point for this verb form is the pluperfect tense (6.4). The auxiliary **haben** or **sein** is in the imperfect subjunctive (7.3).

Pluperfect:
ich **hatte** gemacht *I had done*
ich **war** gefahren *I had travelled*

Conditional perfect/pluperfect subjunctive:
ich **hätte** gemacht *I would have done*
ich **wäre** gefahren *I would have travelled*

7.4.2   The conditional perfect is used in **wenn** clauses referring to conditions that could have happened but didn't. Again, as in 7.2, the conditional form has to be used in both parts of the sentence.

Wenn Deutschland nicht der EU **beigetreten wäre, hätten** Ausländer nicht so leicht in der BRD Studienplätze **gefunden.** *If Germany had not joined the EU, foreigners would not have found places at university so easily.*
Hätten Frankreich und Deutschland **sich** nach dem Zweiten Weltkrieg nicht **zusammengeschlossen,** so **wäre** es vielleicht niemals zu der EU **gekommen.** *If France and Germany had not joined forces after the Second World War, the EU might never have come about.*

7.5   The future perfect tense

The future perfect is often used to express an assumption, that something will have been done by a certain time. It is formed from the present tense of **werden** with the perfect infinitive (i.e. **haben/sein** + past participle).

Bald **werden** sich die meisten Völker in Europa an den Euro **gewöhnt haben.** *Soon, most nations in Europe will have got used to the Euro.*
In ein paar Jahren **werden** auch die Staaten Osteuropas der EU **nähergekommen sein.** *In a few years' time, the Eastern European states will have come closer to the EU.*

7.6   The subjunctive in indirect speech

The subjunctive in German is also used for direct or reported speech. For this, the present and the perfect subjunctive are the most useful.

7.6.1   The present subjunctive is used to report direct speech that was in the present tense. It is formed by adding the endings as shown to the stem of the verb. The only exception is **sein**.

	machen	fahren	nehmen	haben	sein
ich	mache	fahre	nehme	habe	sei
du	mach**est**	fahr**est**	nehm**est**	hab**est**	sei**est**
er/sie	mache	fahre	nehme	habe	sei
wir	mach**en**	fahr**en**	nehm**en**	hab**en**	sei**en**
ihr	mach**et**	fahr**et**	nehm**et**	hab**et**	sei**et**
sie/Sie	mach**en**	fahr**en**	nehm**en**	hab**en**	sei**en**

Where these forms are the same as the indicative forms (i.e. normal present tense), the imperfect subjunctive (7.3) has to be used to ensure that the message is understood as reported speech.

In der Zeitung stand, das Verhör **finde** am folgenden Tag **statt.** *(present subjunctive) It said in the paper that the hearing was taking place the following day.*
Der Reporter meinte, den Sicherheitsbehörden **ständen** schwere Zeiten **bevor.** *(imperfect subjunctive because present subjunctive would be **stehen**.) The reporter felt that the security services were facing difficult times.*

7.6.2   The perfect subjunctive is used to report direct speech that was in a past tense. It consists of the present subjunctive of **haben** or **sein** (7.6.1) and the past participle.

machen	**gehen**
ich **habe** gemacht	ich **sei** gegangen

If there is ambiguity (i.e. in the plural and **ich** forms of **haben**), the pluperfect subjunctive (7.4) is used.

Man behauptet, eine Gruppe von Türken **habe** die beiden Briten durch Messerstiche **getötet.** *(perfect subjunctive) A group of Turks is alleged to have stabbed the two Britons to death.*
Der Leiter der UEFA sagte, die Sicherheitsbehörden in Istanbul **hätten** alles Nötige **veranlasst.** *(pluperfect subjunctive) The manager of UEFA said that the security services in Istanbul had taken all the necessary steps.*

7.6.3 Reported speech is often introduced by **dass** (see 8.4.2 for word order). If **dass** is not used, normal main clause word order is used (8.1).

7.7 The passive voice

The passive is when the subject of the sentence is not carrying out an action, but is on the receiving end of it. The 'doer' of the action is not emphasised and sometimes not even mentioned.

7.7.1 To form the passive, use the appropriate tense of **werden**, with the past participle, which goes to the end of the sentence.

present:	ich **werde untersucht**	*I am being examined*
imperfect:	er **wurde unterstützt**	*he was supported*
perfect:	sie **ist gefragt worden**	*she has been asked*
pluperfect:	ich **war gefahren worden**	*I had been driven*
future:	wir **werden gesehen werden**	*we shall be seen*

In the perfect and pluperfect tenses **worden** is used instead of the usual past participle **geworden**.

7.7.2 The English word 'by' when used in a passive sentence can have three different translations in German.

von (person or agent):
Das Rheinwasser wird **von** Hartmut Vobis untersucht. *The water of the Rhine is being examined by Hartmut Vobis.*
durch (inanimate):
Nur **durch** rigorose Maßnahmen wurde die Wasserqualität verbessert. *Only by rigorous measures was the water quality improved.*
mit (instrument):
Die sommerlichen Ozonwerte werden **mit** präzisen Messgeräten festgestellt. *Summer ozone levels are measured by precise instruments.*

7.7.3 All the modal verbs (**dürfen, können, mögen, müssen, sollen, wollen**) can be combined with a verb in the passive voice. The modals express the tenses and the other verb is in the passive infinitive (past participle and **werden**). Note the order of the various verb forms.

present:
Das **kann besprochen werden.** *It can be discussed.*
imperfect:
Es **musste bezahlt werden.** *It had to be paid.*
conditional:
Es **dürfte gefunden werden.** *It might be found.*
perfect:
Seine Eltern **haben auch gefragt werden wollen.** *His parents also wanted to be asked.*
conditional perfect:
Die Arbeit **hätte abgegeben werden sollen.** *The work should have been handed in.*

7.7.4 The **es** form of the passive is quite common in German, particularly when the 'doer' is people in general and is not identified.

Es wird heutzutage nicht genug für den Umweltschutz getan. *Nowadays not enough is done for the protection of the environment.*

If **es** is not the first word in the sentence, it is usually left out.

In Deutschland wird um die Faschingszeit viel gefeiert. *At carnival time there are lots of celebrations in Germany.*
Im Sommer wird viel gegrillt. *In summer there are plenty of barbecues.*

7.7.5 In some circumstances, the passive can express an end result rather than an action. In this case, it is formed with **sein** + past participle. However, this is very much the exception and you need to consider carefully whether the *action* or a *state resulting* from the action is being emphazised. Compare the following examples:

Als wir ankamen, **wurde** der Tisch gerade **gedeckt.** *When we arrived, the table was being laid.*
Als wir ins Haus eintraten, **war** der Tisch schon **gedeckt.** *When we entered the house, the table was already laid.*

7.8 The imperative

The imperative is the command form of the verb. There are different forms depending on who is being commanded. See 4.1, modes of address.

7.8.1   To make the **du**-form, start from the **du**-form present tense, omit **du** and take off the -**st** ending (just -**t** if the stem ends in -**s** (**lesen**) or -**z** (**unterstützen**)).

du schreibst	**schreib!**	*write!*
du stehst auf	**steh auf!**	*get up!*
du setzt dich	**setz dich!**	*sit down!*
du siehst	**sieh!**	*look!*
du isst	**iss!**	*eat!*
du benimmst dich	**benimm dich!**	*behave!*

However, strong verbs whose main vowel changes from **a** to **ä** in the **du**-form present tense use **a** in the imperative.

laufen	**lauf!**	*run!*
abfahren	**fahr ab!**	*set off!*

7.8.2   For the **ihr**-form, simply omit **ihr** from the **ihr**-form present tense.

ihr steht auf	**steht auf!**	*get up!*
ihr seht	**seht!**	*look!*
ihr benehmt euch	**benehmt euch!**	*behave!*

7.8.3   For the **Sie**-form, take the **Sie**-form present tense and swap the order of **Sie** and the verb.

Sie laufen	**laufen Sie!**	*run!*
Sie stehen auf	**stehen Sie auf!**	*get up!*
Sie beeilen sich	**beeilen Sie sich!**	*do hurry up!*

7.8.4   Auxiliary verbs have irregular imperative forms:

	du	**ihr**	**Sie**
haben	hab!	habt!	haben Sie!
sein	sei!	seid!	seien Sie!
werden	werde!	werdet!	werden Sie!

7.8.5   The addition of **doch**, **schon** or **mal** softens the command and makes it sound more idiomatic.

Setzen Sie sich **doch** hin! *Do sit down!*
Komm **mal** her! *Please come here!*
Nun sagt **doch** schon! *Do tell!*

7.9 Infinitive constructions

7.9.1   Most verbs, apart from modals and a few others (6.2.5) take **zu** + infinitive, if they are followed by another verb.

Er beschloss, seinen Zivildienst im Krankenhaus **zu leisten**. *He decided to do his community service in a hospital.*

Sie hatte vor, nach dem Studium erst mal ins Ausland **zu gehen**. *She intended to go abroad after her degree.*

7.9.2   Impersonal expressions (5.2) are also followed by **zu** + infinitive.

Es tut gut, nach Deutschland **zu fahren** und die ganze Zeit nur Deutsch **zu hören**. *It does you good to travel to Germany and to hear only German the whole time.*

7.9.3   The phrase **um ... zu** means 'in order to' and is used in the same way as other infinitive constructions.

Sie fuhr nach Leipzig, **um** ein Zimmer für das neue Semester **zu suchen**. *She went to Leipzig to find a room for the new semester.*
Wir gingen zur Hochschule, **um** uns für unsere Kurse **einzuschreiben**. *We went to the college to register for our courses.*

A few other constructions follow the same pattern.

(an)statt ... zu
Anstatt sich zu amüsieren, hockte er immer in seiner Bude herum. *Instead of enjoying himself, he just stayed in his room.*
außer ... zu
Es blieb uns nichts übrig, **außer uns** an die Arbeit **zu machen**. *There was nothing we could except settle down to work.*
ohne ... zu
Er log mich an, **ohne** mit der Wimper **zu zucken**. *He lied to me without batting an eyelid.*

7.9.4   With separable verbs, **zu** is inserted between the prefix and the verb stem.

Es macht Spaß, in den Ferien mal richtig **auszuspannen**. *It is fun to relax properly in the holidays.*

7.9.5 Modal verbs, **sehen, hören** and **lassen** are followed by an infinitive without **zu**.

modal verbs:
Junge Menschen **sollten sich** frühzeitig am kommunalen Leben **beteiligen**. *Young people should take part in the life of the community from an early age.*
Man braucht nicht zum Militär, man **kann** auch Zivildienst **leisten**. *You do not have to join the army, you can also do community service.*

sehen, hören:
Man **sieht** jeden Tag so viele Unfälle **passieren**. *You see so many accidents happen every day.*
Er **hörte** die zwei Autos **zusammenstoßen**. *He heard the two cars collide.*

lassen:
Meine Eltern **lassen** mich nur bis Mitternacht **ausgehen**. *My parents only let me go out until midnight.*
Jeden Monat **ließ** sie sich von einem Starfriseur die Haare **schneiden**. *Every month she had her hair cut by a top stylist.*

8 Conjunctions and word order

8.1 Word order in main clauses

8.1.1 The *verb* must always be the second idea in a main clause. Often, clauses begin with the subject:

<u>Sie</u> *sind* Geschichtslehrerin. *You are a history teacher.*

However, it is also quite usual not to start the sentence with the subject, but with another element of the sentence, particularly if a special emphasis is to be achieved. If so, the verb should still be the second idea, and so the subject must follow it. This feature of German word order is also called *inversion* (i.e. the verb and the subject change places, or are inverted).

Jetzt *ist* <u>Deutschland</u> wieder ein vereinigtes Land. *Now Germany is a united country again.*

8.1.2 Any phrase describing time, manner or place may begin the sentence:

Time:
Nach dem Krieg wollten die Deutschen Freundschaften schließen. *After the war the Germans wanted to make friends.*
Manner:
Gemeinsam mit anderen Ländern gründeten sie die EWG. *Together with other countries they founded the EEC.*
Place:
In Berlin steht die Mauer nicht mehr. *In Berlin there is no wall any more.*

In all these sentences, it is important to keep the verb in the second place, followed by the subject.

Elsewhere in the sentence phrases have to be arranged in this order: time – manner – place, even if only two of the three types occur:

Mozart starb **1756 fast allein in Wien**. *Mozart died in Vienna in 1756, almost alone.*

Die Grenze wurde **1989 endlich** geöffnet. *The border was finally opened in 1989.*

8.2 Negative sentences

8.2.1 The negative adverbs **nicht** and **nie** go as close as possible to the end of the sentence, though they must precede the following:

adjectives:
Die Nutzung der Atomkraft ist **nicht** gefahrlos. *The use of atomic power is not free of danger.*
phrases of manner:
Zur Party fahren wir diesmal **nicht** mit dem Auto. *We won't drive to the party this time.*
phrases of place:
Wir waren noch **nie** in Deutschland. *We have never been to Germany.*
infinitives:
Ich darf dieses Wochenende wirklich **nicht** ausgehen. *I am really not allowed out this weekend.*
past participles:
Er hat sich um diesen Job **nicht** beworben. *He has not applied for this job.*
separable prefixes:
Wir gehen diesen Samstagabend **nicht** aus. *We are not going out this Saturday evening.*

8.2.2 **Nicht** can also precede words when a particular emphasis is intended.

Ich habe **nicht** seinen Vater gesehen, sondern seine Mutter. *I didn't see his father, but his mother.*
(**Nicht** *would not normally precede a direct object, but here* **Vater** *is contrasted with* **Mutter**.)

Note that, although **kein** (1.2.3) is used as the negative with nouns (rather than **nicht ein**), **nicht** is used with the definite article and possessive or demonstrative adjectives.

Er hatte **nicht** den Mut, den Kriegsdienst zu verweigern. *He didn't have the courage to refuse to do military service.*

8.2.3 For other negative forms, see indefinite pronouns (4.6).

8.3 Questions

8.3.1 Questions in German are mainly expressed by inversion, i.e. swapping the subject with the verb.

Hat Mozart viele Opern komponiert? *Did Mozart compose many operas?*
Lebt Marlene Dietrich noch? *Is Marlene Dietrich still alive?*

8.3.2 This inversion also follows an interrogative adjective (3.2), adverb (3.4.5) or pronoun (4.7).

Wie lange wohnen Sie schon in Amerika? *How long have you lived in America?*
Seit wann dient er bei der Bundeswehr? *Since when has he been doing national service?*
Warum wohnt sie nicht mehr bei ihren Eltern? *Why doesn't she live with her parents any more?*

8.3.3 In an **indirect** question, the verb goes to the end of the clause:

Ich weiß nicht, **wie viele** Strafpunkte zum Verlust des Führerscheins **führen**. *I don't know how many points on your licence lead to the loss of it.*
Ich habe ihn gefragt, **wen** ich zur Party mitbringen **darf**. *I asked him who I was allowed to bring along to the party.*

8.4 Conjunctions

8.4.1 The following conjunctions are co-ordinating conjunctions and do **not** change the word order when connecting two clauses: **aber, denn, oder, sondern, und**

Die Eltern erlauben ihm nicht, von zu Hause auszuziehen **und** sein Vater macht ihm ohnehin allerlei Vorschriften. *His parents won't let him leave home and his father imposes all kinds of rules on him in any case.*

Sondern is usually used after a negative statement, particularly if it means 'on the contrary'.

Ich möchte nicht mehr zu Hause wohnen, **sondern** so bald wie möglich ausziehen. *I would not like to live at home any more, but move out as soon as possible.*

Aber is used to express 'on the other hand'.

Ich kann mir im Moment noch keine eigene Wohnung leisten, **aber** mein Freund hat schon eine, denn er arbeitet. *I can't afford my own flat at the moment, but my boyfriend has one already, for he works.*

8.4.2 There are a large number of subordinating conjunctions, which send the verb to the end of the clause. These are:

als	*when, at the time when (single occasions in the past)*
als ob	*as if*
(an)statt	*instead of*
bevor	*before*
bis	*until*
da	*since, because, as (especially at the beginning of sentences instead of* weil*)*
damit	*so that (purpose, intention)*
dass	*that*
falls	*if, in case*
nachdem	*after*
ob	*if, whether*
obgleich	*although*
obwohl	*although*
seit(dem)	*since (see 6.1.1)*
sobald	*as soon as*
sodass	*so that (result)*
solange	*as long as*
während	*while*
wenn	*when (present, future), whenever, if*
wie	*as*

Es macht Spaß im Herbst in München zu sein, **weil** dann das Oktoberfest **stattfindet**. *It is fun to be in Munich in autumn because the beer festival takes place then.*

Sie sparten ein ganzes Jahr lang, **damit** sie einen neuen Computer kaufen konnten. *They saved up for a whole year so that they could buy a new computer.*

If the subordinate clause starts the sentence, the subject and the verb of the main clause have to be swapped round (inverted) to produce the *verb, verb* pattern so typical of more complex German sentences:

Da sein Vater dieses Jahr fast die ganze Zeit arbeitslos **war, konnten** sie nicht in Urlaub fahren. *Since his father had been unemployed for nearly the whole year, they could not go on holiday.*

Seitdem das neue Jugendzentrum in der Stadt eröffnet **ist, haben** die Fälle von Jugendkriminalität abgenommen. *Since the new youth centre opened in the town, cases of juvenile delinquency have decreased.*

8.4.3 Some adverbs are used to link sentences together. They are followed by the usual inversion:

also	*therefore*
darum	*for this reason*
deshalb	*for this reason*
deswegen	*for this reason*
folglich	*consequently*
und so	*and so*

Die Theater hatten am Sonntagabend zu, **also** konnten sie nur ins Kino gehen. *The theatres were closed on Sunday evening, therefore they could only go to the cinema.*

Für Medizin ist überall der Numerus Clausus eingeführt, **folglich** kann man dieses Fach nur mit einem sehr guten Abiturzeugnis studieren. *There is an entrance restriction for medicine everywhere; consequently you can only study this subject with excellent A-level grades.*

8.5 Relative clauses

8.5.1 Relative clauses are subordinate clauses introduced by a relative pronoun (see 4.4).

The verb in a relative clause is sent to the end of the clause. A relative clause has commas at each end to separate it from the rest of the sentence.

Das Schloss, **das** wir gestern **besuchten**, war unglaublich schön. *The castle we visited yesterday was incredibly beautiful.*

8.5.2 If there is no specific person to link the relative pronoun to, **wer** can be used.

Wer sich nicht bei vielen Firmen um eine Teilzeitstelle bewirbt, wird sicher keinen Ferienjob bekommen. *Anyone who doesn't apply to many firms for part-time work will certainly not get a holiday job.*

8.5.3 If the relative pronoun refers to an object rather than a person and goes with a preposition, it can be replaced by **wo(r)-** added to the beginning of the preposition.

Der Studienplatz, **wofür** er sich beworben hatte, war an einer sehr renommierten Universität. *The university place he had applied for was at a well known establishment.*

Der Computer, **womit** er seine Seminararbeit geschrieben hatte, war ans Internet angeschlossen. *The computer he had written his coursework with was connected to the Internet.*

Die Behälter, **worin** der sortierte Müll gelagert war, sollten im Zweiwochentakt abgeholt werden. *The containers in which the separated rubbish was stored were meant to be collected at two-weekly intervals.*

Strong and irregular verbs

This is a selection of common strong and irregular verbs. Verbs with the same stem follow the same pattern, e.g. **anwenden** follows the same pattern as **wenden**.

◆ indicates use of **sein** as auxiliary in perfect and pluperfect. For **haben**, **sein**, **werden** and the modal auxiliary verbs, please see the relevant Grammar section.

infinitive	er-form present	er-form imperfect	past participle
befehlen *Command*	befiehlt	befahl	befohlen
beginnen *begin*	beginnt	begann	begonnen
bieten *order*	bietet	bot	geboten
binden *Tie*	bindet	band	gebunden
bleiben *stay*	bleibt	blieb	geblieben◆
brechen *break*	bricht	brach	gebrochen (◆)
brennen *burn*	brennt	brannte	gebrannt
bringen *bring*	bringt	brachte	gebracht
denken *think recommend*	denkt	dachte	gedacht
empfehlen *recommend*	empfiehlt	empfahl	empfohlen
essen *eat*	isst	aß	gegessen
fahren *go*	fährt	fuhr	gefahren (◆)
fallen *fallen*	fällt	fiel	gefallen◆
fangen *catch*	fängt	fing	gefangen
finden *find*	findet	fand	gefunden
fliegen *fly*	fliegt	flog	geflogen (◆)
fliehen *flee*	flieht	floh	geflohen◆
fließen *flow*	fließt	floss	geflossen◆
geben *give*	gibt	gab	gegeben
gehen *go*	geht	ging	gegangen◆
gelingen	gelingt	gelang	gelungen◆
gelten	gilt	galt	gegolten
genießen	genießt	genoss	genossen
geschehen	geschieht	geschah	geschehen◆
gewinnen	gewinnt	gewann	gewonnen
gleiten	gleitet	glitt	geglitten◆
halten	hält	hielt	gehalten
helfen	hilft	half	geholfen
kennen	kennt	kannte	gekannt
kommen	kommt	kam	gekommen◆
laden	lädt	lud	geladen
lassen	lässt	ließ	gelassen
leiden	leidet	litt	gelitten
lesen	liest	las	gelesen
liegen	liegt	lag	gelegen
lügen	lügt	log	gelogen
messen	misst	maß	gemessen
nehmen	nimmt	nahm	genommen

infinitive	er-form present	er-form imperfect	past participle
nennen	nennt	nannte	genannt
raten	rät	riet	geraten
reißen	reißt	riss	gerissen
schaffen	schafft	schuf	geschaffen
scheiden	scheidet	schied	geschieden (◆)
scheinen	scheint	schien	geschienen
schlafen	schläft	schlaf	geschlafen
schlagen	schlägt	schlug	geschlagen
schließen	schließt	schloss	geschlossen
schmelzen	schmilzt	schmalz	geschmolzen (◆)
schwimmen	schwimmt	schwamm	geschwommen (◆)
schneiden	schneidet	schnitt	geschnitten
schreiben	schreibt	schrieb	geschrieben
sehen	sieht	sah	gesehen
sitzen	sitzt	saß	gesessen
sprechen	spricht	sprach	gesprochen
springen	springt	sprang	gesprungen (◆)
stehen	steht	stand	gestanden
steigen	steigt	stieg	gestiegen*
sterben	stirbt	starb	gestorben*
tragen	trägt	trug	getragen
treffen	trifft	traf	getroffen
treiben	treibt	trieb	getrieben (◆)
treten	tritt	trat	getreten (◆)
trinken	trinkt	trank	getrunken
tun	tut	tat	getan
verlieren	verliert	verlor	verloren
vermeiden	vermeidet	vermied	vermieden
weisen	weist	wies	gewiesen
wenden	wendet	wandte▼	gewandt▼
werben	wirbt	warb	geworben
werfen	wirft	warf	geworfen
wiegen	wiegt	wog	gewogen
wissen	weiß	wusste	gewusst
ziehen	zieht	zog	gezogen (◆)
zwingen	zwingt	zwang	gezwungen

▼ *also has weak forms*

Glossary

The glossary contains some of the more difficult words in the book, except where the meaning is given on the page. Where a word has several meanings, only those which occur in the book are given. Verbs marked ♦ are strong or irregular.

Abbreviations: *adj* = adjective; *adv* = adverb; *conj* = conjunction; *nm* = masculine noun; *nf* = feminine noun; *nn* = neuter noun; *npl* = plural noun; *pp* = past participle; *prep* = preposition; *v* + verb.

A

abgewöhnen, sich *v* to give up
Absage (n) *nf* rejection
Abscheu *nm* disgust
Abschluss (¨e) *nm* school-leaving qualification; degree
Abstammung *nf* origin
Abstand *nm* distance
abwechselnd *adv* by turns
achten auf *v* to pay attention to
allmählich *adv* gradually
amtlich *adj* official
anerkennen♦ *v* to respect
Angaben *npl* information available, facts given
angeblich *adv* supposedly
angesehen (als) *pp/adj* regarded (as)
angesichts *prep* faced with
Angestellte (n) *nm/f* salaried employee
Angriff (e) *nm* attack
anpassen, sich *v* to fit in
Anschluss (¨e) *nm* connection
anstrengen, sich *v* to make an effort
anvertrauen *v* to confide
anwenden♦ *v* to use
anwerben♦ *v* to recruit
Arbeitsamt (¨e) *nn* job centre
Arbeitskraft (¨e) *nf* employee, worker
Asylant (en) *nm* person seeking or granted asylum
Atomkraft *nf* nuclear power
auffällig *adj* striking, noticeable
Aufführung (en) *nf* performance
aufgeregt *adj* excited, nervous
Auflage *nf* circulation (newspaper)
aufmerksam *adj* attentive
Aufstieg *nm* promotion
Ausbildung *nf* training

Ausdruck (¨e) *nm* expression
auseinander setzen auf, sich *v* to concern oneself with
ausfindig machen *v* to find
ausführlich *adj* thorough
ausgenommen *pp* exempt
ausgesetzt *pp* exposed
ausgezeichnet *pp/adj* distinguished, excellent
Ausnahme (n) *nf* exception
ausreichend *adj* sufficient
Ausreiseantrag (¨e) *nm* application to leave the country
Aussage (n) *nf* statement
Ausschreitung (en) *nf* clash
Äußeres *nn* appearance
äußern *v* to utter
Aussicht (en) *nf* outlook
ausstehen♦ *v* to tolerate, bear
Ausstellung (en) *nf* exhibition
Austritt (e) *nm* departure
Auswahl (en) *nf* selection

B

Bauwirtschaft *nf* construction industry
beachten *v* to observe
Bedingung (en) *nf* condition
befehlen♦ *v* to order
Beförderung *nf* promotion
befürchten *v* to fear
Befürworter (-) *nm* person in favour of
Begabung (en) *nf* gift, talent
begehen♦ *v* to commit
begeistert *adj* enthusiastic
begleiten♦ *v* to accompany
Begriff (e) *nm* term, notion
begründen *v* to give reasons for
Begrüßungsgeld *nn* money paid on their arrival to Germans from outside the former West Germany
behalten♦ *v* to keep
behandeln *v* to treat
beherrschen *v* to have a command of
Behörde (n) *nf* authority
beibringen♦ *v* to teach
beitragen♦ *v* to contribute
beitreten♦ (+ dat) *v* to join
bekämpfen *v* to fight
bekannt *adj* well-known
Bekenntnis (se) *nn* profession of loyalty
belasten *v* to burden, to pollute
beleidigen *v* to offend

benachrichtigen *v* to inform
Berater (-) *nm* advisor
berechtigen *v* to entitle
Bereich (e) *nm* area
bereuen *v* to regret
Bergwerk (e) *nn* (coal) mine
berichten *v* to report
beschäftigen *v* to occupy
Bescheid *nf* notice, information
bescheiden *adj* modest
beschimpfen *v* to swear at
Beschränkung (en) *nf* limitation
beschweren *v* to complain
beseitigen *v* to remove
besitzen♦ *v* to possess
Besonderheit (en) *nf* special feature
Bestandteil (e) *nm* integral part (of)
Bestechungsgeld *nn* bribe
bestehen♦ *v* to exist; to pass (an exam)
bestimmt *adv* certainly, surely
Betätigung (en) *nf* occupation
Beton *nm* concrete
betonen *v* to stress
betrachten *v* to consider
betragen♦ *v* to amount to
betreffen♦ *v* to concern
betreuen *v* to look after
Betrieb (e) *nm* business
beurteilen *v* to judge, to assess
bewahren *v* to keep
beweisen♦ *v* to prove
bewundern *v* to admire
bezeichnen als *v* to call
Bezug *nm* reference
bieten♦ *v* to offer
Bioladen (¨) *nm* organic shop
Birne (n) *nf* pear
blicken *v* to look, view
böse *adj* evil
Botschaft (en) *nf* message; embassy
Boulevardzeitung (en) *nf* tabloid newspaper
Brand (¨e) *nm* fire
brennen♦ *v* to burn
büffeln *v* to swot
Bühne (n) *nf* stage
Bund *nm* federation, union (used for German national state and army)
Bundeskanzler *nm* Federal Chancellor
Bürger (-) *nm* citizen
Bürgerkrieg (e) *nm* civil war
Bürgermeister (-) *nm* mayor

C

Charaktereigenschaft (en) *nf* characteristic
Cholesterinspiegel *nm* cholesterol level

D

darstellen *v* to represent
Dauer *nf* duration, long term
Decke (n) *nf* ceiling
dennoch *adv* however
deprimierend *adj* depressing
deshalb *adv* therefore
deswegen *adv* therefore
deutlich *adj* clear, unmistakable
Dichter (-) *nm* poet
Dienst *nm* service, duty
Dozent (en) *nm* lecturer
drehen *v* to turn
dringend *adj/adv* urgent(ly)
Drittel *nn* third
Drogenabhängige (n) *nm/f* drug addict
Drogenentzug *nm* drug withdrawal
Drogenmissbrauch *nm* drug abuse
Drogensucht *nf* drug dependency
drohen *v* to threaten
drücken *v* to push
Düngemittel (-) *nn* fertilizer
durchblättern *v* to leaf through
durchführen *v* to carry out
durchfallen♦ *v* to fail an exam
Durchhaltevermögen *nn* staying power
Durchschnitt *nm* average
Dürre (n) *nf* drought

E

ebenfalls *adv* also
ebenso *adv* equally
echt *adj* genuine, real
egal *adv* the same
Ehegatte (n) *nm* husband
ehemalig *adj* former, previous
eher *adv* sooner, rather
Eigenheit (en) *nf* peculiarity
Eigentum *nn* property
Eindruck (¨e) *nm* impression
einerseits ... andererseits *adv* on one hand ... on the other
Einfall (¨e) *nm* idea
einfallen (+ dat) *v* to occur to
Einfluss (¨e) *nm* influence
einfügen *v* to insert

Einfühlungsvermögen *nn* sensitivity

eingequalmt *(coll) pp* 'smoked out'

eingerichtet *pp* installed

einheitlich *adj* unified, uniform

einschließlich *adv* including

Einschränkung (en) *nf* restriction

einschüchtern *v* to intimidate

Einsatz *nm* involvement

einst *adv* previously

Einstellung (en) *nf* attitude

Eintracht *nf* unity, harmony

eintreten♦ (für) *v* to stand up for

einverstanden *adj* agreed

Einwanderer (-) *nm* immigrant

Einwohner (-) *nm* inhabitant

Einzelheit (en) *nf* detail

einzig *adj* unique, only

eisern *adj* iron

empört *adj* outraged

Energieversorgung *nf* energy supply

entdecken *v* to discover

entfalten, sich *v* to develop

enthalten♦ *v* to contain

entscheiden♦ *v* to decide

entschließen♦, sich *v* to decide

Entsetzen *nm* shock

entsorgen *v* to dispose of

entsprechen♦ (+ dat) *v* to correspond to

entstehen♦ *v* to originate, to come about

enttäuscht *adj* disappointed

entweder ... oder *conj* either ... or

entwerfen♦ *v* to draft, sketch

Entziehungskur (en) *nf* detoxification programme

entziffern *v* to decode

Entzündung (en) *nf* inflammation

Erachten *nn* estimation

erarbeiten *v* to work for, to achieve

Erdöl *nn* oil

Ereignis (se) *nn* event

erfahren♦ *v* to find out, experience

erfinden♦ *v* to invent

erfreut *adj* delighted

erfüllen *v* to fulfil

ergänzen *v* to complete, add to

Ergebnis (se) *nn* result

erhalten♦ *v* to receive, obtain

Erhöhung (en) *nf* increase

Erholung *nf* relaxation

erinnern *v* to remind

erkennen♦ *v* to recognize, to notice

Erlebnis (se) *nn* experience, life event

ermorden *v* to murder

ermutigen *v* to encourage

ernähren *v* to feed, nourish

erneuerungsfähig *adj* renewable

erobern *v* to conquer

erraten♦ *v* to guess

erreichen *v* to achieve, obtain

errichten *v* to build, set up

Ersatz *nm* substitute

erscheinen♦ *v* to appear

erschreckend *adj* shocking

erschweren *v* to make more difficult

ersetzen *v* to substitute

erstaunt *adj* surprised

erstrebenswert *adj* desirable

erträumen *v* to dream of

erwarten *v* to expect

Erwerbsquelle (n) *nf* source of income

erzählen *v* to tell

erzeugen *v* to produce

Erzieherin (nen) *nf* professional child carer (f)

Erziehung *nf* education

ewig *adj* eternal

Existenzfähigkeit *nf* viability

F

Fach (¨er) *nn* subject

Facharzt (¨e) *nm* specialist (doctor) (m)

fachlich *adj* subject-related

Fahrzeug (e) *nn* vehicle

falls *conj* if, in case

Familienangelegenheit (en) *nf* family matter

fangen♦ *v* to catch

fassen *v* to grasp

fast *adv* nearly, almost

Fehler (-) *nm* mistake

Feier (n) *nf* celebration

Feind (e) *nm* enemy

Fernsehsender (-) *nm* TV channel

fertig *adj* finished, ready

festnehmen♦ *v* to arrest

feststellen *v* to ascertain

Filiale (n) *nf* branch

Fläche (n) *nf* surface

Fleck (e) *nm* stain, speck

fliehen♦ *v* to flee, escape

fließen♦ *v* to flow

Flucht *nf* escape

Flugblatt (¨er) *nn* leaflet, flyer

Folge (n) *nf* consequence

folgen (+ dat) *v* to follow

fordern *v* to demand

forschen *v* to research

Fortschritt (e) *nm* progress

fortsetzen *v* to continue

freiwillig *adj* voluntary

fremd *adj* foreign, strange

Freude (n) *nf* joy

fröhlich *adj* in a good mood

fühlen *v* to feel

führen *v* to lead

füllen *v* to fill

G

Gebiet (e) *nn* area

Gebühr (en) *nf* fee

Gedicht (e) *nn* poem

Geduld *nf* patience

geeignet *adj* suitable

gefährden *v* to endanger

Gegend (en) *nf* region

gegenüberstehen♦ (+ dat.) *v* to have an attitude towards

Gegenwart *nf* present (time)

Gegner (-) *nm* opponent

Gehirnwäsche *nf* brain-washing

Geist (er) *nm* spirit

gelingen♦ *v* to succeed

gelten♦ *v* to be valid; to be considered as

Gemälde (n) *nn* painting

Gemeinheit (en) *nf* meanness

gemeinsam *adj* common, mutual, joint

Gemeinschaft (en) *nf* community

Gerät (e) *nn* tool, appliance

geraten♦ *v* to get, become

Gericht (e) *nn* court

gering *adj* low, small

Geruch (¨e) *nm* smell

geschehen♦ *v* to happen

Geschlecht (er) *nn* sex, gender

Geschmackssinn *nm* sense of taste

Gesellschaft (en) *nf* society

Gesetz (e) *nn* law

Gespräch (e) *nn* conversation

gestalten *v* to shape, form

Gewalt *nf* violence

Gewissen *nn* conscience

giftig *adj* poisonous, toxic

Gipfel (-) *nm* summit

gläsern *adj* glass

gleichziehen♦ mit *v* to catch up with

Gletscher (-) *nm* glacier

grauenhaft *adj* dreadful

großzügig *adj* generous

gründen *v* to found

günstig *adj* favourable; cheap

H

handeln *v* to trade

Handgelenk (e) *nn* wrist

Häufigkeit *nf* frequency

Hauptursache (n) *nf* main cause

Hausarzt (¨e) *nm* general practitioner (m)

Hausmeister (-) *nm* caretaker

Hautausschlag (¨e) *nm* rash

hautsympathisch *adj* kind to the skin

heimlich *adj* secret

Heiratsvertrag (¨e) *nm* marriage contract

herrschen *v* to rule, reign

Herstellung *nf* manufacture

Herzinfarkt (e) *nm* heart attack

heutzutage *adv* nowadays

Hinsicht (en) *nf* respect, connection

holen *v* to fetch

Hölle *nf* hell

I

imponieren *v* to impress

Inhalt *nn* contents

insgesamt *adv* in all, in total

inwiefern *adv* to what extent

inzwischen *adv* meanwhile

J

jemals *adv* ever

jeweilig *adj* particular

Jude (n) *nm* Jew

Jugendschutz *nm* youth protection

K

Kaiserreich (e) *nm* empire

kämpfen *v* to fight, struggle

Kanal (¨e) *nm* channel

Karfreitag *nm* Good Friday

Karussell (s) *nm* roundabout

Katalysator (en) *nm* catalytic converter

kaum *adv* scarcely

keineswegs *adv* by no means

Kenntnis (se) *nf* knowledge

Kernkraft *nf* nuclear power

Klatsch *nm* gossip

Klimaveränderung (en) *nf* climatic change

knallen *v* to pop

Knochen (-) *nm* bone

knurren *v* to rumble

komponieren *v* to compose

Königreich (e) *nm* kingdom

Konkurrenz *nf* competition

konkurrenzfähig *adj* competitive

Konsumgesellschaft *nf* consumer society

Kontostand (¨e) *nm* bank balance

Konzentrationsmangel *nm* lack of concentration

Krach *nm* rows, arguments
Kraft *nf* strength, power
Krankenkasse (n) *nf* health insurance scheme
Krankenversicherung *nf* health insurance
Krebs *nm* cancer
Kreislauf *nm* circulation
Kreuz (e) *nn* cross
Kriegsdienstverweigerer (-) *nm* conscientious objector
kümmern um, sich *v* to look after
Kumpel (s) *(coll.) nm* mate

L

Landwirtschaft *nf* agriculture
Lautstärke *nf* volume
Lebensbedingung (en) *nf* living condition
Lebenshaltungskosten *npl* cost of living
Lebensraum (¨e) *nm* habitat
Leber (-) *nf* liver
Lebewesen (-) *nn* living creature
lebhaft *adj* lively
legen *v* to lay, put
Leiche (n) *nf* corpse
leiden♦ *v* to suffer
leisten *v* to achieve
lenken *v* to turn
Lied (er) *nn* song
Lob *nn* praise
Loch (¨er) *nn* hole
Lohnarbeit *nf* wage labour
lösen *v* to solve
Lücke (n) *nf* gap
Lustlosigkeit *nf* listlessness

M

mahlen *v* to grind
Mangel *nm* lack
männlich *adj* masculine
Märchen (-) *nn* fairy-tale
Mariahimmelfahrt *nf* Assumption Day
Maßnahme (n) *nf* measure
Mediengestalter (-) *nm* media producer (m)
Meer (e) *nn* sea
Meerforelle (n) *nf* sea trout
Mehrheit (en) *nf* majority
Mehrzahl *nf* plural
melden *v* to report
Menge (n) *nf* amount; large quantity
merken *v* to notice
Merkmal (e) *nn* feature
messen♦ *v* to measure
Messerstich (e) *nm* stab wound
Miete *nf* rent

Minderheit (en) *nf* minority
Minderwertigkeit *nf* inferiority
mindestens *adv* at least
Mitfahrerzentrale (n) *nf* office matching drivers and lifts
Mitglied (er) *nn* member
Mitleid *nn* sympathy
Mittelalter *nn* Middle Ages
Mittelmeer *nn* Mediterranean
Mittelpunkt *nm* middle
mittelständisch *adj* middle-class
mittlerweile *adv* since then, in the mean time
möglichst (viel) *adv* as (many) as possible
monatlich *adj* monthly
Mord (e) *nm* murder
Mühe *nf* effort
mühselig *adj* arduous
Müllabfuhr *nm* rubbish collection
Mundart (en) *nf* dialect
mündlich *adj* oral
Münze (n) *nf* coin
mustern *v* to inspect, scrutinize
Mut *nm* courage

N

Nachbar (n) *nm* neighbour
Nachfrage *nf* demand
nachholen *v* to catch up with
nachspionieren *v* to spy on
Nachtschwärmer (-) *nm* reveller
nachweisen♦ *v* to prove
Nacken (-) *nm* nape of the neck
nämlich *adv* namely
Narr (en) *nm* fool
naschen *v* to nibble
nass *adj* wet
Naturerzeugnis (se) *nn* natural product
Naturfaser (n) *nf* natural fibre
Naturkost *nf* organic food
Naturschutz *nm* conservation
Nebenfluss (¨e) *nm* tributary
nebensächlich *adj* of minor importance
Netz (e) *nn* network
Neuankömmling (e) *nm* new arrival
niedrig *adj* low
Not *nf* emergency
nötig *adj* necessary
notwendig *adj* necessary
Nutzung *nf* use

O

Obdachlosigkeit *nf* homelessness
offenbar *adj* obvious

Öffentlichkeit *nf* public
Opfer (-) *nn* victim
Orgel (n) *nf* organ
örtlich *adj* local
Ortsteil (e) *nm* part of a town
Ozonloch (¨er) *nn* hole in the ozone layer

P

Partei (en) *nf* political party
Passierschein (e) *nm* pass, permit
pauken *v* to swot
peinlich *adj* embarrassing
Pfingsten *nm* Whitsun
pflegen *v* to take care of
Pflicht (en) *nf* duty
Pflug (¨e) *nm* plough
Plakat (e) *nn* poster, placard
plaudern *v* to chat
plötzlich *adj* suddenly
Postfach (¨er) *nn* P.O. box
Preußen *nm* Prussia
Prinzip (ien) *nn* principle
Probe (n) *nf* rehearsal
Prozentsatz (¨e) *nm* percentage
Publikum (-ka) *nn* audience
putzen *v* to clean

Q

Qual *nf* torture
Quatsch *nm* nonsense
Quelle (n) *nf* source

R

Rache *nf* revenge
Rahmen *nm* frame, context
Randalierer (-) *nm* hooligan
ratlos *adj* at a loss, baffled
Ratschlag (¨e) *nm* piece of advice, tip
Rechtsanwältin (nen) *nf* lawyer (f)
Rechtswesen *nn* legal system
Redaktion *nf* editorial department/office
Rede (n) *nf* speech
Redewendung (en) *nf* idiomatic expression
regelmäßig *adj* regular
Regierung (en) *nf* government
Reife *nf* maturity
Reihenfolge *nf* order, sequence
reißen♦ *v* to tear
Reiz (e) *nm* attraction
Reizbarkeit *nf* irritability
Rektor (en) *nm* headmaster
Rente (n) *nf* pension
Richtung (en) *nf* direction
Roman (e) *nm* novel
Rücksicht *nf* consideration

Rummelplatz (¨e) *nm* fairground

S

Saal (Säle) *nm* hall
sagenhaft *adj* fabulous
Sammelunterkünfte *npl* group accommodation
Sanitäter (-) *nm* first-aider (m)
Sauerstoff *nm* oxygen
Säule (n) *nf* column
Schachtel (n) *nf* box
schaffen♦ *v* to manage; create
Schande *nf* disgrace
Schatten (-) *nm* shade, shadow
schätzen *v* to value; estimate
Scheidungsrate *nf* divorce rate
scheinbar *adj* apparent
scheitern *v* to fail
Schienennetz (e) *nn* rail network
Schlammprobe (n) *nf* mud sample
schließlich *adv* at last, finally
schmackhaft *adj* tasty
schmelzen♦ *v* to melt
schmücken *v* to decorate
Schriftsteller (-) *nm* writer
schrumpfen *v* to shrink
Schulden *npl* debts
Schulpflicht *nf* compulsory school attendance
Schulwesen *nn* school system
Schuttabladeplatz (¨e) *nm* rubbish dump
schütteln *v* to shake
Schwangerschaft *nf* pregnancy
Schweigen *nn* silence
Schweiß *nm* sweat
Schwiegermutter (¨) *nf* mother-in-law
schwitzen *v* to sweat
Seele (n) *nf* soul
seitens *conj* on the part of
Sektionsassistentin (nen) *nf* mortuary assistant (f)
Selbstmordversuch (e) *nm* suicide attempt
selbstverständlich *adv* naturally, of course
Selbstvertrauen *nn* self-confidence
Selbstwertgefühl *nn* self-esteem
seltsam *adj* strange, peculiar
Sender (-) *nm* broadcaster
Seuche (n) *nf* epidemic
Sicherung *nf* protection
Siedlung (en) *nf* settlement
Sieg (e) *nm* victory
sinngemäß *adj* conveying the meaning
sinnlos *adj* senseless, pointless

Sitzung (en) *nf* meeting
sobald *conj* as soon as
sofort *adv* immediately
sogar *adv* even
sogleich *adv* immediately
sonst *adv* otherwise
Sorge (n) *nf* worry, care
sowie *conj* as well as
sowieso *adv* anyway
Spalte (n) *nf* column
Spannung *nf* tension, suspense
Spendenkonto (-ten) *nn* donations account
Spitze (n) *nf* peak, top
Sprechstundenhilfe (n) *nf* (doctor's) receptionist
Sprichwort (¨er) *nn* proverb
springen♦ *v* to jump
Staatsbürger (-) *nm* citizen, national
Stacheldraht *nm* barbed wire
Staffellauf *nm* relay race
ständig *adj* constant
Stärke (n) *nf* strength
stattfinden♦ *v* take place
sterben♦ *v* to die
Stern (e) *nm* star
Steuer (n) *nf* tax
Stichwort (e) *nn* keyword
Stifter (-) *nm* founder, donor
stolz *adj* proud
Straftat (en) *nf* criminal offence
Strahl (en) *nm* ray
Strahlung *nf* radiation
Strecke (n) *nf* distance, route
Streich (e) *nm* trick
Strombedarf *nm* electricity demand
Stromverbrauch *nf* electricity consumption
Studiengang (¨e) *nm* course (of study)
Sturmflut (en) *nf* storm tide
Sturz (¨e) *nm* fall
subventioniert *adj* subsidized
süchtig *adj* addicted

T

Tagesablauf *nm* daily routine
Tagesmutter (¨) *nf* childminder
tagtäglich *adv* day in, day out
Tastatur (en) *nf* keyboard
Täter (-) *nm* culprit
tätigen *v* to effect
Tatsache (n) *nf* fact
Tatverdächtige (n) *nm/f* suspect
taub *adj* deaf
teilweise *adv* partly
tödlich *adj* fatal, deadly
Tor (e) *nn* gate
tot *adj* dead
Totschlag *nm* manslaughter

Trainingsrückstand *nm* lack of training
Träne (n) *nf* tear
Tratsch *nm* gossip
Trauer *nf* grief, mourning
Treibhaus (¨er) *nn* greenhouse

U

Übel *nn* evil
übereinstimmen *v* to agree
Überfall (¨e) *nm* attack
überhaupt nicht *adv* not at all
überleben *v* to survive
überlegen, sich *v* consider
übermäßig *adj* excessive
überraschen *v* to surprise
überreden *v* to persuade
überregional *adj* national
Überschwemmung (en) *nf* flood
übersichtlich *adv* clearly
überstehen♦ *v* to survive
übertragen♦ *v* to transmit
übertreffen♦ *v* to surpass
übertreiben♦ *v* to exaggerate
überweisen♦ *v* to transfer
überzeugen *v* to convince
üblich *adj* usual, normal
übrigens *adv* by the way
Umgangsformen *npl* manners
Umgangssprache *nf* colloquial language
Umsatz *nm* turnover
Umstände *npl* circumstances
Umweltbelastung *nf* pollution
Umweltverband (¨e) *nm* environmental organisation
Umzug (¨e) *nm* procession
Unabhängigkeit *nf* independence
unbedingt *adv* absolutely
unbegründet *adj* unfounded
unbehandelt *adj* untreated
unehelich *adj* illegitimate
unentbehrlich *adj* indispensable
ungefähr *adv* approximately
ungerecht *adj* unjust, unfair
ungewöhnlich *adj* unusual
unheimlich *adv* terribly
unmittelbar *adj* immediate
Unrecht *nn* wrong
Unterlagen *npl* documents
Unterricht *nm* teaching, lessons
Unterschied (e) *nm* difference
Unterstützung *nf* support
Ursache (n) *nf* cause
ursprünglich *adj* original
Urteil (e) *nn* judgement, verdict

V

Veränderung (en) *nf* change
Verarbeitung *nf* finish

Verbrechen (-) *nn* crime
Verein (e) *nm* society, club
vereinbaren *v* to agree, arrange
vereinigen *v* to unite
Verfolgung *nf* persecution
vergebens *adv* in vain
Verhältnis (se) *nn* relationship
verherrlichen *v* to glorify
Verhör *nn* questioning
verjagen *v* to chase away
verknüpfen *v* to tie, knot
verkrampfen *v* to tense up
vermeiden♦ *v* to avoid
vermieten *v* to rent (out), let
vermummen *v* to disguise
vernachlässigen *v* to neglect
Vernunft *nf* reason
veröffentlichen *v* to publish
verraten♦ *v* to betray
verringern *v* to reduce
verrückt *adj* crazy, mad
verschaffen *v* to create
verschiedenartig *adj* diverse
Verschmutzung *nf* pollution
verschuldet *adj* in debt
versehentlich *adv* by accident
versichert *adj* insured
Versprechen (-) *nn* promise
Verstand *nm* common sense
Verständigung (en) *nf* notification, communication
Verständnis *nn* understanding
verstecken *v* to hide
verteidigen *v* to defend
verteilen *v* to distribute
Vertrag (¨e) *nm* contract, treaty
Vertreter (-) *nm* representative
vertuschen *v* to hush up
verurteilen *v* to condemn
vervollständigen *v* to complete
verwalten *v* to administer
verwenden♦ *v* to use
verwirrend *adj* confusing
verwöhnen *v* to spoil
verzichten auf *v* to do without
verzweifelt *adj* desperate
Vielfalt *nf* diversity, variety
Vopo (s) *nm* DDR police officer
Voraussetzung (en) *nf* assumption, precondition
vorbei *adv* past
Vorbereitung (en) *nf* preparation
Vorbeugung *nf* prevention
Vorfahren *npl* ancestors
Vorlesung (en) *nf* lecture
Vorort (e) *nm* suburb
Vorschlag (¨e) *nm* suggestion
Vorsicht *nf* caution, care
Vorstellungsgespräch (e) *nn* interview
Vortrag (¨e) *nm* speech
Vorurteil (e) *nn* prejudice

vorziehen♦ *v* to prefer

W

wachsend *adj* growing
Wahl *nf* vote, election; choice
wahrscheinlich *adv* probably
Währung (en) *nf* currency
Waldbrand (¨e) *nm* forest fire
weder ... noch *conj* neither ... nor
Wehrdienst *nm* military service
weisen♦ auf *v* to indicate
Welle (n) *nf* wave
Wende *nf* end of DDR
wenigstens *adv* at least
Werbung *nf* advertising
wertvoll *adj* valuable
Wettbewerb (e) *nm* competition
Wettkampf (¨e) *nm* competition
widersprechen♦ *v* to contradict
wiegen♦ *v* to weigh
wimmeln *v* to swarm, seethe
Wirklichkeit *nf* reality
Wirkung (en) *nf* effect
wünschenswert *adj* desirable
Wurzel (n) *nf* root

Z

zahlreich *adj* numerous
zeitgemäß *adj* contemporary
Zeuge (n) *nm* witness
Ziel (e) *nn* aim, objective
Zufall *nm* coincidence
Zuflucht *nf* refuge
zugeben♦ *v* to admit
zugehörig *adj* belonging to
zulassen♦ *v* to allow
zunächst *adv* first, at first
zunehmen♦ *v* increase
Zusammenbruch (¨e) *nm* breakdown
zusammenschlagen♦ *v* to beat up
Zuverlässigkeit *nf* reliability
zuwinken *v* to wave at
Zweck (e) *nm* purpose
Zweisamkeit *nf* togetherness
Zwietracht *nf* discord
zwingen♦ *v* to force

OXFORD

UNIVERSITY PRESS

Great Clarendon Street, Oxford OX2 6DP

Oxford University Press is a department of the University of Oxford.
It furthers the University's objective of excellence in research, scholarship,
and education by publishing worldwide in

Oxford New York

Auckland Bangkok Buenos Aires Cape Town Chennai
Dar es Salaam Delhi Hong Kong Istanbul Karachi Kolkata
Kuala Lumpur Madrid Melbourne Mexico City Mumbai Nairobi
São Paulo Shanghai Singapore Taipei Tokyo Toronto

with an associated company in Berlin

OXFORD is a registered trade mark of Oxford University Press
in the UK and in certain other countries

© Christiane Hermann, Morag McCrorie, Dagmar Sauer 2001
The moral rights of the authors have been asserted
Database right Oxford University Press (maker)

First published 2001

ISBN 0 19 912292 X
3 5 7 9 10 8 6 4 2

ACKNOWLEDGEMENTS

The publishers would like to thank the following for permission to reproduce photographs:

Main Cover image is Corbis/Adam Woolsitt.

Britstock IFA p.93 (top left), p.106; Corbis p.8 (top right), p.13 (centre top), p.34, p.68 (centre), p.74 (centre), p.108 (bottom), p.112; Corel p.5 (all), p6 (centre); Laurence Delderfield p.38 (top, bottom right), p.40 (no.3), p.143; Images Colour Library p.69 (centre top); Katz p.13 (bottom right), p.40 (no.2), p.60, p.65, p.72 (left), p.80, p.88, p.93 (top right, bottom left), p.98 (centre left), p.106 (right), p.107 (bottom), p.114, p.118 (both), p.134 (bottom), p.140; Katie Lewis p.20; OUP p.8 (top left), p.15 (top right), p.16, p.28 (bottom), p.64 (centre - both), p.69 (left, bottom right), p.74 (right), p.116 (centre, bottom); Press Association p.25 (top right); Popperfoto, p.76 (left); Powerstock Zefa p.25 (top left), p.30, p.40 (nos 1, 5 and 6), p.69 (centre bottom), p.76 (right), p.86, p.136; Philip Sauvain p.10 (top, centre, top right), p.12 (all), p.13 (top left, bottom left), p.37 (top right), p.48, p.133 (centre right); David Simson p.6 (top), p.8 (centre - both), p.15 (top left, top centre, bottom left), p.18, p.26, p.28 (top left, top right), p.32 (top right), p.37 (top left, bottom left, bottom right), p.38 (left), p.40 (no.4), p.46, p.50, p.55, p.62 (top), p.64 (top, bottom), p.68 (top, bottom), p.69 (top right), p.74 (top left, bottom right), p.81 (top), p.89 (both), p.93 (bottom right), p.94, p.98 (centre, centre right), p.107 (top), p.108 (top centre, right), p.110, p.116 (top), p.120, po.122, p.123, p.133 (top left, top right, bottom), p.134 (top left, right), p.142, p.144 (top, bottom); SOA p.10 (bottom right), p.13 (top right), p.15 (bottom right), p.24, p.25 (bottom), p.32 (top left), p.37 (centre left), p.62 (bottom), p.66, p.71, p.79, p.98 (far right), p.102 (centre), p.138, p.140, p.141, p.144 (centre); Still Pictures p.98 (top left), p.102 (top left, top right); Sygma p.72 (right); Jeffrey Tabberner p.6 (bottom), p.57, p.93 (centre bottom)

The illustrations are by Martin Aston, Evelina Frescura, Tim Kahane, Richard Morris and Viv Quillin.

The authors would like to thank the following people for their help and advice: Maria Hunt and Marian Jones (authors of the Grammar section);
Marian Jones (course consultant); Dr Peter Halstead (consultant on revision and assessment material);
Katie Lewis (editor of the Zeitgeist Students' Book); Pia Hoffmann (language consultant).

The publishers would like to thank the following for permission to reproduce copyright material in this book:
AOK, DAK and PbeaKK for logos p.48; Netscape Communicator browser window © 1999 Netscape Communications Corporation. Netscape Communications has not authorized, sponsored, endorsed, or approved this publication and is not resonsible for its content. Oxford University Press for dictionary extract from Oxford Duden Dictionary 2000, p.9; Textbuch Lyrik, Hüber Verlag for Lohnarbeit by Manfred Eichhorn, p.78; www.mpex.net for screen shot, p.81.

Every effort has been made to contact copyright holders of material reproduced in this book.
If notified, the publishers will be pleased to rectify any errors or omissions at the earliest opportunity.

British Library Cataloguing in Publication Data
Data available

Printed in Italy by Conti Tipocolor srl.